KB177314

교육을 교육답게
우리교육 다시세우기

발행일　2018년 3월 5일 초판 1쇄 발행
　　　　　 2019년 6월 25일 초판 2쇄 발행
지은이　최승복
발행인　방득일
편 집　신윤철, 박현주, 문지영
디자인　강수경
마케팅　김지훈

발행처　맘에드림
주 소　서울시 도봉구 노해로 379 대성빌딩 902호
전 화　02-2269-0425
팩 스　02-2269-0426
e-mail　momdreampub@naver.com

ISBN　978-89-97206-67-4 03370

※ 책값은 뒤표지에 있습니다.
※ 잘못된 책은 구입처에서 교환하여 드립니다.
※ 이 책은 저작권법에 의하여 보호를 받는 저작물이므로 무단 전재와 무단 복제를 금합니다.

우리는 모두 같은 심연에서 나왔다.

하지만, 깊은 심연에서 밖으로 내던져진 하나의 시도인 인간은 누구나

자신만의 목적지를 향해 나아간다. 우리는 서로를 이해할 수는 있지

만, 누구나 오직 자기 자신만을 해석할 수 있을 뿐이다.

-헤르만 헤세, 《데미안》 중에서-

교육을 교육답게
우리교육 다시세우기

최승복 지음

맘에 드림

감사의 글

그동안 대한민국에서 학부모로서 자녀를 초·중·고교를 거쳐 대학에 보내면서, 교육정책을 담당하는 공무원으로서 20여 년간 교육부에 재직하면서, 그리고 사회의 한 구성원으로서 우리나라의 학교와 교육문화를 경험하고 느끼면서, 또 다양한 책과 논문 등을 통해 교육정책과 교육에 대해 공부하고 배우면서 생각한 바를 책으로 정리하여 드디어 출판을 하게 되었다.

먼저 이 책의 전반부에서는 거칠지만 그동안 우리의 교육제도와 학교교육의 틀이 어떻게 형성되어왔고, 어떻게 교육 시스템이 작동하여왔는지, 학교교육이 대한민국 사회에서 어떤 역할을 수행했는지를 살펴보았다. 이어서 새롭게 변화하는 사회경제적 상황 속에서 교육정책과 학교교육이 요구받는 역할이 어떻게 변화하게 되었고, 동시에 학생들은 어떻게 바뀌어왔는지를 정리하였다.

책의 후반부에서는 우리 교육정책과 학교교육이 어떤 모습으로 변화해야 하는지를 크게 네 부분으로 정리하여 제시하였다. 첫째, 개별화된 개개인 맞춤형 교육을 수행해야 하고, 둘째, 학생들이 스스로 현실 속에서 경험하고 느끼고 도전하고 그 결과를 축적할 수 있도록 돕고, 셋째, 재미있고 즐거운 공부가 되게 하여 평생을 배우고 익히는 태도가 갖추어지도록 하며, 넷째, 교사·학생·학부모가 함께 만들어가는 민주적이고 공동체적인 학교문화 속에서 학교운영과 교육 활동이 이루어질 수 있도록 해야 한다는 과제를 제안하였다.

2014년 처음 원고를 쓰기 시작해서 이번 출판이 있기까지 지난 4년간 여러 연수 과정에서 만나 조언과 의견을 주셨던 선생님들, 연수원과 교육청의 연구사, 장학사님들께도 이 자리를 빌려 감사의 말씀을 올린다. 그동안 교육부 생활을 지탱해준, 특히 독서모임을 통해 많은 위안과 배움을 나누었던 동료들, 선후배들께 존경과 감사의 마음을 전한다. 바쁜 교육부 생활 속에서도 시간을 내어 이 책의 마지막 교정을 꼼꼼하게 해주신 독서모임 회원 배정철, 금미숙 연구관님, 강혜영, 이종희, 임정진, 최은정 연구사님, 최형윤 님께 깊은 고마움을 전한다. 책이 출간될 수 있도록 출판사를 소개해주신 교육부 김성천 보좌관님, 그리고 책의 교정과 출판을 위한 번잡한 일을 맡아주신 신윤철 주간님께도 감사드린다.

6형제의 대학교육을 끝까지 책임지셨던 아버지 최봉석, 오랜 병고 끝에 이제는 고인이 되신 어머니 이함임께도 높은 존경과 깊은 감사의 말씀을 드린다. 마지막으로 지난 30여 년간 항상 옆에서 무엇이든 지지해주고 좋은 의견을 준 아내 유난숙, 스스로 자신의 진로를 착실히 만들어가는 두 딸에게 사랑과 고마운 마음을 전한다.

2018년 2월 세종에서

최 승 복

차례

4장 현실의 삶 속에서 독립적으로 성장하는 교육

5장 평생학습 역량과 태도를 기르는 교육

우리 학교교육의 자화상

장면 1. 밤낮으로, 주말까지 공부하는 청소년들

언제, 누구한테 한 답변인지 기억은 나지 않지만 누군가가 나보고 "경영학과를 졸업했는데, 왜 교육부 공무원이 되었어요?"라고 물었을 때, "야간 자율학습이 필요 없는 학교를 만들고 싶어서요!" 하고 대답한 적이 있다. 아마 1990년대 말경이었을 것이다. 농담처럼 한 말이지만 나는 고등학교 시절, 학교의 규칙에 따라 억지로 야간 자율학습을 할 때, 큰 모순을 느꼈었다. '이름은 자율학습인데, 실상은 강제학습이니 학교가, 그리고 선생님들이 우리와 스스로를 속이고 있는 게 아닐까!' 아마 고등학생 때의 이런 생각들이 마음속 깊은 곳에 숨어 있다가 불쑥 내뱉어진 것이 아닐까 생각한다.

하지만 그 말은 한 번 뱉어져 세상에 나오자 나름대로의 생명력을 가지고 내 머릿속에 남아 있게 되었고, 가끔 '야간 자율학습이 필요 없는 학교는 어떻게 가능한가? 왜 고등학교를 졸업하고 30년이 지났는데도 이런 모순적인 상황은 변함이 없는가?' 하는 의문과 질문을 스스로 되뇌게 되었다.

2002년 어느 날, 서울 광화문 교육부 청사에서 야근을 하고 지하철에서 내려 마을버스로 갈아타고 아파트 앞에 내렸는데, 교복을 입은 고등학생들이 교문에서 쏟아져 나왔다. 시계를 보니 12시 30분 정도 되었다. 순간 아찔함을 느꼈다. 지난 15년간 우리 학교는 오히려 더 심하게 야간 자율학습을 해야 하는 곳이 되었구나! 심한 자괴감이 들었다.

그리고 나서 또 10년이 흘렀다. 교육부의 여러 부서를 거치고, 대학교에도 한동안 근무하면서 정신없이 지내다 보니, 벌써 딸아이가 고등학생이 되었다. 그런데 딸아이가 다니는 고등학교에서도 여전히 10시까지 자율학습을 강제로 시키고 있었다. 딸아이와 우리 학교가 안타깝고 한편으론 답답했다. 하루는 힘겨운 야간 자율학습을 마치고 집으로 오는 길에 딸아이가 물었다.

"그런데 아빠! 공부는 이렇게 해야 하는 거야?"

"무슨 말이야?"

"한 번도 경험해보지도, 느껴보지도, 심지어는 깊이 생각해보지도 못한 것들을 허겁지겁 이해했다고 치고, 밤늦게까지 문제 풀고 외우고 해야 하는 거야?"

"음~, 그건 아니지!"

"그런데 우리는 왜 이렇게 해야 하는데?"

할 말이 없었다. 그래서 나는 그날 딸아이에게 말했다.

"미안해. 아빠가 잘못해서 그래!"

둘째 딸도 "왜 이걸 해야 하는데!" 하며 항의를 하곤 했다. 그러면 나는 딸에게 먼저 이렇게 말한다.

"미안해, 아빠를 포함해서 어른들이 제도를 제대로 만들지 못해서 학생들이 지금 이렇게 공부를 해야만 하는 상황이 되었어. 많은 사람들이 바뀌어야 된다고 생각하고, 또 바꾸려고 노력하고 있긴 한데 그렇게 빨리 해결될 거 같지는 않아! 네 잘못이 아니야!"

교육부 입사 동기도 아들이 학교교육을 답답해하며 교육부 직원인 아빠를 비난했던 말을 들은 경험이 있다고 말했다.

"아빠, 교육부에서 일한다며. 좀 어떻게 해봐! 아빠 책임 아냐?"

야간 자율학습이 없어지도록 하는 일은 그렇게 만만한 것도, 간단한 것도, 또 몇몇이 결단한다고 이루어질 수 있는 일도 아니라는 것을 깨달았다. 그건 우리 학교 교육제도라는 거대한 빙산 중에서 물 위에 떠오른 끄트머리에 다름 아니었다. 실제로 요즘은 많은 학교에서 학생들이 스스로 야간 자율학습을 할지 여부를 결정하도록 한다. 하지만 여전히 많은 학생들이 스스로 야간 자율학습을 선택한다. 어린 학생들도 다른 방법이 없음을 알고 있기 때문이리라! 많은 학부모도 이런 학생들과 같은 처지에 놓여 있다.

우리 교육제도와 교육문화가 완전히 바뀌어야 야간자율학습이 필요없는 학교가 가능하다는 것을 큰딸이 고등학교를 졸업하게 될 즈음이 되어서야 뒤늦게 깨달았다. 이런 문제는 내 딸의 이야기만은 아니다. 한국의 대부분의 중학생, 고등학생은 비슷하게 생활한다. 아침에 일찍 학교에 가서 수업이 끝나자마자 학원으로 내달린다. 학원에서 지쳐 돌아오면 벌써 밤 12시가 가까워져 있다. 주말에도 한가하게 쉬고 운동하고 뛰어놀 수 있는 분위기는 아니다. 집 주변에 학원가가 있어서 주말에 가보면, 여전히 아이들이 학원에서 쏟아져 나온다. 초등학생도 있고, 중학생도 있고, 고등학생은 당연히 많다. 학원마다 걸려 있는 광고 문구를 보면 무섭기까지 하다. 초등학생을 대상으로 하는 과학고 준비반, 영재고 준비반, 중학생을 대상으로 하는 소위 SKY 준비반 등 종류도 다양하다.

우리 청소년들이 이렇게 살인적인 학습 시간에 시달리는 현상은 우리의 일상적인 경험이지만, 국제 비교를 통해 보면 그 심각성을 확연히 알 수 있다. 경제협력개발기구(OECD)가 주관하여 매 3년마다 참가국의 만 15세 학생을 대상으로 읽기, 수학, 과학 등의 학업성취 수준을 평가하기 위해서 시행하는 국제학업성취도평가(PISA, Programme for International Student Assessment)를 분석한 자료들이 있다. 우리나라 학생들은 비교 대상 국가들 중에서 가장 많은 학습 시간, 수업 시간 그리고 사교육 시간을 보내고 있다. 한국 학생들은 가장 많은 시간을 책상에 앉아 공부를 하고 있지만, 실제 학업성취도 결과는 절반의 시간만 책상에 앉아서 공부하는 핀란드 학생과 별반 다르지 않다.

학생들이 수행하는 학교 수업과 보충 수업, 개인 학습 및 사교육 시간을 모두 고려한 학생들의 1일 학습 시간을 산출하고 이를 우리와 PISA 수학 성적이 비슷한 나라, 즉 벨기에, 영국, 일본, 캐나다, 핀란드 학생들의 학습 시간과 비교한 기사를 보자.

우선 한국 청소년의 1일 사교육 시간은 78분으로 가장 높았다. 이는 6분으로 가장 낮은 수치를 보인 핀란드, 벨기에에 비하면 13배나 높다. 뿐만 아니라 캐나다 12분, 영국 18분, 일본 24분으로 우리나라보다 현저히 낮았다.[1]

또한 이 기사의 분석에 따르면, 학생들의 하루 총 학습 시간은 8.9시간으로 비교 대상국 학생들의 학습 시간에 비해 월등히 높았다. 한국 학생들은 캐나다, 일본, 영국, 벨기에 학생들에 비해 한 시간에서 세 시간까지 많이 공부하고 있었으며, 핀란드 학생들의 하루 학습 시간 4.5시간에 비해서는 거의 두 배에 이르고 있었다. 특히 한국 학생들은 스스로 공부하는 개인 학습 시간은 짧고, 학원 등 사교육 시간은 길었다. 결국 한국 학생들은 많은 시간을 공부하면서도 핀란드와 비슷한 수준의 학업성취도를 내고 있는 셈인데, 이는 한국 학생들이 억지 자율학습, 과도한 사교육 등을 통해 의미 없는 학습 시간을 보내고 있다는 뜻이다.

한국직업능력개발원의 채창균, 유한구 박사는 2006년도 PISA 결과를 분석했다. 우리나라 학생들의 시간당 수학 점수는 99점으로 핀란드 학생들의 시간당 수학 점수 139점에 훨씬 못 미칠 뿐만 아니라 전체 참가국 학생들의 평균과 비교해도 크게 낮은 점수이다. 우리나라 학생들은 핀란드 학생보다 수학 공부에 두 배에 가까운 시간을 할애하지만, 핀란드 학생보다 더 높은 점수를 받지는 못한다.

> 결국 우리 학생들의 경우 시간을 많이 들여서 반복 연습과 유형 분석을 하는 식으로 문제 푸는 요령만 습득함으로써 총점상으로는 좋은 결과를 얻지만 효율은 크게 떨어진다.[2]

또 다른 기사를 보면 우리 학생들은 수학 점수는 높지만 수학에 대한 학습동기가 매우 낮으며, 또한 앞으로 자신의 삶에 필요하지도 않을 것이라고 생각하고 있다. OECD가 발표한 '2012 국제 학업성취도평가' 결과를 분석한 기사에 따르면, 우리나라 학생들의 수학 평균 점수는 554점으로 OECD 회원국 중에서 가장 높은 점수를 받았지만, 수학 영역에 관한 정의적 성취 지수를 보면, 수학 학습동기와 자아 신념 분야에서 모두 평균보다 낮았고 최하위권에 속했다. 특히 수학 학습의 내적 동기, 즉 수학이 재미있고 흥미롭다는 항목에서는 68개 참가국 학생들 중 58번째를 차지했다. 수학이 앞으로 나에게 중요할 것이라는 '도구적 동기' 지표에서는 62위를 기록했다.

우리나라 학생들은 수학 성적이 훌륭하지만 수학에 대한 흥미

도 없고, 수학이 앞으로 자신의 인생에 쓰임새가 있을 것으로 생각하지도 않는다는 의미다.[3]

도대체 우리 아이들은 학습동기도 없이, 앞으로 자신의 삶에 도움이 되거나 활용될 것 같지도 않다고 생각하는 공부를 왜 억지로 하고 있는 것일까? 그것도 아침 일찍부터 밤늦게까지, 게다가 주말도 쉬지 않고 아이들이 공부에 내몰리고 있다. 아이들은 이 과정에서 과도한 스트레스와 높은 불안감, 낮은 자아정체감과 효능감을 지니게 된다. 누구를 위해 이런 쳇바퀴를 돌게 만드는 것일까?

장면 2. 견디다 못해 학교를 떠나는 아이들

2013년 봄, 어느 일요일 저녁이었다. 저녁을 먹고 나서 소파에 앉아서 잠깐 쉬고 있는데, 뜬금없이 둘째 딸이 내게 이렇게 이야기를 했다.

"아빠, 내가 생각해보았는데, 앞으로 공부를 열심히 해야겠어!"

대부분의 부모들은 자녀가 이런 말을 하면 대견해할 것이다. 하지만 그날 나는 딸아이의 목소리에서 심상치 않은 느낌을 받았다. 그래서 찬찬히 이야기를 시켜보았다.

"응, 그래야지! 좋은 생각이네! 그런데 왜 갑자기 그런 생각이

들었어?"

"응. 다른 건 아니고, 내가 그동안 너무 공부를 안 한 거 같아서!"

"그~래~? 내가 보기에 그동안 너는 시험공부도 그런대로 하고 학교도 빠지지 않고 다녔잖아? 그리고 숙제도 잘 하는 편이고!"

"그건 그렇지. 하지만 학교에서 수업을 하나도 안 들어. 재미가 없으니까! 그리고 숙제도 어쩔 수 없어서 하는 거지!"

"학교에서 수업을 듣지 않으면 어떻게 해?"

"응. 사실은 수업 시간에 자!"

무언가에 한 대 '세게' 뒤통수를 얻어맞은 기분이었다. 하지만 화를 내거나 아이를 나무라면서 다그칠 일은 아니라는 생각이 들었다.

"모든 수업 시간에 다 자? 그래도 한두 수업은 재미가 있겠지? 집에서도 많이 자니까 졸리지 않는 시간이 있기도 하겠고?"

"아냐! 사실은 모든 수업 시간에 다 자!"

"그럼 선생님께서 깨우시지 않아?"

"깨우는 선생님 수업 시간은 앉아서 자고, 그렇지 않은 수업 시간은 엎드려 자고! 사실은 기술·가정 시간은 자지 않으려고 노력해봤어. 엄마 생각이 나서! 하지만 재미없고 졸려서 그 수업 시간도 어쩔 수 없었어."

눈물이 났다. 애가 가엾기도 하고, 그래도 기술·가정 과목 교사인 엄마가 생각나서 그 수업 시간에는 자지 않으려고 애썼다는 말에는 기특하기도 하고. 방송과 언론에서 '교실이 붕괴된다', '학교

수업이 정상적으로 이루어지기 어렵다', '아이들 태반이 수업 시간에 잔다' 등등의 기사들이 나올 때도 다 남들 이야기라고 생각했었다. 그런데 이제 그 이야기가 내 이야기가 되었다.

"그럼, 왜 갑자기 열심히 해야겠다고 생각을 했어?"

"어~ 그냥! 아빠, 엄마가 열심히 하라고 하고, 잘 해주는데, 너무 잠만 잔 것 같아서!"

"그런데 진짜 앞으로는 자지 않고 수업을 열심히 듣고, 공부를 잘 해야겠다고 마음을 먹은 거야? 잘 할 수 있을 것 같아?"

"어~ 사실은 아니야!"

"그런데 왜 그렇게 이야기했어?"

"어~! 그렇게 말해야 할 거 같아서!"

그날 저녁 나는 딸아이와 세 시간이 넘게 많은 이야기를 나누었다. 되돌아 생각해보니, 첫째와는 달리 둘째는 초등학교 1학년 때부터 매일 "그런데 아빠, 학교 안 가면 안 돼?" 하고 묻고 나서 안 된다는 말을 듣고는 힘없이 학교를 향하던 아이였다. 그때마다 달래기도 하고, 협박하기도 하면서 땜질 처방으로 버텨왔는데, 이제 중학생이 되었으니 '그렇지 않겠지!' 하고 안일하게 생각했던 내가 문제였다. 여전히 둘째 딸은 '왜 공부를 해야 하는지', '왜 학교에 다녀야 하는지', '수업 시간은 왜 그렇게 따분한지' 하는 풀리지 않는 물음을 마음에 담은 채, 그저 시계추처럼 학교와 집을 오가고 있었을 뿐이었다.

결국 그날 저녁 둘째 아이와 나는 일단 학교를 쉬어보기로 결정을 했다. 물론 아이 엄마와 첫째 딸은 즉각 반대하고 나섰다. 아내는 "애를 말려야지, 아빠가 맞장구를 친다"며 불만과 근심이 가득했다. 첫째 딸은 "동생이 이제 바보가 될 텐데 어떻게 할 거냐! 다들 학교가 재미없어도 다니는 건데, 왜 너만 안 다니려고 하냐?"며 눈물로 반대를 하고 나섰다. 우리는 우선 일주일간만 학교를 쉬면서 생각을 해보고, 서로의 생각을 다시 정리한 다음, 그다음 주 일요일에 최종 결정을 하기로 했다.

첫 일주일간 둘째 딸은 그림 조각 맞추기를 했다. 억지로 학교 다니는 동안 제일 하고 싶은 것이었나 보다. 고흐 그림으로 만든 1000조각 그림 퍼즐을 사다주었다. 하나를 다 맞추는 데 2~3일이 걸렸다. 딸아이를 키우는 10여 년 동안 그렇게 오랜 시간 집중해서 무언가를 하는 경우는 처음이었다. 〈별이 빛나는 밤〉과 〈해바라기〉 그림을 다 맞추니 한 주일이 다 지나갔다. 물론 집에서 TV도 보고 책도 보면서 매우 여유로운 날을 보냈다.

사실 나는 딸아이가 일주일을 집에서 혼자 보내고 나면, 심심하고 답답해서 학교에 가는 게 낫겠다는 생각을 하리라고 예상했는데, 나의 예상은 여지없이 빗나갔다. 딸아이는 "집에서 혼자 있으면서 하고 싶은 것을 하고 지내니 너무 좋다"고 말하면서 "계속 학교를 가지 않겠다"고 결정을 했다. 그때는 나도, 아내도, 첫째 딸도 말릴 수 없는 상태가 되어 있었다. 그렇게 해서 둘째 딸은 학교를 가지 않고 혼자서 지내기 시작했다.

나는 이때가 되어서야 둘째 아이에게 "그러면 너는 앞으로 무엇을 하면서 살고 싶냐?"라는 질문을 진지하게 했고, 그때 처음으로 둘째 아이가 체조나 요가와 같은 생활운동 지도사, 요리사, 제빵사, 바리스타, 미용사 등등에 관심이 있다는 이야기를 들었다. 둘째 딸은 이런 직업들을 생각해보면, 왜 자신이 그 따분한 수업을 듣고 있어야 하는지 이해할 수 없고, 하고 싶지도 않다고 했다. 이렇게 우리 둘째 딸의 진로탐색은 매우 격렬하게 시작되었다. 그리고 공교롭게도 그해 3월부터 나는 교육부 진로교육정책과장으로 근무하고 있었다.

학교를 그만두는 아이들은 초·중·고를 합하여 매년 6만~8만 명 정도 된다고 한다. 또 다른 통계에 의하면, 초·중·고교 학령기 아동, 청소년 중에 학교에 재학하고 있지 않은 아이들은 28만 명 정도가 된다고 한다. 이와 관련된 다음 자료를 보자.

[표 1] 2014년 의무교육 이탈 사유별 현황

학교급	합계	장기 결석	미인정 유학	기타
초등학교	7,431	486 (6.54%)	5,270 (70.92%)	1,675 (22.54%)
중학교	11,307	3,913 (34.61%)	4,482 (39.64%)	2,912 (25.75%)

(단위: 명)

고등학교 학업 중단 학생 30,382명 중 부적응 사유는 25,016명 [4](82.34%)으로 전년 대비 3,777명(13.12% 감소)이 감소한 것으로 나타났다.

[표 2] 부적응 사유별 현황

계	자퇴							퇴학			제적
	소계	가사	학업 관련	대인 관계	학교 규칙	기타 부적응	자발적 의지	소계	학교 폭력	학칙 위반	
25,016	23,833	1,572	8,092	354	906	6,320	6,589	788	119	669	395
	95.27	6.28	32.35	1.42	3.62	25.26	26.34	3.15	0.48	2.67	1.58

(단위: 명, %)

주1) 제적: 행방불명, 장기 결석 등의 사유로 학칙에 의거 학적에서 제외
주2) 자발적 의지: 조기 진학, 종교, 방송 활동 등 자발적 의지의 학업 중단

학교별로 살펴보면, 부적응 사유로 20명 이상 학업을 중단한 고등학교는 332교이고, 해당 학생 수는 11,155명(고교 부적응 중단자의 44.59%)으로, 전년도 397교, 14,741명(51.20%)에 비해서 크게 줄어들었다. 50명 이상 발생 학교는 39교로 전년도(71교)보다 32교가 줄었고, 100명 이상이 5교로 전년도(9교)보다 4교가 줄었다.

학업 중단이 크게 줄어든 것은 진로교육 강화, 자유학기제, 동아리 활동, 창의적 체험활동, 대안교실 등 행복 교육과 학업 중단 숙려제 의무화 등 2013년 마련된 학업 중단 예방 종합대책 추진 및 학교 현장 선생님의 헌신적인 노력의 결과로 보여진다.[5]

교육부가 2014년에 발표한 학업 중단 학생 실태 자료인데, 학생들의 학교생활을 즐겁게 하고 공부 스트레스를 덜어줄 수 있는 다양한 정책의 시행으로 학업 중단 학생이 대폭 감소했다는 내용이지만, 여전히 많은 학생들이 학교를 그만두고 있다는 것 또한 엄연한 사실이다. 우리 집 둘째 딸과 같은 아이들이 많이 있을 뿐

만 아니라 학교에 다니고 있는 아이들에 대해서도 안심할 수 없는 상황이라고 할 수 있다. 보다 더 심각한 문제는 재학 중인 학생들이 학교에서 받는 불안과 스트레스이며, 심각한 경우 우울증이나 주의력결핍 과잉행동장애(ADHD), 자살 충동 등으로 나타나기도 한다.

한국 어린이가 느끼는 행복감과 삶의 만족도가 영국·독일 등 선진국은 물론 네팔·에티오피아 등에 비해서도 낮은 것으로 나타났다. 18일 국제구호개발 비정부기구(NGO)인 세이브더칠드런과 서울대학교 사회복지연구소 (중략) 연구 결과 한국 아동의 행복감은 10점 만점 중 각각 8.2점, 8.2점, 7.4점으로 모든 나이에서 가장 낮은 것으로 드러났다. 연령별 12개국 평균은 각각 8.9점, 8.7점, 8.2점이었다.

'내가 살고 있는 집', '내가 가진 돈이나 물건', '학생으로서의 나의 삶', '나의 건강' 등 7개 영역 24개 항목으로 나눠 조사한 '삶의 만족도' 비교 조사에서도 모든 영역에서 한국 어린이의 만족도가 15개 나라의 평균보다 낮았다. 다만 내가 가진 물건 등을 통해 물질적 수준을 알아보는 질문에선, 좋은 옷·컴퓨터 등 9개 필요 물품 중 평균 8.5개를 가졌다고 답해 조사 대상 국가 중 가장 높은 수준을 보였다. 반면 자신의 외모, 신체, 학업 성적에 대한 만족감은 각각 7.2점, 7.4점, 7.1점으로 조사 대상 국가 중 점수가 가장 낮은 것으로 조사됐다. 지난해 11월 보건복지부가 발표한 '2013년 한국 아동 종합 실태 조사' 결과에서도 한국 아동의 '삶의 만족도'는 100점 만점에 60.3점으로 OECD 회원국

가운데 가장 낮았다. (중략)

더욱 충격적인 것은 초등학생 5명 중 1명이 자살 충동을 경험했다는 사실이다. 연세대 사회발전연구소 염유식 교수팀이 1일 발표한 '어린이·청소년 행복 지수 국제 비교 연구'에 따르면 조사 대상 초등학생 2,091명 가운데 14.3%가 "자살 충동을 느낀 적이 있다"고 답했다. 자살 충동 이유로는 '부모와의 갈등'이라는 답변이 44%로 가장 많았다. [6]

2010년 한 고등학생의 죽음이 사회적 파장을 일으켰다. 그 학생은 한 외국어고등학교에서 공부를 열심히 하고, 또 성적이 좋은 학생이었다고 한다. 그런데 어머니가 요구하는 성적은 항상 그것보다 높았다. 죽기를 각오하고 공부를 한 학생은 어머니가 요구한 성적을 달성했다. 그 성적표를 받던 날, 학생은 책상 위에 성적표를 두고 그 성적표 위에 "이제 됐어?"라는 단 네 글자의 유서를 남겨두고 아파트 창밖으로 뛰어내렸다. 학생의 성적만 관리하던 매니저 엄마가 아이의 소질과 재능, 관심과 흥미에도 관심을 가졌더라면, 그리고 함께 나누고 만들어갔다면, 이런 비극적 상황은 없지 않았을까?

장면 3. 학교를 견뎌내고 대학에 갔지만 탈진하는 아이들

엄청난 학업 스트레스와 불안감과 싸우면서, 주변의 친구들과 치열한 경쟁을 벌인 끝에 들어간 대학은 그러면 행복한 곳일까? 신나게 자신이 좋아하는 것에 몰두하고 친구들과 함께 새로운 삶의 여정을 만들어가는 재미있는 곳일까? 여러 가지 징표들을 검토해보면 전혀 그렇지 않다는 것을 쉽게 알 수 있다.

한국직업능력개발원의 연구에 따르면, "대학생 10명 중 7명은 전공 선택을 후회한다"고 한다. 4년제 대학교 3학년과 4학년에 재학 중인 학생들은 주당 9시간 정도를 공부하는데, 그 시간의 대부분을 영어 공부(3.94시간), 공무원 시험공부(2.4시간)에 보내고, 전공 공부에는 고작 2시간을 투자한다고 한다. 온라인 취업 포털 사람인(www.saramin.co.kr)이 대학생 484명을 대상으로 설문조사한 결과에 따르면, 전공 선택을 후회한 적이 있다는 대답이 72.7%를 차지했다고 한다. 후회의 가장 큰 이유는 '생각했던 것과 달라서', '적성과 맞지 않아서', '성적에 맞춰 지원했던 거라서' 등이 주를 이루었다.[7]

대학에 입학한 학생들이 당혹감과 불안감, 불만감을 느낄 수 있는 계기는 주변에 매우 많다. 지방의 한 국립대학교 1학년 학생들을 대상으로 특강을 할 기회가 있었다. 당연한 것을 묻는다는 생각이 들기는 했지만, 의례적인 질문으로 강의를 시작했다.

"여러분은 저와는 다른 세대고, 그동안 사회도 많이 변했으니 여러분들이 대학에 입학하는 과정과 방식도 저 때와는 많이 달라졌겠지요! 여러분은 모두 지금 생명과학 분야에 관심도 많고, 이 분야에 대해 열정을 가지고 공부를 하고 싶어 입학하게 된 것이죠? 이제 거의 1년이 다 되어가는데, 여러분 학업이 어떻습니까?"

조용하다. 그래서 다시 물었다.

"다들 답이 없으시네요! 그럼 질문을 바꿔볼까요? '나는 생명과학 분야를 좋아하고 공부하고 싶어서 지금 다니는 학과에 지원했다!' 하시는 분 손들어 보세요?"

100명 가까운 학생 중에서 유일하게 한 명만 손을 들었다. 당황스러웠다. 그래도 이 정도일 것이라는 생각은 못했기 때문이다. 몇몇 학생들에게 지금 다니는 학과에 다니게 된 경위를 물었다. 놀랍게도 '점수에 맞춰서', '부모님이 추천하셔서', '합격한 학과가 이 학과 밖에 없어서', '수시에 지원한 대학에 다 떨어져서' 등등의 이유를 말했다. '이건 정말 아니다' 하는 생각이 들었다. 내가 고등학교를 졸업하고 대학에 입학할 때가 벌써 30년 전이다. 그러니 고교생들이 대학의 학과를 선택하고 진학을 결정하는 과정이 내가 대학 입학을 결정하던 때와는 크게 달라져 있어야 한다고 생각했고, 또 기대만큼은 아닐지라도 그동안 많이 달라졌을 것이라고 생각했던 나에게는 충격적인 상황이었다.

중·고등학생들은 학교 공부에 시달리고, 학생들 간의 경쟁에 진이 빠진 상태일 뿐만 아니라 자신의 흥미와 관심, 자신의 욕망과 진로에 대해 별다른 생각을 할 기회를 얻지 못하고 꾸역꾸역

밀려서 대학에 온 것이다. 이런 식으로 학교를 다니고 공부를 한다면, 개인적으로도 참담한 일이지만 사회적으로도 심각한 문제가 아닐 수 없다. 초·중·고교부터 무한 경쟁에 시달린 학생들은 대학에 입학해서도, 사회에 나가서도 이 시기에 소진된 에너지와 열정을 회복하지 못하고 있다.

한 신문 기사에 따르면, 우리나라 20대의 93%, 30대의 90%는 공부나 일을 하면서 매우 지쳐 있다는 느낌을 지니고 살고 있고, 비슷한 비율의 20대와 30대의 청년들이 일과가 끝났을 때 육체적으로 매우 지쳐 있다고 느끼고 있다. 2/3 이상이 일이나 공부를 시작하고 그에 대한 관심이 더 줄어들었다고 답했다.

이와 같은 상황이 대학에서 빈번하게 관찰되고 있기 때문에 최근에는 '대2병'이라는 말이 유행하고 있다. 무한 암기와 경쟁, 입시 스트레스에서 벗어나 자신의 꿈을 맘껏 펼쳐 보일 것이라고 기대했던 대학생들이 대학교육에 실망하고, 취업난의 압박을 받으면서 절망감과 탈진감에 빠지는 현상을 '중2병'에 빗대어 만들어 낸 신조어다. 이는 우리나라의 학생들이 중·고등학교 시절 학교에서 받은 스트레스와 불안감으로 형성된 탈진감이 대학생과 청년이 되어서도 지속된다는 것을 나타내고 있다.

이와 같은 상황이 한국에서만 벌어지는 것은 아니다. 우리 학생들은 다른 나라에 가서도 제대로 된 공부를 하는 데 심각한 장애를 보이고 있다. 미국의 한 신문 기사는 암기식 교육을 중심으로 대학 입시를 위해 공부하는 한국 학생들이 정작 대학교육에는 적응하지 못하는 현실을 다음과 같이 꼬집고 있다.

한국 교육 시스템에 비판적인 연구자인 컬럼비아대학교 동아시아연구소의 새무얼 김은 미국 유명 대학에 유학 중인 한국 학생의 44%가 중도 탈락을 하고 있다고 지적했다. 이 수치는 같은 대학에 재학 중인 중국 학생의 중도 탈락률(25%), 인도 학생의 중도 탈락률(21%), 그리고 미국 학생들(34%)보다 매우 높은 수치라고 말했다. 특히 한국 학생들은 대학에 입학하기 전에 수년간의 과외 교육을 받지만, 정작 대학교육을 완수하지는 못하고 있는 실정이다.[8]

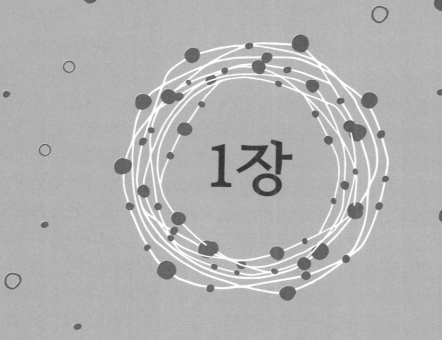

1장

산업사회의 유물,
표준화된 국가 교육과정

1. 우리는 지금 어떤 교육을 하고 있는가?

먼저, 우리는 지금 어떤 교육을 하고 있는가를 살펴보아야 한다. 현재 우리 학교교육은 매우 상반된 두 개의 평가를 동시에 받고 있다. 전국 12,000여 개에 가까운 초·중·고교에서 40만 명에 가까운 교원과 행정 직원들이 매일 열정을 가지고 헌신하고 있는 우리 학교교육이 엄청난 비판과 비난의 대상이 되고 있다. 하지만 다른 한편에서는 지난 50년간 한강의 기적, 한국의 눈부신 발전을 뒷받침하고 그 도약의 토대가 또한 우리의 학교교육 시스템과 그 성과에 있다고 말하고 있지 않은가? 어떻게 그렇게 큰 성과를 가져온 하나의 제도와 시스템이 동시에 수많은 부작용과 사회문제의 원인으로 지목될 수 있는가?

나는 이 모든 현상과 논쟁의 바탕에 완벽하게 표준화된 국가 교육과정과 표준형 학교교육이 자리 잡고 있다고 생각한다. 우리나라 학교는 서울 강남 한복판의 중학교나 전라남도 진도의 조그마한 중학교나 경북 산골의 작은 분교에서나 동일한 내용의 수업을, 동일한 속도로 진행하고 있다. 동일한 학년의 대략 50만 명이 동일한 내용의 수업을, 동일한 속도로 매일 받고 있다고 생각해보

라. 이 얼마나 엄청난 일인가!

생각해보면, 20명도 되지 않는 학생을 가르쳤던 서당은 모든 학생들이 개별적인 내용을 각자의 속도에 따라 공부했다. 조선시대에 일정한 수준 이상의 공부를 하고 평가를 거친 학생들을 가르쳤던 지방의 향교나 중앙의 성균관, 그리고 사학이었던 서원도 학생마다 지적 수준과 학습 능력에 따라 개별적인 교육과 학습을 수행하였다. 우리 역사를 통해 살펴보아도 고구려의 경당과 태학 이후 조선시대 말기에 이르기까지 지금과 같은 완벽하게 표준화된 국가 교육과정을, 동일한 속도로 운영하였던 적은 한 번도 없었다.

그러면 우리는 왜 이런 표준화된 국가 교육과정과 표준형 학교 교육제도를 운영하게 되었을까? 그것은 개항 이후 근대의 한국 역사와 최근 50~60년간의 시대적, 사회경제적 상황과 연관 지어 살펴보아야 하는 문제이다.

개항 이후에 많은 애국지사들은 새로운 학문과 기술을 배우고 익혀 근대적인 문화, 개명된 사회를 건설하기 위해서 적극적으로 새로운 교육제도를 수용하였다. 그것은 대한제국시기 이전부터 세워진 근대식 학교만이 아니라 많은 서당과 사립학교에서도 마찬가지로 추구한 방향이었다. 당시 교육의 목표를 근대화, 개명화 교육으로 제시하고 새로운 인재를 양성하기 위한 다양한 교육과정을 개별 학교 단위에서 자유롭게 편성하여 운영하였다.

하지만 일본 제국주의자들은 대한제국을 식민지로 강점하면서, 기존의 민족적이고 계몽적인 자발적 교육운동을 탄압하였다. 이들은 사립학교령을 공포하여 획일적인 국가 교육과정 운영을 강요하고, 교과서 검정제도를 실시하여 교육내용을 통제하였다. 겉으로는 근대적 교육제도의 수립과 산업 진흥에 필요한 신문명과 기술을 보급한다는 것이었지만, 실제로는 인문적 사상과 정치·경제적 비판의식을 자라지 못하게 하고 식민지 지배에 순종하는 무기력한 노예를 양성하는 것이 목적이었다.

해방, 한국전쟁기 이후 절체절명의 과제는 근대화, 산업화였다. 선진국에서 표준화된 지식과 기술을 수입하여 이를 적용해 낮은 가격과 표준적인 품질로 생산하여 수출하는 경제체제를 운용하기 위해서 그에 적합한 표준화된 인력 양성이 가장 시급한 교육적 과제라고 판단하였다. 이를 위해 학교교육은 표준화되고 객관화된 지식과 기술을 가장 효율적인 방식으로 전달하고 이해, 암기하여 활용할 줄 아는 인력 양성을 목적으로 하였다. 지금 우리가 경험하고 있는 객관화된 지식과 기술 중심의 표준형 국가 교육과정 및 학교 교육제도는, 지난 100년간의 개화, 제국주의 식민화, 국가 근대화, 경제 산업화, 선진국 따라잡기를 위한 효율적인 도구로 인식되고 실행되어 왔다. 그리고 우리는 지금의 표준형 학교 교육제도를 통하여 지난 반세기 동안 근대화와 산업화의 시대적 과제를 매우 효율적으로 수행했고, 세상 사람들이 '한강의 기적'이라고 칭할 정도로 대성공을 거두었다.

표준형 국가 교육과정을 운영하는 학교교육은 표준적인 지식과 기술을 효율적으로 이해하고 기억하고 그 내용을 활용하는 학생들의 능력을 평가하여 그 상대적 위치를 선별해내는 일이 학교 교육의 역할이라고 받아들였다. 이러한 평가에 적용된 선별 원칙은 근대적인 군대에서부터 현대 산업사회의 대량 생산체제까지 사회경제의 모든 부분에 적용되는 패러다임이었다. 특히 현대 산업사회는 정규분포곡선상에서 상위 5%와 하위 5%를 제외하고 평균으로부터 좌우로 2 표준편차 범위에 들어오는 사람들을 '표준'으로 분류한다. 이런 사람들은 표준적인 매뉴얼이 주어지면 주어진 과업을 표준적인 생산 프로세스를 따라 수행할 수 있는 사람으로 분류된다.

따라서 표준화된 국가 교육과정의 운영과 평가도 학생들이 표준화된 지식을 이해하고, 표준적인 성과를 낼 수 있도록 교육하고 그 가능성을 평가하는 과정으로 이루어지게 된다. 그래서 우리는

[그림 1] 정규분포곡선

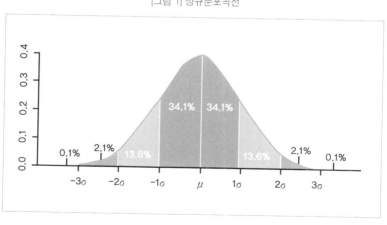

국어, 영어, 수학 중심의 교육과정을 운영하면서, 표준화된 지식을 논리적이고 체계적인 개념의 연관 관계로서 정리 해놓은 표준화된 교과서를 배우게 하고, 그 학습 결과를 평가하는 표준화된 객관식 평가 틀을 지난 50년간 유지해오고 있다. 그리고 21세기를 맞이한 지금도 우리의 국가 교육과정 운영과 평가 시스템은 본질적인 측면에서는 큰 변화가 없다.

이와 같은 표준화된 학교 교육체제에서는 학생들을 정규분포곡선상에 줄을 세우는 것이 중요한 일이 된다. 우리가 학교 선택과 진학을 위해서 학생들뿐만 아니라 학교와 학과를 점수를 기준으로 하는 정규분포곡선상에 배치하는 일상화된 모습을 쉽게 보는 것은 현 교육 패러다임에서는 매우 당연하고 필요한 일이다.

정규분포곡선상에서는 학생의 성적이 어디에 위치하는지, 평균으로부터 몇 표준편차만큼 어느 쪽으로 떨어져 있는지가 매우 중요하다. 국·영·수를 잘하는지, 등급은 어떻게 받았는지, 그리고 결정적으로 남들에 비해서 얼마나 평균으로부터 오른쪽 방향으로 멀리 떨어져 있는지가 중요한 것이다. 따라서 학생들은 하나의 기준, 즉 '논리적이고 추상적인 개념들의 연관 관계를 얼마나 잘 이해하고 암기하고 그것을 활용하여 주어진 문제를 잘 풀어내는가?' 하는 하나의 기준에 따라 평가되고, 그에 따라 취급받는다.

표준화된 학교교육을 받은 학생들과 학부모들은 직업과 사회를 보는 관점도 표준화되고 객관화된다. 직업의 우열을 가르는 기준이 명확해야 하고, 객관적이고 표준적이어야 하기 때문에 쉽게 어떤 직업과 직장이 벌어주는 돈으로 표시된 연봉이 모든 직업을 평가하는 기준이 되고, 모든 직업도 돈의 크기에 따라 정규분포곡선상에 배치된다. 심지어 우리가 살아가면서 필요한 모든 것들(집, 자동차, 각종 생필품 등)까지도 표준화된 정규분포곡선상에서 객관적인 기준, 즉 돈의 크기에 따라 평가를 해야 직성이 풀린다.

한국 사람들의 이런 선별과 상대적 비교 심리를 교묘히 이용하고 있는 광고들을 우리는 흔히 본다. "대한민국 상위 1%만을 위한 ○○○!", 즉 '정규분포곡선상의 평균으로부터 플러스 3 표준편차 밖에 있을 정도로 당신은 특별한 사람입니다!'라는 뜻이다. 아주 간단하게 학교의 시험 점수가 직장과 사회에서 연봉과 재력으로 등치되는 것이다. 그래서 안정적이고 수입이 많은 '사' 자 직업, 공무원, 대기업 사원 등이 평균 임금으로부터 오른쪽으로 멀리 떨어진 수입이 보장된 직업으로 인식되고, 그러한 직업을 가지기 위한 경쟁에 뛰어들게 된다. 그렇게 되면 모든 직업은 금색이 되고, 금색의 농도에 따라 평가받는 세상이 된다.

표준형 학교교육 패러다임에서는 학생의 개인적 특성과 흥미는 전혀 관심의 대상이 되지 못한다. 그동안 우리 교육에 쏟아지고 있는 수많은 비난들, '붕어빵 찍어내기 교육', '일방적 주입식 교육', '창의성을 말살하는 교육' 등등의 비난들은 대부분 표준화된 학교 교육제도에서 자연스럽게 흘러나오게 되는 특성일 뿐이다. 지난 50년의 우리 학교교육의 영광도, 그 엄청난 비난도 결국은 동전의 양면이었던 것이다.

2. 표준화된 국가 교육과정은 어디에서 왔는가?

그럼, 지금 우리나라의 표준화된 교육과정과 근대적 국민 교육 제도는 어디에서 왔을까?

조선시대 말기, 1800년대 말부터 서구 제국주의 침략과 일본 제국주의자들의 강탈을 겪으면서, 근대적인 교육제도를 수립하기 위해서 정부와 민간에서 활발한 교육운동과 학교 설립운동이 일어났다. 하지만 일본 제국주의자들은 조선을 강제 병합하면서 사립학교령(1908)과 조선교육령(1911)을 공포하고 자신들의 식민 통치를 원활하게 수행하기 위한 근대적 학교제도를 강제로 이식하고, 동시에 교육내용을 엄격하게 통제하였다. 특히 교과서 통제를 통해 전국의 학교가 동일한 표준화된 내용으로 교육을 하도록 강제하여 민족의식 고취를 금지하고 반제국주의 의식의 확산을 막고자 하였다.[9]

하지만 다른 한편에서는 개항 이후 개화된 지식인들의 신교육운동과 사립학교 설립운동, 1920년대 이후 일반 대중의 신학문에 대한 열망이 결합되어 자발적인 근대적 학교 설립운동으로 이어졌다. 이는 우리가 현재 운영하고 있는 표준화된 국민 교육과정과 교육제도가 일방적으로 일본 제국주의자들에 의해 강제 이식된 것만은 아니라는 점을 보여주고 있다. 1930년대에 이르러서 일본 총독부는 오히려 소학교 건립을 지체시키고 예산 부족을 핑계 삼아 자신들이 수립한 3면 1교 정책, 1면 1교 정책을 실질적으로 폐기하려고 하였다. 하지만 당시 지역의 유지와 농민, 상인들은 다양한 기금 모금 방식 등을 통해 1면 1학교 설립을 위한 대중적인 운동을 전개하여, 총독부와 일제 강점자들을 압박해 수많은 학교 설립이 가능하게 하였다. 당시 조선 민중의 근대화와 교육 입국의 의지가 얼마나 강력했는가를 보여주는 사례이다. 우리 민중은 신학문과 신교육을 통해서 나라의 근대화와 산업화를 이룰 수 있다고 생각하였고, 적극적으로 근대적인 표준화된 국민 교육제도를 수용하였다.

그러면 일본 제국주의자들은 표준화된 국민 교육제도를 자신들이 발명한 것일까?

물론 아니다. 1854년 미국 군함에 의해 강제 개항을 당하고 굴욕적인 불평등 조약을 체결했던 일본은 절치부심, 서구 열강을 따라잡고 앞질러 자신들이 당한 굴욕을 설욕하고자 하였고, 이를 효율적으로 추진할 수 있는 방책을 찾고자 서구 여러 나라에 유람단을 보내 근대화된 다양한 제도를 조사, 연구하여 벤치마킹하고 근대적 제도와 문물을 수입하였다. 그중에서 유럽의 선진 산업화를 따라잡기 위해 절실했던 것이 강력한 군사력을 갖추기 위한 군사제도와 근대적 국가를 형성하기 위해 필요한 행정 관료를 양성할 교육제도였다. 그때 일본 제국주의자들은 프로이센의 근대적 군대와 직업 교육제도를 맘에 들어 했고, 적극적으로 이를 받아들여 메이지유신(1868) 이후 40년이 채 지나지 않아 서구 열강을 따라잡는 데 성공한다. 그만큼 근대적인 표준화된 국민 교육제도는 효율성의 측면에서 강력한 성능을 보여주었다.

그렇다면 프로이센을 중심으로 한 독일은 왜 표준화된 국민 교육과정을 핵심으로 하는 국민 교육제도를 도입하였을까?

18-19세기의 유럽에서 독일과 러시아는 산업화에 뒤처진 후진국이었다. 이미 영국은 17세기부터 근대적인 정치제도를 구축하기 시작했고, 18세기 이전부터 과학기술의 발달과 각종 기술적 발명을 통해 근대적 산업화의 길로 들어섰다. 그에 비하면 독일은 19세기 초까지 수십 개의 군소공국으로 나뉘어져 분열과 갈등을 지속하고 있었다. 이 시기 프로이센을 중심으로 통일 국가의 틀을 잡아가면서, 영국을 비롯한 선발 산업 국가를 따라잡기 위해서 가장 먼저 군사제도와 행정제도를 근대적으로 개편할 필요가 있었고, 군인과 행정 관료를 양성하기 위한 교육제도가 필요하였다. 이때 프로이센을 중심으로 진행된 교육개혁의 일환으로 도입되어 20세기 초까지 운영된 독일의 교육제도가 근대의 표준화된 국민 교육제도의 효시가 되었다.

미국도 19세기에 독일과 비슷한 상황에 처해 있었다. 당시 미국은 농업 국가였고, 근대적 산업화를 이루기 위해 많은 개혁을 추진하게 된다. 그리고 당시 미국의 교육개혁가들은 프로이센의 표준화된 국민교육제도를 모델로 삼았다. 미국의 많은 주 중에서 미시간과 매사추세츠 주가 19세기 초반에 선도적으로 프로이센 교육 모델을 도입하여 근대적인 공립학교 시스템을 구축하였다. 하지만 미국은 각각의 주들이 교육에 대해 많은 자치권을 가지기 때문에, 각 주마다 전통과 환경, 문화에 따라 다양한 교육제도를 구축했을 뿐만 아니라 그 운영 내용에서는 더욱더 다양하다. 특히 식민지 시대와 서부 개척 시대를 통해 지속되어온 마을학교(School upon a hill), 읍내학교(town school), 통합학교(one-room schoolhouse) 등 자치공동체적 학교운영 전통이 공립학교 시스템을 구축하는 데 강하게 작용한다.

따라서 미국의 공립학교 시스템은 아래로부터의 과정을 거쳐 형성되었고, 교육과정 결정과 교원의 임용, 교육재정의 운영 등에 있어 지역자치가 강하다. 이렇듯 미국은 필연적으로 다양한 교육과정과 내용, 교육 방식을 수용하지만, 기본적인 학교운영에서는 프로이센의 교육 모델이 영향을 미쳤다.

우리나라의 현재 표준화된 국민 교육제도는 일제강점기의 식민지 우민화 정책을 통해 들어온 프로이센의 표준화된 근대적 국민 교육제도, 1920~1930년대 애국계몽운동을 통해 적극적으로 추구한 근대적 계몽주의 정신, 그리고 미 군정기와 한국전쟁 이후에 한미 교육 사절단의 교육제도 컨설팅의 결과 들여온 미국의 공교육제도가 결합되어 틀을 잡은 화합물이라고 할 수 있다. 하지만 그 핵심은 표준화된 국가 교육과정을, 표준화된 학교교육 시스템을 통해, 정규화된 속도를 따라, 동일한 연령의 학생에게 가르쳐, '정규화, 표준화된 산업 인력을 양성'하기에 최적화되어 있는 체제라는 점이다.

이와 같은 표준화된 국민 교육제도는 매우 효율적임에도 불구하고 수많은 한계를 지니고 있다. 표준화된 국가 교육과정과 국민 교육제도를 최초로 설계하고 실행했던 독일은 제2차 세계대전의 패전 이후 철저한 반성을 통해 자신들이 유대인 학살과 같은 그토록 끔찍한 일을 저지를 수 있었던 바탕에는, 모든 국민을 표준화하여 스스로 생각하고 결심할 자율의 힘을 빼앗고, 획일적 경쟁을 통해 우월주의와 배타주의를 주입한 표준화된 국가 교육과정과 국민 교육제도가 있었음을 직시했다. 그리하여 독일은 제2차 세계대전 이후에 표준화된 국가 교육과정을 전면 폐기하고 지역별, 학교별로 개별화된 자율적 교육제도를 새롭게 수립하였다.

유럽 대부분의 국가들은 제2차 세계대전 이전의 독일만큼 획일적으로 표준화된 교육제도를 구축하지는 않았지만, 지난 수십 년간 자율적이고 개별적인 교육을 추구하면서 개혁과 혁신을 거듭하고 있다. 또한 우리보다 훨씬 개별화되고 다양하지만, 근본적으로는 프로이센 방식의 공립학교 교육체제를 운영하는 미국은 수많은 논쟁 속에서 변화를 모색하고 있다.

반면에 프로이센과 비슷한 국민교육제도를 운영하였던 일본은 거의 변화가 없는 교육제도를 운영하면서 극단적인 우경화와 전쟁의 위험성을 증폭시키고 있다. 일본은 지금도 아시아에서 벌인 전쟁과 반인류적 만행에 대해 반성하지 않고 있으니, 얼마나 한심하고 안타깝고 두려운 일인가!

이제 우리의 교육제도를 생각해볼 차례가 되었다. 이미 선진국 따라잡기의 과제를 효율적이고 성공적으로 이룬 대한민국은 다양성이 증폭되고 포스트모던 문화가 일상이 된 다원적 사회가 되었다. 어려서부터 풍족한 물질문명 속에서 개인주의적 생활 태도와 사고방식을 키워온 청소년 세대, 이제 지식과 기술뿐만 아니라 문화와 예술에 있어서도 새로움과 다양함을 창조해야 하는 시대를 사는 대한민국에서 이들을 위해 어떤 교육 패러다임이 새롭게 만들어져야 할까?

우리 교육에서 표준화된 국가 교육과정에 기초한 근대적 국민교육제도를 극복하는 일은 개항 이후 서구의 근대적 표준화 교육 패러다임을 받아들여 근대화·산업화 콤플렉스를 극복하려 노력한 지난한 역사에 마침표를 찍는 일이다. 우리나라는 이제 자연과학 연구와 산업기술, 경제력, 사회문화와 인문학적 수준에 있어서도 이미 서구의 근대화 과정의 성과를 충분히 흡수했을 뿐만 아니라 그를 넘어설 수 있는 사회적 역량을 축적해왔다. 그렇기 때문에, 이제 우리는 근대화·산업화 패러다임을 극복하고 새로운 패러다임으로 전환하여 새로운 교육과 21세기에 맞는 문화를 창조해야 하는 자리에 서 있다. 그 출발은 표준화된 국가 교육과정과 학교교육을 혁신하는 일일 것이다.

3. 교육적이지 못한 교육!

　학교교육이 교육의 본질적 임무에 충실하도록 하고, 학습을 제 자리로 돌려놓기 위해서 지금의 표준화된 국가 교육과정과 표준 형 학교 교육제도가 지닌 문제점을 네 가지로 살펴보자.

　첫 번째는 개개인의 차이가 무시되는 교육을 통해 학생들이 차 별을 받게 되는 불공정한 상황이 조성된다는 점이고, 두 번째는 학생들을 동일한 내용으로 무한 경쟁의 쳇바퀴를 돌게 함으로써 자존감을 키우기보다는 우월감과 열등감에 빠져들게 한다는 것, 세 번째는 국가 교육과정의 편성과 운영, 평가에서 교사를 소외시 킴으로써 교사가 전문가로서 성장하는 데 장애 요인이 되며, 네 번째로는 대학 입시와 결합된 표준화된 국가 교육과정은 학생들 의 학습내용을 파편화시키고 민주적 교육이 제대로 수행될 수 없 게 한다.

　각각의 문제점을 좀 더 자세히 살펴보자.

개인의 다양성을 무시하는 차별적 교육

표준화된 국가 교육과정은 누구나 똑같은 교육내용을, 똑같은 속도로 배울 것을 요구한다. 생각해보자! 초·중·고교를 통해 12년간 땅끝 마을의 분교에서부터 서울 강남의 학교까지 전국의 50만 명 이상의 학생들이 모두 동일한 내용을, 동일한 속도로 배운다는 것이 가능한 일인가? 그리고 바람직한 일인가? 바람직하지도 않을 뿐만 아니라 사실은 가능하지도 않은 일을 모두가 눈을 감은 채 달려가고 있는 것은 아닌가?

표준화된 국가 교육과정의 가장 큰 문제점은 교육을 받고 학습을 수행하는 대상의 다양성과 독특함을 전혀 반영하지 못한다는 점이다. 학교교육은 전혀 다른 소질과 재능, 관심과 특성을 지닌 수험생들, 원숭이, 코끼리, 펭귄, 개, 금붕어, 까마귀, 물개 등을 앞에 두고 너무도 당연하다는 듯이 말한다. "공정한 선발을 위해서는 모두가 동일한 평가를 치러야만 하는데, 오늘의 시험은 앞에 있는 나무에 빨리 올라가는 것입니다!" 이 얼마나 무지막지하고 독단적이며, 동시에 폭력적인가?

교육의 본질적 측면에서 바라보면, 표준화된 국가 교육과정은 반(反)교육적이기까지 하다. 교육은 본질적으로 개인이 지닌 다양한 소질과 재능이 최대한 발휘될 수 있도록 돕는 과정이라고 할 수 있다. 그런데 표준화된 국가 교육과정은 오히려 개인이 지닌 소질과 재능을 무시하고, 정규화되고 객관화된 지식과 기술을 수용하여 내면화하도록 요구한다. 학생들은 개별적이고 다양하며 창의적인 질문을 제기하고 그에 답하면서 자기 나름의 색깔을 내기보다는 표준화된 국가 교육과정 속에서 주어진 과정을 따라 주어진 방식으로 그 정답을 찾아내고, 그것을 유일하게 옳은 답으로 내면화해야 한다.

표준화된 국가 교육과정을 거친 표준화된 인재를 풍자하여 지칭하는 말이 한때 유행했다. '집오리형 인재', 각자 독립적이며 톡톡 튀는 아이들이 표준화된 국가 교육과정을 거치면 집오리처럼 된다는 뜻이다. 오리는 걸을 줄도 알고, 수영도 대충 할 줄 알고, 거기다 약간 날 줄도 안다. 마치 표준화된 국가 교육과정이 아이들에게 국어도, 영어도, 수학도, 과학도, 사회도, 게다가 예체능까지 기본적인 것을 알고 대부분을 흉내 낼 줄 알게 해주는 것과 같다.

하지만 집오리는 어느 것 하나 제대로 할 줄 아는 게 없다. 걷거나 뛰는 것도 뭔가 어설프다. 수영을 하는 것 같지만 수영이라기보다는 그냥 물 위에 떠다니는 것이다. 그리고 나는 것은 좀 멀리 뛰는 것과 크게 다르지 않다. 이런 집오리형 인재가 무조건 문제인 것은 아니다. 하지만 모두가 이런 집오리형 인재가 된다면, 이런 사태는 사회적으로 뿐만 아니라 개인적으로도 재앙이고 비극이다.

표준화된 국가 교육과정은 사람들의 다양성과 차이를 없애는 방향으로 작용한다. 하지만 지구상의 그 어떤 종보다도 다양성을 자랑하는 존재가 인간이고, 사람만큼 같은 종 내에서 개체 간의 차이가 큰 종도 없다. 이런 다양성이 인간이 지구상에서 최상위 포식자가 된 기초라고 생각한다. 최근에 카이스트(KAIST)의 뇌과학자 김대식 교수의 강의를 들을 기회가 있었는데, 그 강의에서 김대식 교수는 유전적으로 동일한 인간이 태어날 확률은 10의 400제곱 분의 1이라고 한다. 10의 400제곱이 얼마나 큰 숫자인지 상상하기는 쉽지 않다. 최근의 과학자들의 연구 결과에 따르면, 전 우주에는 1,000억 개의 은하계가 있고, 또 각 은하마다 1,000억 개의 별이 있다고 한다. 그러므로 전 우주에 있는 별의 수는 1,000억 곱하기 1,000억 개 정도 된다. 즉, 전 우주에 있는 별의 수는 10의 22제곱 개 정도가 된다. 그러니 유전적으로 동일한 인간이 태어날 확률이 얼마나 낮은가? 인간이야말로 전 우주를 통틀어 오직 하나, 유일한 존재가 아닌가? 부처는 태어나자마자 '천상천하 유아독존'이라고 외쳤다고 하는데, 문자 그대로 '천상천하, 전 우주를 통틀어 나는 유일하게 하나 존재'하는 것이다.

교육학과 심리학 분야에서도 인간의 다양한 소질과 재능에 대해 말해주는 연구들이 많이 있다. 대표적인 이론으로 하워드 가드너(Howard Gardner)의 다중지능이론을 들 수 있다. 가드너에 따르면, 인간의 지능을 크게 9개 분야로 나눌 수 있다고 한다. 예술적 지능(Musical-rhythmic and harmonic), 시각-공간지능(Visual-spatial), 음성-언어지능(Verbal-linguistic), 논리-수학지능(Logical-mathematical), 신체-운동지능(Bodily-kinesthetic), 대인관계지능(Interpersonal), 자기이해지능(Intrapersonal), 생태자연지능(Naturalistic), 존재지능(Existential). 하지만 표준화된 국가 교육과정은 논리-수학적 지능에 매우 많은 강조점을 두고 있을 뿐이다.

표준화된 국가 교육과정은 다양한 인간의 재능 중에서 논리-수학적 지능을 가장 중시하는 교육과정이기 때문에 다른 재능이 뛰어난 아이들, 예를 들면 음성-언어지능이 뛰어난 아이들은 차별을 받게 된다. 이 아이들은 평균을 따라오지 못하는 아이로 인식되고 심하면 문제아가 되는 것이다. 내 바로 아래 동생은 그런 사례 중의 하나다. 동생은 중학교 때부터 시와 소설을 좋아하고, 시 쓰기를 좋아했다. 그래서 국어 시간은 즐거운 시간이었고, 그만큼 열심히 하고 잘했다. 하지만 수학이나 과학 등 다른 과목은 재미를 붙이지 못했고, 학교 성적은 거의 바닥이었다. 국어 점수만 가지고 좋은 성적을 유지할 수는 없는 것이 아닌가? 동생은 온갖 구박과 차별을 받아가면서 겨우 고등학교를 졸업했지만, 국문과에 입학하는 것은 매우 어려운 일이었다. 당시는 요즘과 같은 수시 전형 제도도 없던 시절이었다. 결국 동생은 4수 끝에 지방대 국어국문과에 입학할 수 있었다. 이후 동생은 시인으로서 등단을 하고 계속 공부를 하면서 시인으로 잘 지내고 있다.

반대의 사례는 바로 나다. 나는 어려서부터 매우 개념적인 것들과 논리적인 것들에 익숙했고, 즐기기도 했다. 내가 아주 어릴 때 우리 집에는 아이들이 볼만한 책이 없었다. 아버지께서 보시던 오래된 책이 두세 권 있었는데, 나는 어려서 글을 읽게 되자 아버지께서 보시던 책을 읽기 시작했다. 지금 생각해봐도 좀 황당한데, 관상책과 가정생활보감, 그리고 고전 소설을 요약해놓은 책이었다. 초등학교에 들어가기도 전인 어린아이가 읽기에는 어렵고 지루한 책이었을 것이다. 하지만 그 책들에 나오는 글자, 단어 그리고 개념들이 그냥 신기했다. 이해하지 못해도 새로운 단어와 개념들이 나오고, 이야기들이 전개되는 것을 따라가는 일이 재미있어 열심히 읽었던 기억이 난다.

이처럼 논리-수학적 지능이 뛰어난 사람은 개념적이고 논리적인 내용을 쉽게 따라가고 재미있어 한다. 따라서 논리-수학적 지능이 뛰어난 학생들은 우리 학교의 표준화된 국가 교육과정을 쉽게 따라갈 수 있다. 결국 표준화된 국가 교육과정은 특정한 소질과 재능을 지닌 아이들만을 우대하게 되고, 다른 분야의 지능을 타고난 아이들은 차별하는 교육이 된다. 표준화된 국가 교육과정은 바람직하지도 가능하지도 않지만, 동시에 공정하지도 않은 차별적인 반(反)교육적 교육과정인 것이다.

무한경쟁 속에서 열등감과 우월감을 불러오는 교육

또한 표준화된 국가 교육과정은 하나의 능력, 논리적·추상적·개념적 사고력을 중심으로 교육하고 평가하는 체제이기 때문에 모든 학생들이 하나의 기준으로 경쟁하도록 몰아친다. 이제 한 학급의 아이들은 모두 하나의 목표를 위해 하나의 길을 가야만 한다. 그러니 모두가 나의 경쟁자이다. 학급만이 아니다. 다른 학급의 학생들뿐 아니라 더 나아가, 전국의 50만 명의 동급생과 재수, 삼수생을 합한 100만 명에 가까운 학생들이 모두가 나의 경쟁자이다. 100만 명이 동일한 기준으로, 동일한 내용에 대해 경쟁하는 상황은 지옥과도 같은 무한 순환 경쟁체제가 되는 것이다. 조벽 교수는 그의 책 《인재 혁명》에서 "우리나라 학생은 고등학교 졸업할 때까지 100만 개의 문제를 푼다. 더욱 놀라운 일은 그 100만 개의 문제가 모두 정답이 있다는 것이다"라고 했다. 동일 내용을 전국의 수많은 학생이 같은 시기에, 같은 속도로 배우면서 치열한 경쟁에서 이기기 위해 얼마나 소모적인 상황에 몰려 있는지를 보여주고 있는 사례이다.

이런 경쟁 상황에서, 그것도 국어, 영어, 수학 중심의 점수 경쟁체제 속에서 서로를 돌봐주고, 서로의 생각을 나누고, 아이디어를 결합하여 새로운 것을 만들고 협력하면서 함께 걸어간다는 생각은 비현실적이며 위험하다! 그렇게 하면, 경쟁에서 이길 수 없는 것이다. 그래서 이제 아이들은 서로 정보를 공유하고 아이디어를 나누며 함께 협력하기보다는 서로에게 자신이 아는 내용을 숨기고 자신만이 독점하면서 경쟁 우위를 선점하기 위해서 가시 돋친 시선을 지니게 된다. 서로 돕기는커녕 자신이 다니는 학원에 관한 정보마저도 숨기게 된다. 이렇게 공부하면서 자란 아이들이 갑자기 사회에 나오면 팀워크를 이루어서 협동 프로젝트를 할 수 있을 리가 없다. 대학에서 팀 보고서를 작성하면, 이건 함께하는 것이 아니라 각자가 개별적인 것을 수행한 다음, 한 아이가 짜깁기를 하거나 다시 쓰게 되는 일이 발생하는 것은 이미 예견된 일이다.[10]

무한 순환 경쟁체제가 대학 입시와 맞물리면 그 파괴력은 가공할 수준이 된다. 이제 고등학교만이 아니라 초등학교, 아니 그 이전부터 무한 순환 경쟁체제에 뛰어든다. 표준화된 국가 교육과정은 이미 정해진 기준과 그 과정이 있고, 누구나 표준적인 과정을 따라서 미리 준비할 수 있는 것이다. 따라서 선행 학습은 필연적인 결과이다. 앞으로 가야 할 길이 명확하고, 또 누구나 가야 하는 길이라고 명시되어 있으며, 그 끝에 대학교가 버티고 있는데 그걸 무시할 수 있는 학생과 학부모가 얼마나 되겠는가? 그래서 학부모들은 아이들이 모국어를 배우기도 전에 영어 유치원에 보내고, 추상적인 개념을 익힐 수 없는 나이부터 아이를 수학으로 고문한다. 말 그대로 머리에 드릴로 구멍을 뚫고 정해진 지식을 집어넣는 것이다.[11]

부모들은 아이들이 딴 데 신경을 쓰지 않고 학교 공부에만 집중하기를 바란다. 그리고 그 속으로 아이들을 몰아넣는다. 요즘 시중에서 판매하는 독서실 책상과 같은 모양의 가정용 책상의 목적도 경주마의 눈을 가리듯이[12] 아이들이 좌우를 보지 못하게 하여 앞만 보고 책에 집중하게 만들기 위한 것이다. 최근에는 아이를 아예 한 평 남짓한 독방에 넣도록 만든 1인용 독서실이 인기를 끌고 있다고 한다. 요즘 인터넷 쇼핑몰에서 팔고 있는 1인용 독서실을 보는 순간 나는 '이건 현대판 뒤주다'라는 생각이 들었다. 영조가 사도세자를 뒤주에 가둬 죽였듯이, 요즘 부모는 자신의 자식들을 공부방의 뒤주에 가두어 죽어가게 만들고 있다. 더 놀랍고 끔찍한 일은 아이들 스스로 이 뒤주로 들어가려고 한다는 점이다. 그리고 그런 부모들과 학생들을 뒤에서 채찍질하고 있는 것들 중의 하나가 바로 입시제도와 결합한 표준화된 국가 교육과정이다.

무한 순환 경쟁에 몰린 아이들은 극심한 스트레스 속에서 삶의 생기를 잃고 에너지가 소진되어간다. 어떤 아이도 평안하지 않으며 자존감을 유지할 수가 없다. 모든 아이들은 열등감에 시달린다. 국제학업성취도평가(PISA)의 부가 설문에서 한국 학생들이 높은 불안감, 낮은 효능감 그리고 낮은 학업 흥미도를 나타내는 것은 당연한 일이다. 아이들은 무한히 반복되는 순환 경쟁 속에서 바닥을 알 수 없는 열등감에 시달린다. 발달심리학에 따르면, 아이들의 초등학교 시기는 주어진 과제를 완수하는 경험을 통해 근면성을 획득하는 시기라고 한다. 이 시기에 획득하게 되는 근면성은 일정한 과제를 잘했느냐, 못했느냐에 달려 있는 것이 아니라 주어진 과제를 다 마쳤다는 데서 얻어지는 성취감이다. 하지만 만약 이 시기에 아이들이 끝이 없는 과업과 경쟁에 시달리게 되면 완수감(일을 완수하는 기쁨), 효능감을 느끼지 못하고 열등감에 시달리게 된다고 하는데, 우리나라의 초등학생들은 끝이 없는 학습 과제에 시달리면서 심각한 열등감을 안게 된다.

표준화된 국가 교육과정을 따라가는 무한 순환 경쟁체제 속에서 아이들은 자존감을 높이기보다는 열등감을 형성하고, 주변의 아이들과 친해지고 서로 도와가면서 각각의 재능을 살리고 서로 조화를 이루기보다는 객체화되고 상호 배타적이 되어간다. 다른 한편에서는 우월감에 사로잡히는 경우도 발생하지만, 본질에 있어서는 열등감과 동일한 것들이다. 왜냐면 우월감은 극심한 경쟁 속에서 상대보다도 열등한 지위로 전락할지도 모른다는 불안감으로 인해 상대를 압도하려는 감정 상태이기 때문이다.

교사를 소외시키는 교육과정

학교 교원은 전문직이라고 한다. 전문직의 요건으로 높은 직업 윤리, 전문가의 기준을 정할 자율적 조합 조직 등도 중요한 요건이지만, 교원이 전문직으로서 지니는 가장 핵심적 요건은 가르치는 사람으로서의 전문성이다. 가르치는 교사의 전문성은 크게 세 가지 영역으로 구분해볼 수 있다.

첫째는 교육을 받을 학생들에게 적합한 교육내용을 잘 구성하는 역량이다. 두 번째는 가르치기로 결정된 내용을 가장 효과적인 방법으로 학생들이 학습할 수 있도록 돕는 능력이다. 세 번째 요건은 자신의 교육 활동이 제대로 이루어졌는지를 평가할 수 있는 능력이다. 첫 번째를 교육과정 및 교육내용 결정권, 두 번째를 교수-학습(수업) 전문성, 세 번째를 자율적 평가권이라고 한다.

우리나라와 같이 표준화된 국가 교육과정을 운영하는 나라에서는 교사가 높은 전문성이 요구되는 전문직이라고 보기가 어렵다. 왜냐면 앞에서 말한 세 가지 영역에 있어서 전문가로서 핵심적인 권리를 행사하지 못하고 있으며, 전문성을 발휘할 기회가 없기 때문이다.

먼저 우리나라에서 학교의 교육과정과 교육내용은 교사들이 결정하는 게 아니다. 전국적으로 표준화되어 있는 국가 교육과정을 따라 가르쳐야 한다. 게다가 우리나라는 교과서를 의무적으로 사용하게 되어 있다.[13] 교사는 표준화된 국가 교육과정을 따라 만들어진 교과서에 있는 내용을 전달하는 지식 전달자에 머물 수밖에 없다. 여기에 대입제도와 대학수학능력시험이 결합되면, 이제 교사들은 옴짝달싹할 수 없게 국가 교육과정과 교과서 그리고 수능시험 문제에 얽매이게 되어 있다. 여기서 자유로운 교사는 드물다. 혹 용기를 내어 과감하게 자율을 선언해도 주변에서 뭇매를 맞기 십상이다. 특히 중학교를 거쳐 고등학교에 이르면 당연히 교사는 수능시험에 맞춰 가르쳐야 한다.

최근 대학수학능력 평가를 EBS 교재와 연계하여 출제한다는 지침이 제시되고 나서 이제 거의 모든 고등학교에서 EBS 방송 교재로 수업을 하는 현실은 교육내용이 얼마나 철저히 대학수학능력시험의 지배를 받는지를 보여주고 있다. 이러한 현상의 바탕에 표준화된 국가 교육과정이 버티고 있는 것이다.

… 한국직업능력개발원 자료에 의하면 EBS 수능 교재의 학교 수업 활용 비율이 2011년 83.4%, 2012년 86.7%로 나타났습니다. 2013년에 본 단체(사교육걱정없는세상 – 인용자)에서 수학 교사를 대상으로 실시한 '고3 수업에서 EBS 수능 수학 교재 활용 비율'도 90%로 이와 유사했습니다. 영어 교과에서도 논찬자인 권희정(경기 홍진고) 영어 교사는 "고3 1학기 교육과정이 영어 II 로 개설되어 있음에도 불구하고 교과서는 전혀 지도하지 않은 채 수능 특강 강의를 지속적으로 실시하고 있다"고 지적하였으며, 이동혼(전국수학교사모임 회장, 숭문고) 교사는 "고3 시기 동안 EBS 교재를 할 수밖에 없는 구조 속에서, 전국 교사는 획일화된 강의와 설명 기법을 사용하도록 강요받고 있다"고 현장의 상황을….[14]

교사의 전문성을 좌우하는 두 번째 핵심 사항은 교육내용을 가르치는 데서 발휘된다. 이는 학생들에게 가르칠 교육내용을 학생들이 가장 효과적으로 학습할 수 있도록 돕는 능력이다. 하지만 표준화된 국가 교육과정을 따라서, 대학 입시에 좋은 성과를 내야 하는 처지에 놓인 교사에게 다양한 교수-학습법을 연구하여, 학생 개개인에게 적합한 방식이나 새로운 교수법을 활용하여 가르치는 일은 위험한 일이 된다. 학생이나 학부모도 교사가 효과적인 학습법을 알려주고 제대로 된 공부를 하도록 돕는 것보다는 대학수학능력시험에서 높은 점수를 얻을 수 있는 방법을 가르쳐주기를 원한다. 이러한 압력과 요구 앞에 선 교사들은 이제 시험을 준비하기 위한 교육, 점수를 높이기 위한 교수-학습법을 구사해야 하는 입장에 놓이게 된다. 그러다 보니 교수-학습법의 전문성을 갖춘 교사가 되기보다는 문제 풀이 전문 강사가 되어가는 것이다. 거기에다가 사교육 학원의 강사들은 대부분 시험문제 풀기의 비법을 무기로 학생들을 꾀어가기 때문에, 학원으로부터 가해오는 경쟁 압력까지 겹쳐진 상황에서 학교의 교사들이 자율적이고 창의적으로 교수-학습법을 개발하여 진정한 학습 계발자의 역할을 하기는 너무도 어려운 일이다.

교육내용의 결정에서도, 자율적이고 창의적인 교수-학습법에서도 전문가로서의 능력을 발휘하기 어려운 상황은 결국 교육 평가권마저 초라한 것으로 만들고 만다. 이제 교사들은 주어진 내용을 문제 풀기 중심으로 가르치고 나면, 중간고사와 기말고사에서 출제하는 문제는 당연히 대입시험에 적합한 형식과 내용으로 채울 수밖에 없다. 문제는 교사들이 출제하지만, 기본적인 방향과 핵심적인 내용은 이미 표준화된 국가 교육과정과 대입 수능시험에 맞춰질 수밖에 없다.

이런 경향은 고등학교에만 머물지 않는다. 신자유주의자들이 전가의 보도처럼 써먹었던 낙수효과(trickle-down effect)[15]가 가장 잘 작동하는 영역이 아마도 이 영역일 것이다. 표준화된 국가 교육과정을 따라 대입시험에 맞추어진 고등학교의 교육방법과 공부법은 이제 중학교를 넘어 초등학교, 뿐만 아니라 유치원, 어린이집까지 체계적으로 내려간다. 이제는 모든 고등학교, 중학교,

초등학교와 유아교육 기관에 이르기까지 모두 대입시험을 위한 교육으로 채워지게 된다. 참으로 엄청난 낙수효과가 발생하고 있다.

높은 자율성과 책무성, 고도의 직업적 윤리를 갖춘 전문직으로서의 교사가 아니라 주어진 지식을, 맞추어진 형식에 따라 전달하는 기능인이 되어버린 초라한 현실에서 교사와 학생의 관계가 품격을 갖추기는 어렵다. 부모들이 "학원 강사가 더 낫다!", "인터넷 강의를 듣는 게 훨씬 낫다!"는 불만을 공공연히 말하는 상황은 교사를 지식을 전달하고 문제 풀이법을 숙달시키는 기능인으로 바라보는 현실에서 너무도 당연한 말이다.

이제 교사와 학생의 관계는 모두 주어진 교육내용을 전달하고 전달받는 객체가 되어버린다. 학부모는 이 과정을 효율적으로 관리하는 매니저로 자신의 역할을 다했다고 자위한다. 교사, 학생, 학부모 서로를 타자화하고 소외시키면서, 모두가 악순환의 고리를 물고 돌고 도는 모습! 이것이 현재 우리의 교육 풍경이다.

파편화된 교육과 사라져 버린 자아

초·중등교육은 대학교육과는 구별되는 독자적인 교육 목적을 지니고 있으므로, 당연히 교육내용도 독립성을 유지하는 속에서 이루어져야 한다. 하지만 우리나라에선 표준화된 국가 교육과정이 대학 입시와 결합하여 초·중등교육이 대학 입시와 대학교육을 준비하는 과정으로 변질되었다. 이로 인한 문제점으로 크게 두 가지를 언급할 수 있는데, 첫 번째는 초등학교와 중·고등학교에서 배우는 내용이 매우 파편화된다는 점이고, 두 번째는 학생들이 타자화되고 자율적 인간으로 성장하기 어렵다는 점이다.

《초·중등학교 교육과정 총론》에 따르면 초등학교, 중학교, 고등학교는 각자의 교육목표를 가지고, 동시에 상호 간 밀접한 연계성을 지니고 있다. 이를 종합하면 건전한 자존감의 형성, 건강한 생활 역량의 함양, 그리고 민주적 시민의식 고양으로 정리할 수 있다.[16] 하지만 대학교육은 보다 전문적인 직업적 전문가의 양성을 그 목표로 한다. 따라서 초·중등교육이 일반목적 교육이라면, 고등교육은 특수목적 교육이라고 할 수 있다. 초·중등교육이 기초교육이라고 한다면, 대학교육은 그 기초 위에 세부적 전문성을 함양하는 전문교육이다. 따라서 초·중등교육이 기본적인 생활교육이고 통합적인 기초교육이라면, 대학교육은 전문적이고 특수적인 교육이다.

하지만 표준화된 국가 교육과정이 대학 입시와 밀접히 결합되어 있는 상황에서 초·중등교육은 대학교육을 위한 준비 교육으로 변질되고, 대학교육에 종속적인 지위로 전락하게 된다. 따라서 초·중등 교육내용은 대학교육의 축소판 혹은 대학교육의 기초적인 내용을 정리, 요약한 내용이 주를 이루게 된다. 대학이 요구하는 사항이 초·중등 교육과정을 지배하게 된다. 대부분의 사람들이 대학에 입학하는 것에 초점을 맞추어 초·중등교육을 대학에 입학하기 위한 교육으로 생각하기 때문에 가능한 일이다. 이렇게 되면 초·중등교육은 교육내용과 교육방법 그리고 교육 결과의 평가에 이르기까지 모두 대학교육과 대학 입시에 맞춰지게 된다.

우리가 익히 배운 사실이지만, 우리는 시를 감상하고 느끼기보다는 누구의 시인지, 서정시인지 서사시인지, 은유법이 주요 상징 기법인지, 시인이 어떤 사조에 속하는지, 시점이 1인칭인지 3인칭인지 등등 온갖 학술적이며 이론적인 것을 찾고 이해하고 외워야 했다. 시만이 아니다! 소설, 희곡, 논설문, 수필, 기행문 등등 온갖 글이라는 것은 죄다 이해하고 외워야 하는 수많은 이론적 지식의 대상이었다. 나는 어느 날 신문을 보다가 깜짝 놀랐다. 이렇게 시를 읽을 수도 있구나!

공중전화 박스를 나오며

최승철(1970~)

방금 나간 여자의 체온이 수화기에 남아 있다. 지문 위에 내 지
문이 더듬는 점자들, 비벼 끈 담배꽁초에 립스틱이 묻어 있다.
간헐적으로 수화기에서 남자의 목소리가 들려왔다. 외로운 사람
은 쉽게 절박해진다. 모서리에 매달려 있는 거미의 눈빛이 여자
의 체온으로 차가워졌다.

살아는 있니?

여름쯤 손가락에 눌러졌을 모기가 유리창에 짓눌러져 있다. 절
박함 없는 희망이 있던가. 남자는 방금 나간 여자의 이름을 부르
고 있다. 공중전화 박스를 나오다 관상용 소국(小菊) 하나를 툭,
쳐본다. 여러 개의 꽃대궁이 동시에 흔들린다. 뿌리가 같은 이유
다. 늦기 전이라는 노랫말이 죽기 전이라고 들리는 저녁, 애틋해
서 되뇌이는 건 아니다. 차라리 살아서 날 미워해 버스 광고가
지나간다. 그저 당신이라고 부르고 싶은 계절이다.

너도나도 휴대전화를 갖게 된 뒤부터 특히 번화가에서는 공중
전화가 거의 사라졌다. 요즘 공중전화를 많이 이용하는 사람으
로는 코리안 드림을 안고 찾아온 외국인 노동자를 꼽을 수 있
으리라. 변두리 동네 버스 정류장 근처 공중전화 박스를 지나
칠 때면 제 모국어를 절박한 목소리로 쏟아내고 있는 그들을 이
따금 본다. 대개 신산할 그 이용자들의 삶처럼 공중전화 박스는
이래저래 쓸쓸하다.
'방금 나간 여자'나 그 여자가 차마 끊지 못하고 내려놓은 수화
기에서 여자 이름을 부르는 남자나 외로운 사람들이다. 공중전
화 박스 안 '모서리에 매달려 있는 거미'나 '유리창에 짓눌려져
있는 모기'도 외롭다. 화자도 외롭다. '하나를 툭,' 치니 '여러 개
의 꽃대궁이 동시에 흔들'리는 소국(小菊)처럼, 모두가 외로운
외로움의 맥놀이.
무슨 사연인지 몰라도 현재 주거 부정에 신용 불량일 듯한, 삶
이 위태로워 보이는 모르는 여인과 기타 등등 사람이 공중전화
박스에 남긴 자취가 화자 가슴에 우수를 불러일으킨다. '그저
당신이라고 부르고 싶은 계절'이란다. 당신, 당신들, 어디서든

부디 살아 계시오! 숨 받아 태어난 존재들은 원초적으로 외로운
데, 게다가 어떤 인생은 구차하고 치사하기도 하다. 불구하고
살아간다는 건 얼마나 대견하고 고마운 일인가!
그 여인, 담배라도 없었으면 어떻게 마음을 다스렸을까. 새해부
터 담뱃값이 대폭 오른다. 살림이 어려운데 담배를 정 못 끊겠
으면 마당이나 베란다에 담배를 키우는 것도 한 방편이리라. 마
음 맞는 사람끼리 텃밭을 얻어 담배 주말농장을 할 수도 있으
리.[17)

　나는 이 기사를 보고 충격을 받았다. 우리는 왜 학교 다닐 때 이
렇게 시를 읽고 감상하고 느껴보지 못했을까? 그 즈음에 같은 사
무실에서 근무하는 국장님께서 호주에서 연구원으로 지낼 때 경
험한 딸아이의 학교 국어 수업에 관해 들려준 이야기는 더 큰 충
격이었다.

　"하루는 딸이 학교 시 읽기 숙제를 한다고 하면서 계속 노래를
듣고 있는 거야! 그래서 내가 물었지. '너 시 읽기 숙제한다더니
왜 숙제는 안 하고 노래만 듣고 있어?' 그랬더니 '나 지금 시 읽기
숙제를 하고 있는 중이야! 선생님께서 이 시를 읽고 이 시의 느낌
과 가장 가깝다고 생각하는 노래를 골라오라고 하셨어!' 나는 그
말을 듣고 충격을 받았지. 그런데 더 충격적인 일이 그다음 주에
있었어. 아이가 미술 시간에 그 시를 읽은 느낌을 그림으로 그리
는 작업을 해서 집에 가져온 거야!"

　앞의 신문 기사와 호주 학교의 시 읽기 수업 일화는 우리에게

국어 공부와 수업이 얼마나 다양하게 진행될 수 있는가를 보여주는 사례이다. 그러면 우리는 왜 그런 수업을 하지 못하는가? 왜 대부분의 수업이 느끼고 해보고 함께하면서 공감하고 나누기보다는 이론적이고 지식 위주이고 추상적이고 건조해지는가?

그것은 우리의 초·중등교육이 대학교육의 축소판이기 때문이다. 교과서를 중심으로 실시하는 생물 수업은 대학의 생물 관련한 학과에서 배울 내용의 기초를 축소해놓은 것이고, 사회 과목은 대학의 사회과학대학에서 배울 내용의 기초적인 지식을 체계적으로 정리해놓은 것이다. 그러니 학생들이 중·고등학교에서 배우는 내용은 매우 분절적이고 교과별로 너무 많은 내용이 집약적으로 압축돼 정리되어 있다. 우리나라 교과서는 고압축 파일인 것이다.

이런 과정에서 아이들은 분야별 전문 지식과 이론을 배우지만, 통합적이고 종합적으로 자신의 삶과 주변 사람들의 생활을 보고 느끼고 함께하며 더불어 지내는 법을 배울 기회가 없다. 또한 이런 과정에서 아이들은 지식과 이론을 매우 기능적으로 이해하고 암기하며, 자신의 삶과 생활과 연계시킬 수가 없다. 추상적이고 건조한 이론적 지식을 통해서, 따뜻하고 정서가 풍부하며 열린 마음을 지닌 인성이 원만하게 갖추어져가기는 어렵다. 긍정심리학의 태두인 마틴 셀리그만(Martin Seligman)은 긍정적 인성의 24가지 특징을 열거하고 있지만, 그 핵심은 주변 친구들과 열린 마음으로 소통하고, 그 속에서 자기 조절력을 키우고, 그 과정을 통해 긍정적 태도와 삶에 대한 열정을 키우는 것이라고 할 수 있다. 하지만 파편적이고 이론적이며, 추상적인 표준화된 국가 교육과정, 그리고 대학교육의 분야별 전문적 지식과 이론에 종속된 초·중등 교육을 통해서는 원만하고 성숙한 인성이 함양되기는 어렵다.

뿐만 아니라 대학교육의 준비 과정으로서의 표준화된 초·중등 학교 교육과정은 필연적으로 '내용 중심'이다. 즉, 교육되어지고 학습해야 하는 표준화되고 일반화된 객관적인 지식과 기술을 중심으로 교육과정이 편성될 수밖에 없다. 그래서 개정을 거듭할수록 교육내용은 많아진다. 교과서는 얇아져도 배워야 할 내용은 많아진다. 그리고 그것이 모두 시험문제로 출제될 가능성이 있으므로 학생들은 어느 것 하나도 놓쳐서는 안 된다. 결국 교과서는 고농축 엑기스가 되고, 압축률이 매우 높은 압축 파일이 된다.

나는 딸아이의 화학 교과서를 보고 놀랐다. 내가 1980년대 고등학교 다닐 때 보았던 화학 교과서보다 내용이 무척 많아졌기 때문이다. 한 예로, 내가 고등학교에서 배운 원자모형은 상당히 단순한 것이었다. 양성자, 중성자, 전자와 일부 소립자에 대한 내용이 전부였다. 하지만 내가 졸업하고 지난 30년 동안 많은 물리학자와 화학자들이 수많은 연구를 통해 많은 소립자들을 찾아냈다. 처음 들어보는 업 쿼크(up-quark), 다운 쿼크(down-quark) 등의 용어와 그것들이 결합한 형태의 소립자 종류들을 딸이 외우고 있던 것이다.

이런 방식으로 교육과정의 내용은 무한히 팽창 가능하다. 특히 지식과 정보의 폭발이 일상화된 현대 사회에서 이와 같은 표준화된 지식을 중심으로 구성된 내용 중심의 국가 교육과정은 커다란 문제점을 안고 있다. 게다가 정보통신 기술의 발달과 컴퓨터의 발전은 표준화된 지식을 체계적으로 정리하여 이해하고 암기하는 방식의 교육과정 운영에 근본적인 문제 제기를 하고 있다. 이제 객관화된 지식의 내용을 무한히 담아둘 수 있는 최첨단의 정보기기가 손끝에 항상 있기 때문이다.

하나의 예로 역사교육을 생각해보자. 나는 최근에 중학교 딸아이의 역사 교과서를 보고 또 한 번 깜짝 놀랐다. 역사 교과서는 얇아졌는데, 고조선부터 최근 노무현 대통령 시절까지 통사가 아주 빽빽이 정리되어 있었다. 그렇다 보니 중요한 역사적 사건들이 매우 간략히 정리되어 제시되는 정도로, 주마간산 격으로 지나가고 있었다. 일례로 동학농민혁명에 관한 부분이 단 세 줄로 정리되어 있었다. 딸아이가 그 부분에 대해 잘 이해가 되지 않는다고 해서 설명해주는데 두 시간이 넘게 걸렸다. 그렇게 배운 통사를 중간고사와 기말고사를 준비하기 위해서 시험공부를 하는 딸아이를 도와주기 위해 세세히 설명을 하다가 너무 짜증이 났다. 아이는 온갖 시시콜콜한 사건과 일화를 외워야 했다. 1차 김홍집 내각과 2차 김홍집 내각의 개혁 강령의 차이를 외우고 있었다. 학교에서 나눠준 시험 대비 유인물에 깨알 같은 글씨로 쓰여 있었던 것이다. 이런 식의 파편화된 사건 중심의 역사교육이 도대체 무엇을 목적으로 하는지 모르겠다.

나는 중·고등학교 시절에 세계사가 가장 싫었다. 왜냐면 외워야 할 사건과 지명과 인물이 많을뿐더러 아무리 외워도 혀에 잘 붙지 않는 외국어 지명과 사건과 이름들이 너무도 싫었기 때문이다. 내가 역사 소설과 역사책을 좋아하는 편이었는데도 그랬다. 특히나 독립운동사를 배울 때는 독립운동을 한 사람들이 미워지기까지 했다. 왜냐면 조직을 왜 그렇게 많이 만들고, 이합집산을 자주해서 우리를 헷갈리게 하는가 말이다! 물론 잘못된 생각이다. 하지만 대부분의 아이들은 그렇게 생각했다. 나를 정말 놀라게 한 일은 우리 딸아이가 똑같은 말을 시험공부를 하면서 내뱉었기 때문이다.

우리는 역사교육을 통해서 인생의 방향과 사회 운영의 기본 틀에 대해 생각해보면서 자신의 인생관과 세계관을 세울 수 있는 기회를 가진다. 역사 과목은 자율적 주체로서 역사 속에서 자신의 자리를 돌아보고, 그 속에서 인성을 함양할 수 있는 핵심적인 교과라고 할 수 있다. 하지만 사건과 일화, 주요 정치·경제제도와 유명 인물 중심으로 외워야 하는 상황에서, 역사교육은 오히려 학생들의 인성을 망쳐놓을 수 있다. 마치 아이들이 일제강점기 독립운동을 미워하는 과정에서 어떤 인성이 형성될 것인가를 알 수 있듯이 말이다. 게다가 지속적으로 역사 연구가 진행되면서 더 많은 사실과 사건과 제도들이 자꾸 추가되고 학생들은 그 많은 내용을 외워야 한다면, 도대체 역사교육은 무엇을 위한 것일까?

4. 따라쟁이를 위한 학교교육

추종자형(fast follower) 경제에서 선도자형(first mover) 경제로

우리 주변에는 다양한 분야에서 창의적이고 즐겁게 그 분야를 이끌어가는 인재가 필요한 시대가 이미 오래전에 도래해 있다. 우리 사회가 이미 포드주의에 입각한 표준화된 대량 생산 시스템을 중심으로 운용되는 사회가 아니라는 점과, 이로 인해 이제는 학교 교육과정도, 학교교육 시스템도 표준화된 일관 생산체제를 벗어나야 한다는 점을 살펴보자.

우리나라는 지난 50여 년간 비약적인 발전을 거듭해왔다. 유럽과 선진국들이 길게는 300년 이상, 짧게는 150년 이상의 기간을 통해 달성한 근대화 과제와 산업화 과제 그리고 민주화 과제를 불과 50여 년 만에 달성한 것이다. 남아메리카나 동남아시아, 그리고 서남아시아의 많은 나라들이 기본적인 산업화의 과제를 달성하였지만, 정치적 민주화의 과제를 제대로 달성하지 못해 숱한 정치적 혼란과 쿠데타와 반-쿠데타의 악순환을 경험하고 있는 데 반해, 한국은 이미 1980년대 정치적 민주화를 이룩하였고, 1990년대 이후로는 민주적 정치체제를 안정적으로 유지하고 있고, 2008년과 2016년 촛불 시위를 통해 서구 민주주의 국가보다 더 성숙한 민주적 역량을 과시했다는 면에서도 세계에서 유래를 찾아보기 힘든 사례에 해당한다. 그리고 우리나라의 교육이 정치적, 경제적 발전의 바탕에 기여했음은 누구도 부정하기 어렵다.

그런데 문제는 그다음부터다. 우리나라 사회, 경제, 정치는 이미 근대적 과제를 해결하고 후기 산업사회, 포스트모더니즘 사회로 이행하였다. 인터넷 혁명, 물류 혁명, 소재 혁명과 바이오 혁명, 인공지능 등으로 대표되는 4차 산업혁명의 와중에 있는데, 교육은 여전히 근대적이고 산업사회적인 패러다임에 묶여 있다. 일제강점기에 강제로 이식되고, 해방과 전쟁을 거치면서 우리 스스로 유지하였고, 미국의 지원을 통해 우리 손으로 형성하고 체계화한 현재의 표준화된 국민 교육체제는 근대화, 산업화를 위한 시스템으로 설계된 것이었다.

우리 교육체제의 근대성, 산업사회형 인재 양성을 목표로 한 점에 대해서는 앞에서 그 유래와 구체적인 양상을 살펴보았다. 여기에서는 우리 사회와 경제가 근대화와 산업화 시기를 지나서 포스트모던 사회와 후기 산업사회 경제로, 그리고 4차 산업혁명 시대로 이행함으로써, 사회경제적 요청과 교육 시스템 간에 나타나는 부조화와 괴리에 대해 논의하고자 한다.

우리나라의 학문적 수준과 기술적 수준이 여전히 표준적 지식과 기술을 수입하여 이해하고, 그것을 활용하여 제품을 조금 싸게 만들면서도 제품의 질은 다른 저개발국에 비해 약간 나은 제품을 만들어서 우리 경제의 경쟁력을 확보하는 단계는 이미 오래전에 끝이 났다. 표준형 기술, 선진국의 기술을 모방해서 제품과 서비스를 제공하는 단계는 1990년대를 지나면서 중국, 인도, 남아메리카 국가들, 베트남 등 동남아시아 국가들, 그리고 심지어는 일부 아프리카 나라들로 이미 넘어갔다. 이제 우리는 유럽 국가들, 미국과 일본 등 선진국들, 선도자형 국가들과 이들을 빠르게 추격하여 따라잡고 있는 중국, 인도 등과 같은 나라의 중간에 끼어 있다. 따라서 우리는 중대한 기로에 서 있는 것이다. 우리도 선도자형 경제, 4차 산업혁명과 새로운 사회문화 혁신의 선도자로 나설 것인가, 아니면 멕시코 등 많은 남아메리카의 나라들이나 필리핀처럼 과거의 영광과 가능성을 지나간 역사로 곱씹으면서, 한편으로는 위로와 다른 한편에서는 아쉬움과 한탄을 내뱉는 사람들이 될 것인가의 갈림길에 말이다.

우리나라의 사회경제 시스템과 교육 시스템 간의 부조화와 괴리가 심각한 상황에 있음을 잘 나타내주는 글이 있다. 연세대학교의 설립자이자, 개항 이후 한국에서 선교 사업과 교육 사업을 활발히 전개했던 호러스 그랜트 언더우드(Horace Grant Underwood)의 증손자 피터 알렉산더 언더우드(Peter Alexander Underwood)는 《퍼스트 무버》에서 다음과 같이 말하고 있다.

서양 사람들이 나에게 "한국이 이처럼 빨리 발전하게 된 원동력이 뭐죠?"라고 물으면, 나는 단연코 "우리나라 사람들의 뜨거운 교육열 덕분입니다"라고 말한다. (중략) 그러나 나는 누군가가 "미래 한국이 발전하는 데 가장 큰 걸림돌이 무엇인가?"라고 물어본다면, 역시 단연코 "한국의 교육 시스템이다"라고 답을 할 것이다. 지금 고착화된 한국의 교육 시스템을 유지한다면 한국은 감히 단언하지만 미래로 전진하기 어려울 것이다.[18]

패스트 팔로워 시대의 핵심은 빨리 정답을 찾는 것(find the answer)이었다. 철강 공장을 짓고 자동차를 만드는 것은 누군가가 이미 해놓은 것들이다. 우리가 풀어야 할 문제는 기출 문제였고 핵심은 그 정답을 얼마나 빨리 찾아내느냐, 즉 스피드 문제였다. (중략) 그러나 지금 우리 앞에 놓인 과제는 패스트 팔로워를 벗어던지고 퍼스트 무버(first mover)가 돼야 한다는 것이다. 이 시대에 지금 같은 교육 시스템은 성장의 디딤돌이 아니라 걸림돌이다. 찾아야 할 정답이 주어져 있지 않은데, 사회의 핵심 인재들이 기출 문제에서만 정답을 찾는다면 창의적인 새로운 도전은 절대 이뤄낼 수 없다. 한국이라는 국가는 21세기 중반을 향해 빠른 속도로 나아가는데, 교육 시스템은 1980년대형 인재를 양산하고 있는 것이다.[19]

'우리나라가 다른 나라를 모방해서 우리 경제의 경쟁력을 확보하던 시대는 이미 1980년대에 끝났다'는 데 아마 대부분의 사람들이 동의할 것이다. 이미 우리나라는 1990년대에 과학기술뿐만 아니라 경제, 정치, 문화 등 모든 분야에서 전 세계 최상위 10%에 들기 시작했고, 우리가 세계를 선도하는 국가가 될 것인지를 묻는 시험대에 올라섰다. 우리의 교육이 사회경제적 요구나 우리의 문화적 맥락과는 엄청난 괴리를 지니고 있음을 보여주는 사례를 하나 더 살펴 보자.

2011년 영국의 이코노미스트지는 한국 수능 날의 풍경을 소재로 한국 교육의 현 주소와 주요 문제점을 분석하는 기사를 실었다. 이코노미스트 기자는 한국 수능 날의 모습을 매우 이색적인 풍경으로 묘사하고 있다. 사무실 출근 시간이 늦춰지고, 비행기도 이착륙을 멈추고, 많은 경찰들이 시험장 주변에 비상 대기하는 모습은 우리에겐 익숙한 풍경이다. 우리가 이렇게 하는 것은 이 날이 학생들의 인생에서 가장 중요한 결정이 이루어지기 때문이다. 기자는 이런 한국의 상황을 한탕주의 사회(One-shot Society)[20]의 시험이라고 명명하고 있다. 객관식 시험문제 풀기인 수능이 한국 학생들의 인생을 결정하기 때문이다.

기자는 이런 한국의 객관식 시험으로 한 번에 학생의 인생 경로를 결정하는 문화가 근대화 시기에는 한국의 경제 기적을 이루는 밑바탕이 되었다고 할 수 있지만, 이제는 그 반대편에서 혹독한 대가를 치르고 있다고 지적한다. 지옥과 같은 학교생활, 배우는 즐거움의 박탈, 소모적인 암기 학습, 묻지 마 대학 진학, 사교육비로 인한 가계 파탄과 그로 인한 저출산, 안정적 직업 선호로 인한 창의와 혁신의 부족 등등. 기자는 이제 한국이 진정한 선진국이 되기 위해서는 한탕주의 사회를 벗어나서 다양한 성공의 경로를 개발하는 창의성과 여유가 필요하다고 지적하고 있다.

이코노미스트지의 기사는 지난 50년간 우리가 '다른 나라 따라하기'를 통해, 즉 선진국의 표준화된 지식과 기술을 수입하고 복제하여 빠른 경제 성장을 추구하는 데 표준화된 국가 교육과정과 평가체제가 매우 효율적인 장치로 작동했다고 말하고 있다. 그러나 이제는 이미 부조화와 오작동이 시작되었고, 특히나 한국의 시대적 과제와 향후 변화하는 세계에 적절히 대응하는 데에는 큰 장애가 되고 있다는 점을 정확하게 지적하고 있다. 4차 산업혁명의 시대, 후기 산업사회에 필요한 인재는 더 이상 문제를 잘 푸는 학생이 아니라는 이야기이고, 평생에 걸쳐 성장하는 교육이 아니라 한 방에 모든 것을 결정해버리고 낙인찍어놓는 그런 방식의 평가 시스템은 한국의 미래를 위해 큰 부담이 되고 있음을 여실히 보여주고 있다.

좀 더 객관적이고 상세한 자료를 통해 이미 표준화된 지식과 기술로 경쟁력을 확보하는 교육이 아니라, 지속적으로 창의적이고 예리한 통찰력을 갖춘 인재를 키우는 교육이 왜 중요한가를 살펴보자. 우리나라의 과학기술 연구와 산업기술 수준이 어떤 상태에 있는지를 잘 나타내주는 보고서가 있다. 미래창조과학부는 한국과학기술기획평가원(KISTEP)과 함께 격년으로 우리나라의 과학기술 수준과 주요 국가의 과학기술 수준을 평가한 보고서를 발간하고 있다. 평가 대상은 과학기술 기본 계획상의 10대 전략 분야

120개 국가 전략 기술이며, 미국, 일본, 중국 및 유럽연합(EU) 과 한국의 과학기술 수준을 비교, 분석한다.

동 평가 보고서에 따르면, "120개 국가 전략 기술 전체를 종합한 우리나라의 전반적인 기술 수준은 최고 기술국(미국) 대비 78.4%"이며, 국가별 기술 수준은 기초 연구와 응용·개발 연구 모두에서 최고 수준을 보이고 있는 미국을 100%로 보았을 때, 유럽연합 국가들이 95.5% 수준, 일본이 93.1% 수준이고, 우리나라는 78.4% 수준, 그리고 중국이 69.7% 수준 순으로 나타났다. 이를 기술 격차로 보면, 한국은 미국에 비해 약 4.4년 뒤처진 상태이며, 2012년에 비해 2014년에는 기술 수준은 0.6% 향상되었고, 기술 격차는 0.3년 좁아졌다고 한다. 한편 우리나라를 빠르게 추격하고 있는 중국과 비교해본다면, 2014년도에 기술 수준에서는 1.4년 앞서고 있지만, 2012년의 1.9년에 비해 0.5년 단축된 결과를 보였다.

미국의 기술 수준을 기준으로 평가해 보았을 때 유럽연합과 일본의 기술 수준은 선도 그룹에 속하고, 중국과 우리나라의 기술 수준은 추격 그룹에 속한다고 할 수 있다. [22), 23)] 이를 표로 정리한 내용이 다음 [표 3]에 제시되어 있다. 한국은 1980년대까지 대부분의 과학 연구 분야 연구 능력과 기술 수준이 후발 그룹에 속해 있었다. 하지만 이제 우리나라의 과학 연구와 산업기술 수준에 있어서 대부분은 표준화된 기술을 도입해서 모방하는 수준을 이미 벗어났다. 표에서 볼 수 있는 바와 같이 대부분의 기술은 표준

[표 3] 주요국의 기술 수준 그룹별 국가 전략 기술 수 분포

국가	최고 (100%)	선도 그룹 (80~99%)	추격 그룹 (60~79%)	후발 그룹 (40~59%)	낙후 그룹 (1~39%)	계
한국	0	37	82	1	0	120
중국	1	5	102	12	0	120
일본	9	107	4	0	0	120
EU	13	107	0	0	0	120
미국	97	22	1	0	0	120

출처:《2014년도 기술 수준 평가》, 미래창조과학부·한국과학기술기획평가원, 2015, 20쪽

화된 지식과 기술을 도입하여 모방하는 데 그치지 않고 한 단계 업그레이드(개량)할 수 있는 수준에 도달했을 뿐만 아니라 120개 분야 중 37개 과학기술 분야에서는 해당 분야의 연구와 기술을 선도하는 수준에 이르고 있다.

약간 다른 각도에서 우리나라의 현황을 볼 수 있는 다른 표를 살펴보자. 다음 페이지의 [표 4]는 미국, 유럽연합, 일본, 중국과의 과학기술 격차를 분석한 표이다. 우리나라가 일본과 중국 사이에 끼어 있음을 금방 알 수 있다. 대부분의 과학기술 분야에서 일본에게 2~4년 뒤져 있고, 중국에 2~3년 앞서 있는 상황이다. 결국 우리나라는 선도자로서 자리를 확고히 하면서 최고 수준의 선도 그룹이 될 것인가, 아니면 중국에게 추월당하고 남아메리카, 필리핀 등의 전철을 밟을 것인가의 기로에 서 있다고 할 수 있다.

각 분야에서 세계 최고 수준의 과학 연구와 산업기술을 개발할 수 있는 사람은 어떤 사람일까?

주어진 표준화된 국가 교육과정의 내용을 잘 이해하고 암기하

[표 4] 우리나라 120개 국가 전략 기술 10분야의 주요국 간 기술 격차 변동

분야	대 중국 기술 격차(년)		대 일본 기술 격차(년)		대 EU 기술 격차(년)		대 미국 기술 격차(년)	
	2012	2014	2012	2014	2012	2014	2012	2014
전자·정보·통신	-2.4	-1.8	1.3	1.2	1.0	1.2	2.9	2.7
의료	-1.9	-1.5	2.2	1.9	2.6	2.5	4.1	4.0
바이오	-2.5	-1.7	3.1	2.8	3.5	3.3	5.0	4.5
기계·제조·공정	-2.3	-1.7	2.7	2.5	2.9	2.8	3.8	3.3
에너지·자원·극한 기술	-1.3	-0.9	3.3	2.9	3.9	4.1	4.8	4.6
항공·우주	4.5	4.3	5.4	4.5	7.6	6.8	10.4	9.3
환경·지구·해양	-2.9	-3.3	4.1	3.7	4.9	4.6	5.4	5.0
나노·소재	-1.2	-1.1	3.4	2.9	2.8	2.7	4.5	4.1
건설·교통	-2.8	-1.8	4.0	3.6	3.9	3.7	4.7	4.3
재난·재해·안전	-1.9	-1.6	4.2	4.2	3.6	3.8	6.3	6.0
국가 전략 기술 전체	-1.9	-1.4	4.2	4.2	3.6	3.8	6.3	6.0

출처: 《2014년도 기술 수준 평가》, 미래창조과학부·한국과학기술기획평가원, 2015, 48쪽

여 주어진 문제에 답을 잘 찾는 인재, 기출 문제 잘 푸는 인재로는 도저히 도달할 수 없는 경지이다. 스스로 질문을 하고, 아무도 가 보지 않은 길을 탐험하면서 수많은 실패에도 불구하고 포기하지 않고 노력하는 사람이다. 하기 싫은 일을 참고 억지로 하는 사람 은 결코 선도자의 경지에 이를 수 없다. 스스로 관심을 가지고 다 른 사람은 궁금해하지 않는 것을 질문하고, 거기에 호기심을 가지 며, 자신이 스스로 신이 나서 몰두하는 사람들만이 도달할 수 있

는 경지가 선도자의 경지이다. 이코노미스트지 기자의 조언처럼 수많은 길에서 각자의 성공을 추구하는 인재가 너무도 절실한 상황임을 기술 수준 평가 보고서의 표들은 보여주고 있다.

선도자형 경제와 시장의 변화: 롱테일 이코노믹스

전 세계에서 우리나라의 학문, 지식과 기술 수준이 이미 추종자를 벗어났을 뿐만 아니라 산업기술에서도 선도자로 도약을 하는 과정에 있음을 살펴보았다. 동시에 우리에게 이미 다가온 커다란 변화가 있다. 그것은 시장의 변화다.

시장은 이미 표준화된 제품과 서비스, 대량 생산된 특정 상품이 시장의 대부분을 차지하던 시대는 지나가고 수많은 제품과 다양한 서비스가 시장에서 유통되고 있을 뿐만 아니라 오히려 독특하고 개별적인 상품들이 더 높은 수익률을 달성하는 시장으로 바뀌고 있다. 1990년대 후반부터 우리는 '틈새시장'이라는 말을 흔하게 들었다. 그것은 그동안 시장의 대부분을 차지했던 제품, 거대 기업의 주요 제품이 차지한 거대 시장의 틈새를 비집고 새로운 제품과 서비스가 등장하고 있음을 보여주는 흐름이었다.

1980년대 이전부터 후기 산업사회의 시장 상황이 '소품종 대량 생산 시대에서 다품종 소량 생산이 주도하는 시장'이 될 거라고 예상됐다. 그에 맞춰 우리나라의 시장도 1990년대 후반이 되면서 다품종 소량 생산 시대에 맞는 시장으로 재편되고 있었으며, 그러한 현상을 일반인들을 위한 표현으로써 틈새시장이라고 부른 것이다.

2000년대 들어서 이러한 틈새시장은 이제 예외적인 제품이나 서비스들이 형성하는 특수한 시장이 아니라 오히려 시장이 수많은 틈새시장으로 구성되는 경향을 보이게 되었다. 이제 틈새시장의 집합이 오히려 더 큰 시장이 되어버린 것이다. 갈수록 시장에서 표준화되고 대량 생산되는 제품과 서비스, 소위 big three, big five 하는 식의 거대 독과점 제품들이 차지하는 비중은 나날이 축소되고, 수많은 난장이들이 시장을 분할하는 현상이 점점 더 큰 흐름을 형성해가고 있다. 인터넷의 등장과 디지털화된 제품과 서비스들이 이러한 흐름을 가속화시켰고, 경제학자들은 이와 같은 흐름을 분석하고 예측하면서 롱테일 이코노믹스(Long Tail Economics)라는 새로운 명칭을 제시했다.

하나의 시장에서 상위 20%의 회사가 전체 시장의 80%를 차지하던 기존의 독과점 시장은 서서히 상위 20% 회사가 차지하는 비율이 작아지기 시작했다. 그전에는 시장을 형성할 수 없어 아예 시장에 출시될 수도 없었던 제품과 서비스가 만들어지고, 시장에 출시되고, 그리고 꾸준히 판매를 유지하면서 새로운 시장 지도를 형성하게 되었다. 이러한 롱테일 경제는 어떻게 가능했을까?

그것은 당연히 인터넷 혁명과 물류 혁명에 의해 가능해졌다. 그전에는 아무리 큰 서점도 10만 종류 이상의 책을 보유하기 어려웠지만, 인터넷 공간에 마련된 가상 점포에서는 진열대의 제한이 없다. 아마존 서점은 300만 종류 이상의 책을 판매하고 있다.

게다가 검색 엔진의 발전은 소비자들이 자신의 선호에 맞는 제품과 서비스를 찾는 데 드는 비용을 획기적으로 낮췄다. 과거 오프라인 서점시절에는 자신이 원하는 책이 대중적이지 않은 전문적인 종류라면, 그 책을 찾기 위해서 서점들을 전전해야 했고, 어렵게 찾은 경우에도 주문하고 나서 며칠을 기다려 받아야 했던 기억을 가진 사람들이 많이 있을 것이다. 하지만 이제는 전 세계에서 자신이 필요한 책을 검색해볼 수 있는 인터넷 검색 시대가 도래한 것이다. 서적만이 아니라 온갖 패션 소품에서부터 고가의 컴퓨터와 각종 전문 기기까지도 모두 검색이 가능하다.

나는 최근에 배율이 높은 광학 현미경을 구입해서 사용해보면 어떨까 하는 생각이 들어 인터넷에서 검색을 해보니 수백 가지 이상의 현미경이 검색되었고, 각 회사의 홈페이지나 블로그에서 현미경의 종류와 회사별 제품의 특징과 장단점을 모두 찾아볼 수 있었다. 만약 내가 인터넷에서 얻은 정도의 정보와 지식을 얻기 위해 오프라인에서 현미경 판매점을 찾아다니면서 알아보았다면, 며칠이 걸려도 어려웠을 뿐만 아니라 아예 그 과정에서 포기해버렸을 것이다. 세상과 시장이 이렇게 빠르고 크게 변하고 있다.

수많은 제품과 서비스가 끊임없이 출시되고, 무료로 전 세계적인 검색이 가능한 상황에서 자신의 선호에 맞는 제품과 서비스 찾기를 포기할 사람은 아마 없을 것이다. 특히 요즘의 젊은 소비자들은 자신의 선호를 강력히 표현하기를 멈추지 않는다. 따라서 수많은 소비자들은 자신의 선호와 기호를 쉽게 인터넷과 SNS를 통해 표현하고, 소비자 개개인의 선호는 더 쉽게 제품과 서비스에 반영이 되고, 다양한 소비자의 선호를 반영한 제품과 서비스는 더 다양하게 시장에 나오게 되는 상승적 순환 관계가 형성된다.

롱테일 시장에서는 이제 생산자도 달라진다. 수많은 생산자가 나오고 서비스 제공자가 시장에서 활동한다. 각자는 각자의 특성을 독특하게 발휘하며 수많은 사람들의 선호와 욕망을 충족시킬 수 있도록 서로가 협력하고 경쟁하면서 연결된다. 인터넷 혁명과 물류 혁명 그리고 엄청난 생산성 혁명은 이제 제품 생산과 서비스 제공도 1인이 할 수 있는 1인 제조업 시대, 1인 기업 시대를 열었다. 2012년 기준으로 우리나라에 1인 기업이 30만 개 정도가 등록하여 활동을 하고 있다고 한다. 미국은 전체 등록 기업의 70% 정도가 1인 기업이라고 한다.

우리나라에서 1980년대까지만 해도 제조업을 한다는 것은 엄청난 공간과 설비와 인력이 필요했다. 그래서 기업을 한다는 것은 가문의 명운을 거는 일이었고, 혹여나 실패를 하면 가족이 모두 길거리에 나앉거나 수많은 빚 독촉에 시달려 인생과 가족이 파탄 나는 상황이 되었다. 하지만 이제는 혼자서 큰 공간, 설비, 자본이 없이도 기업을 할 수 있는 시대가 되었다. 2012년 기준 30만 개의 1인 기업 중에서 47% 정도가 제조업이라고 하고, 이러한 흐름은 더욱 가속되고 있다고 한다.[24]

기존의 소품종 대량 생산체제에서 다품종 소량 생산 시대로 전환되고, 셀 수 없이 다양한 제품이 쏟아져 나와 각자의 자리를 다투는 롱테일 경제 시대에는 새로운 모습의 인재가 필요해진다. 기존의 산업사회의 시장이 표준화된 지식을 익히고, 암기하고, 활용할 줄 아는 표준형 인재를 필요로 했다면, 롱테일 경제에서는 각자의 취향과 선호를 반영하는 제품을 만들어 출시할 수 있는 독특하고 개별화된 인재를 요구한다. 개별화된 비표준형 인재들은 기존 산업사회에서는 주변부로 인식되고 소수로 치부되었던 영역까지도 포괄하면서 다양한 욕구를 충족하는 제품과 서비스를 만들어낸다. 인터넷 혁명과 물류 혁명 그리고 시장의 세계화는 전 세계를 대상으로 하는 시장을 창출함으로써, 틈새시장이 결코 틈새가 아니라 매우 큰 수요를 지니고 있음을 증명해주었다.

이와 같은 시장과 제품 및 서비스 생산 방식의 변화는 교육에 어떤 함의를 던지는 걸까?

이제 주어진 것들을 받아들이고 그것을 익혀 반복적으로 복제해낼 줄 아는 능력은 우리 사회와 우리 시대에는 별로 중요하지 않으므로, 그런 능력들이 우리 시대를 이끌어갈 인재의 핵심 역량이 아니라는 점이다. 스스로의 선호를 잘 표현하고, 동시에 다른 사람의 선호와 기호를 잘 파악하며, 그에 따라 자신과 주변 사람들의 요구에 맞는 제품과 서비스를 고민하고 만들어낼 수 있는 사람이 필요한 시대가 되었다는 뜻이다. 보다 본질적으로는 자신의 선호, 기호, 욕망에 충실하고 그것을 중심으로 주변 사람들에게 자신의 스타일과 욕망을 보여줄 수 있는 능력이 중요한 시대가 되었다는 것이다.

왜냐면 이제 시장은 수많은 선호와 기호와 욕망이 존중되는 세상이 되었으니 자신의 선호와 욕망에 충실한 사람들만이 그와 같은 선호와 욕망을 지닌 사람들의 공감을 이끌어낼 수 있다. 그것을 출발점으로 해서 제품도, 서비스도, 사회적 협력도, 새로운 사회를 위한 정치적 운동도, 그리고 자유로운 개인의 연합(the association of free persons)으로서 평등하고 조화로운 사회도 가능한 시대가 되었다는 것이다.

따라서 교육도 개개인의 자유로운 선호와 욕망을 존중하고 그에 맞게 교육과정을 이끌어가는 교육으로 바뀌어야 한다. 이러한 요구는 당위적이고 도덕적인 요청이 아니다. 삶의 본질적인 요구이면서 동시에 현실적인 요구이다. 이제는 이렇게 개개인의 선호와 욕망을 존중해주는 방식만이 정당할뿐더러 현실적으로도 번성할 수 있다는 것이다. 다양한 선호와 욕망이 표출되는 사회가 시장이 더 커지고 사람들의 관계가 더 돈독해진다는 것이다.

사람들이 서로의 욕망을 존중하고 서로의 선호가 충족될 수 있는 상황에서만 사람들은 행복하고 또 서로 간의 관계가 좋아진다. 특정한 일부 사람들의 선호와 욕망만, 혹은 거대한 힘을 가진 사람이나 집단의 선호와 욕망만이 표현될 수 있고, 수용되고, 그것들만이 제품과 서비스에 반영되는 사회는 독재적이며 약탈적이고, 한편으로는 사람을 구속하는 사회이다.

교육은 더 말할 필요가 없다. 교육은 개개인의 삶을 지지하고 돕는 일이다. 교육은 사람을 주어진 틀에 맞춰 손발을 잘라내서 표준적인 틀에 맞추는 일이 아니다. 사실 표준은 없다. 평균도 없다. 표준과 평균이라는 모델은 실제로는 가상이며 상상의 산물인 허구일 뿐이다. 표준과 평균을 강요하는 사람들은 다른 사람들을 거기에 묶어놓고는 자신들은 그 틈을 타서 자신들만의 선호와 욕망을 추구하려는 사람들이고 독재자이며, 폭력을 행사하는 사람들이다.

따라서 교육이 진정으로 교육적이기 위해서는 개별적이어야 한다. 개개인의 선호를 반영하고 다양한 사람들의, 다양한 욕망이 서로 조화로울 수 있는 방식을 배우고 연습하는 과정이어야 한다. 하나의 개인은 하나의 우주이다. 그리고 수많은 우주들이 서로 그물망으로 연결되어 세계로서의 우주가 된다. 그 세계로서의 우주는 중심도 없고 표준도 없고 당연히 평균은 존재하지 않고, 동시에 무의미하다. 그러니 교육은 개개의 우주가 자신의 우주를 형성할 수 있도록 돕고 지지하고 함께 걸어가는 일을 해야 하고, 동시에 각각의 우주가 서로를 공유하면서 협력하고 커다란 네트워크로 연결될 수 있도록 돕는 일을 해야 한다.

선도자형 경제와 인재 채용 방식의 변화

우리 사회경제의 변화, 전 세계적인 시장의 다양화·개별화에 따라 사회에서 요구하는 인재상도 크게 바뀌었고, 사람들이 조직을 중심으로 활동하던 성향은 스스로 자율성을 지니고 일하고 싶어 하는 성향으로 바뀌었다. 이러한 시장과 사회의 변화에 동물적 감각을 가지고 있는 기업들은 이미 오래전에 회사를 이끌어갈 인재를 선발하는 방식을 대대적으로 변경하였다. 한 컷짜리 모집 공고를 통한 대규모 공채 방식에서, 직위별로 세세하게 필요한 역량과 구체적인 업무를 제시하고 그에 맞게 사람을 선발하는 업무별 개별 공채로 바뀌었다. 또한 예전의 간단한 서류 전형과 매우 형식적인 면접 방식에서 적성 평가, 팀 면접, 프로젝트 면접 등등 매우 구체적인 상황 속에서 지원자의 성향과 욕망, 공유와 협력의 능력을 세밀하게 관찰하고 평가하는 방식으로 급속히 전환되었다.

나는 1980년대 말에 경영학과에 입학해서 1990년대 초에 졸업했다. 졸업을 하고 잠시 제조업 회사에 다닌 적이 있었다. 그 기업은 한 재벌 그룹의 모기업으로 당시 신입사원을 뽑을 때 신문과 포스터를 통해 신입사원 모집 공고문을 냈는데, 그 내용이 매우 간결하였다. '대학 졸업자이거나 졸업 예정자 중 인문사회 계열 200명, 이공 계열 200명'을 선발할 계획이라는 식으로 매우 간단한 요건만 제시했을 뿐이다. 결국은 대학을 졸업한 사람은 누구나, 아무런 전공의 구분 없이 지원할 수 있다는 뜻이었다.

　면접은 더 간단하고 좀 황당했다. 면접관들의 질문은 그야말로 상식을 묻는 내용이었다. 주요 시사 용어를 아는지, 영자 신문의 한 단락을 가져와서 나눠주고 읽고 해석해보라든지, 가치관을 묻는 질문 중에는 "무엇이 정의로운 것이라고 생각하느냐?"는 질문도 있었다. 면접은 고작 20여 분이었는데, 네 명이 같이 면접관 앞에 앉았다. 한 사람에게 겨우 5분 정도를 할애한 면접이었다. 그리고 아직도 황당하게 생각되는 일은 당시 대부분이 학력고사를 치르고 대학에 들어온 사람들이었는데, 학력고사 점수를 물어보고, 서류로 제출하게 한 일이었다.

　이렇게 해서 선발된 신입사원들은 6주간의 신입사원 직무교육을 받았는데, 400명이 거의 같은 교육을 이수했다. 대부분은 회사의 주요 현황과 역사, 주요 직무에 공통으로 필요한 업무 능력 등이었다. 연수를 받으면서 동기들의 전공을 파악해본 바에 의하면 수십 가지 전공에 이르고 있었다. 그런데도 연수는 동일한 내용으로 받았다. 나는 화학공학과를 나온 동기와 친하게 지냈다. 나를 비롯한 신입사원 400명이 6주간의 연수를 마치고 처음 배치되는 부서는 그야말로 상상 초월이었다. 전공이나 학과는 전혀 고려의 대상이 아니었다. 총무 업무직부터 생산 현장 관리직까지 전공은 상관없이 배치되었다. 나와 친했던 화학공학과 졸업생은 총무과 인사팀에 배치가 되었다. 나는 영업부에 배치되었고, 영업부에는 또 한 명의 화학공학과 출신의 신입사원이 나와 함께 배치되었다.

아직 1980년대의 분위기와 티를 채 다 벗지 못한 상황에서 벌어진 이 해프닝은 우리가 패스트 팔로워(fast follower)였을 때, 우리 경제의 중심축을 이끌어가던 대기업들의 인재관을 그대로 드러내준다. 학력고사 점수를 물어본 것은 '입사 지원자가 표준화된 국가 교육과정을 얼마나 잘 따라서 공부를 했는지', '논리-수학적 지능을 필요로 하는 추상적, 개념적 사고력이 어느 정도 되는지'를 점검해보려는 시도였다. 주어진 것을 잘 이해하고 기억하고 활용하여, 주어진 문제의 답을 찾는 능력을 가장 중요한 인재 선발 기준으로 삼겠다는 자세였다.

뿐만 아니라 연수와 사원 배치에서 보여준 모습은 일반적이고 표준적인 능력을 갖춘 사람이면, 표준화된 생산체제에 충분히 잘 적응할 수 있다는 것이다. 이는 그 정도의 역량을 갖춘 사람이면 어떤 일이든지 시키면 할 수 있게 된다는 사고방식을 반영한 것이다. 아마 요즘도 이런 식으로 사원을 뽑아 배치하는 회사가 있다면, 그런 회사는 전망이 없는 회사일 것이다. 이 글을 쓰면서 궁금해져, 내가 다녔던 회사의 최근 신입사원 모집 공고를 찾아보았다. 역시 옛날과는 판이하게 다르다. 우선 모집 분야가 크게 5개 분야로 구분이 되어 있을 뿐만 아니라 한 분야별로 지원이 가능한 전공이 3개에서 7개까지 세부적으로 제시되어 있고, 특별히 우대할 수 있는 자격 기준이나 세부 역량이 제시되어 있었다.

최근에 한 대학을 방문하여 대학생들이 많이 오가는 도서관에 비치된 우리나라 주요 기업의 신입사원 모집 공고를 보니 이제는 한 장짜리 포스터가 아니라 수십 쪽에 이르는 책자로 제시되어 있을 뿐만 아니라, 맨 마지막 부분에는 모집 분야를 대·소 분야로 나누고 각 소 분야마다 지원 가능한 전공을 상세히 제시하고 있는 내용이 여러 페이지에 달했다. 이미 산업과 경제는 세분화되었고, 영역별로 표준화된 인재를 넘어 개별적인 특성을 지니고 분야별로 새로운 영역을 개척할 수 있는 인재를 뽑기 위해 엄청난 노력을 기울이고 있다는 점을 보여주는 사례라고 생각한다.

따라서 신입사원을 선발하는 과정도 예전의 표준적인 능력을 지니고 있는지를 점검하는 수준을 넘어서, 매우 다양화되었을 뿐만 아니라 지원자들의 세부적인 역량과 특성을 파악할 수 있도록 진행되고 있다. 최근의 추세를 볼 수 있는 신문 기사를 보면 해당 기업에 적합한 인재를 뽑기 위해 기업들이 매우 다양한 전략을 추구하고 있음을 알 수 있다. 직무적성검사나 직무 관련 에세이 작성, 면접관과 지원자 간의 토론을 통해 평가하는 창의성 면접, 1일 혹은 1박 2일 정도 함께 지내는 심층 면접, 인턴십, 포럼 등을 통해 지원자의 개별적 특성을 파악하여 업무 수행 역량을 평가하려고 한다. 또한 지원 시점부터 자신이 근무하고 싶은 사업 부서나 근무지, 업무 등을 고르도록 하기도 한다.

인재 선발 방식의 변화는 우리 사회경제에 필요한 인재상이 얼마나 많이 변화했는지를 보여주는 단적인 사례다. 이제는 학교에서 주어진 내용을 이해하고 기억하여 그것을 활용해서 주어진 문제에 답을 하는 표준화된 인재는 더 이상 우리 사회경제적 요구에도 적합하지 않다는 것을 말해주고 있다.

지난 20년간 사회경제적 상황은 매우 빠르게 변해왔지만, 교육의 내용과 방식은 커다란 변화 없이, 근본적인 틀의 혁신 없이 계속된 관성을 따라가고 있기 때문에 교육과 사회경제적 요구 간의 괴리는 매우 커졌다. 지금 이 문제를 시급히 해결하지 않으면 안 된다. 경제만 문제가 되는 것이 아니다. 사회문화와 정치, 외교 등 모든 분야에서 문제가 발생할 것이다. 우리는 이미 거의 모든 분야에서 부적응의 위기를 겪고 있다. 하물며 지금과 같은 상태로 다가오는 4차 산업혁명을 대비한다는 것은 엄두도 못 낼 일이다.

2장

19세기 학교 속
밀레니엄 세대

1. 같은 시대를 살아가는 대한민국의 세 집단들

나는 우리 사회에 서로 다른 세 세대의 집단들이 살고 있다고 생각한다. 이들은 태어나고 살아온 과정이 다르고, 사고방식과 생활 태도, 지식과 정보를 배우고 익히는 방식과 태도, 친구와 주변 사람을 대하는 방식과 태도가 매우 달라서 서로를 이해할 수 없는 상태에 있다. 따라서 이들은 자주 갈등을 빚고 서로를 비난하거나 믿을 수 없고 말이 통하지 않는 집단으로 간주한다. 이들 간에 벌어지는 갈등과 대립, 상호 비난과 배제, 상대에 대한 억압과 폭력은 심각한 상태에 있다.

우선 그 집단들을 대략적으로 설명해본다. 나는 세 집단을 다음과 같이 이름을 붙여보았다. 고난의 근대화 세대, 격동의 민주화 세대, 그리고 새로운 인류 밀레니엄 세대.

고난의 근대화 세대

고난의 근대화 세대는 1935~1955년 사이에 태어난 70대, 80대에 이른 우리 사회의 원로급 집단이다. 1945년 전후 시기에 태어난 사람들을 생각해보자. 이들이 태어난 때는 일제의 횡포가 가장 악랄해지던 시기였기 때문에, 식민지 한국인의 삶은 그 자체가 고난이었던 시대였다.

사람이 태어날 때의 환경은 마치 자연을 우리가 받아들이듯이 자연스럽게 받아들여진다. 이 세대에게 있어 고난은 공기와도 같았을 것이다. 이 세대의 고난은 일제 강점으로부터 오는 폭압과 생존의 위협만이 아니었다. 미·소 군정기의 혼란과 생존 자체가 완전히 파괴되어가는 참혹한 한국전쟁을 10대와 20대 시절에 겪어야 했다. 즉, 자기 시대의 전체적인 그림을 볼 수 없는 나이에 완전한 혼란과 극단적인 폭력 상황을 온몸으로 겪어내야만 했다. 그럼에도 불구하고, 이들은 자신의 진영을 선택해야만 했고, 그 진영이 절대적인 선이며 진리이며 미래를 확실하게 이끌 희망임을 믿어야만 했다.

완전한 폐허 위에서 이제 가장 왕성한 나이인 30대에 접어든 시기에는 아무런 장비도 없이 그야말로 맨손으로 폐허를 걷어내고 전후 재건을 해야 했다. 1960년대는 새마을운동과 산업화의 역군으로, 70년대와 80년대에는 독일의 땅속 깊은 곳 탄광에서, 그리고 열사의 땅 중동에서 그 어둠과 모래바람을 온몸으로 맞서야 했다. 그 와중에 온갖 미숙한 민주주의의 혼란, 군인의 정치 개입과 독재 정치, 세계사적으로 유래를 찾기 어려운 급속한 도시화와 농촌의 공동화, 전통의 단절과 새로운 제도·문물의 도입 등 생활 그 자체가 감당하기 어려운 급류의 연속이었다.

하지만 이 세대는 생존 자체가 기적인 상황에서도 급속한 산업화를 통해 한강의 기적과 국가사회의 기본적인 틀을 성공적으로 형성해나감으로써 자신들의 유능함을 실천으로 보여준 세대이다. 따라서 이 세대는 자신의 방식과 스타일에 대해 일말의 의심이나 회의를 하지 않고, 또 해서도 안 되었다. 강한 믿음과 의지의 소유자이고, 어떤 일도 맞서 싸울 자세가 되어 있다.

그럼에도 불구하고 일제강점기 때부터 한국전쟁을 거쳐 권위주의적 정치체제 속에서 의식적, 무의식적으로 체득된 권력과 강자에 대한 두려움과 조심스러움이 가득하다. "성인(聖人)도 여세출(與世出)이라! 위인도 세상의 상황에 따라 달라지는 것이니, 상황을 거스르지 마라!"는 이 세대에게 삶의 가장 기본적인 원칙이다. 주위의 상황을 빨리 파악하고 적절히 대응하지 못하면 생존이 위협받는 상황에서, 먼저 움직이는 것은 매우 위험하다. '모난돌이 정을 맞는 법'이다. 하지만 승부를 걸어야 할 때는 주저 없이 결사의 각오로 결단을 해야 한다. 우물쭈물하다가는 골로 가는 수가 있으므로 눈치가 빨라야 한다.

이 세대는 기계 기술의 위력을 경탄 속에서 받아들인 세대이다. 자전거에서부터 자동차와 비행기에 이르기까지, 다리미에서 TV에 이르기까지, 타자기에서 팩스에 이르기까지, 수도에서 전기에 이르기까지, 원시시대의 삶과 같은 일상이 과학기술의 힘으로 완전 문명개화한 개벽된 세상으로 전환되는 모습을 날마다 감탄 속

에서 맞이한 세대이다

이 세대에게 있어 학교와 학습은 원시 상태의 미개함을 떨쳐내고 문명인이 될 수 있는 유일한 길이고, 유력한 수단이다. 따라서 서구 사상과 과학적 지식, 논리적 이론은 '사서삼경'을 대신하는 절대적 지식이다. 이로 말미암지 않고는 문명의 세계에서 문화인으로 살아갈 길은 없는 것이다. 따라서 교육과 학습의 기회는 엄청난 행운이고 아무나 누릴 수 있는 것이 아니었고, 그래서 학교에 다닐 수 없었던 대다수의 이 세대 사람들에게 교육은 선망과 욕망의 대상이고 무한한 결핍과 불행을 설명하는 키워드이다. 자신은 가난해서 못 배웠고, 못 배워서 무시당하고 힘겨운 생을 살아야 하는 형벌에 처해져 있다고 생각하는 것이다. 배운 사람들은 자신에게 배울 수 있는 기회가 주어졌을 때 최선을 다해 배웠기 때문에 자신은 우월하고 지도자적 지위에 있을 자격이 있으며, 그것으로 세상을 바꾸고 이끌어갈 수 있다고 생각한다.

이 세대의 인간관계는 권위적이고 수직적이며 상하, 존귀가 명확하다. 높은 자리, 힘 있는 자리에 있는 사람은 그렇지 못한 사람에 대해 항상 우월적인 태도를 지니고 산다. 마찬가지로 낮은 자리, 천한 일을 하는 사람들은 스스로 그것이 하찮은 일이며, 그런 일을 하는 자신은 무시당하고 어렵게 지내는 게 당연한 것이라고 생각한다. 다음 생에 다시 태어나면 부잣집에 태어나서 공부를 많이 할 수 있게 될 것이고, 그러면 자신도 새로운 세상에서 유능하고 멋진 높은 사람이 되어서 풍족한 삶을 누릴 수 있을 것이라고 기대한다.

이 세대에게 있어 학교는 선망의 대상이었지만, 그들 대부분에게 있어 학교는 가까이하기에는 너무 먼 곳이었다. 학교에 다닐 돈도, 시간적 여유와 에너지도 없던 세대이다. 이 세대는 '학교를 갈 수만 있다면' 하는 가정, '내가 학교만 다닐 수 있었더라면'이라는 가정을 수없이 하면서 인생을 버텨내야만 했던 세대이다. 따라서 학교는 신전과도 같은 곳이다. 그곳에 가면 신탁을 받을 수 있고, 그 신탁을 받았다면, '내가 내 운명을 알고 그것을 실현하거나 극복할 수 있는 비결도 또한 알아낼 수 있었을 텐데!' 하는 아쉬움이 온 생을 지배했다. 그들의 의식 속에는 학교를 다닐 수 있었던 소수의 선택받은 자와, 그렇지 못했던 버려진 자로 구분된 계급 의식이 자리 잡고 있다. 따라서 배운 사람, 높은 사람의 말은 신탁을 이어받은 권위를 인정받았다. 신탁의 권위를 받은 사람의 말을 따르고 받드는 일은 당연한 일이다.

격동의 민주화 세대

격동의 민주화 세대는 1960년대와 70년대에 태어난 세대다. 이 세대는 근대화, 산업화가 가속을 높이는 시대에 태어나서 그 분위기를 뱃속에서부터 느끼며 산 세대이다. 모든 것은 빠르게 변해 갔으며, 앞만 보고 달려가는 세대였다. 모든 것은 사회적 시간표

(social timetable)에 의해 순차적으로 진행되어야 했다.

우리의 전통적인 것들은 빠르게 사라져갔거나 청산되어졌고 서구의 것은 선진적인 것이었으며 우리가 받아들여야 할 선험 명제였던 어린 시절을 보냈지만, 성인이 되어서는 다시 우리의 것을 되찾고 싶어 했고 전통을 되살려내는 데 적극적이었으며 실제로 잊혀져가는 우리 전통을 현대적으로 해석하면서 되살려냈다. 하지만 여전히 우리의 것은 이류 혹은 삼류의 것이었다. 미제, 독일제, 프랑스제 등은 항상 선망의 대상이었고, 상품만이 아니라 문화나 생활 스타일도, 정치제도와 경제 운영도, 학문과 철학과 사상도 모두 선진국의 것은 따라야 할 모범이었다.

고난의 근대화 세대에게 사회와 제도는 주어진 것이고, 스스로 노력하면 그 제도와 문화 속에서 맞춰가면서 잘 살 수 있다. 하지만 격동의 민주화 세대에게 사회제도와 문화는 자신들이 만들어가는 것이다. 집단적으로, 조직적으로 기획하면 변화를 이룰 수 있다고 생각한다. 그리고 이들은 '하면 된다'는 것을 어려서부터 보고, 경험하면서 자랐다. 그래서 이들은 서구 선진국을 모델로 해서 우리의 것을 만드는 데 열중한다. 이들은 청년 시기를 우리 경제에서 최고의 호황기였다는 1980년대 3저(저유가, 저금리, 저달러) 호황기에 보냈다. 따라서 이들은 우리 사회에서 정신적으로 가장 적극적이고 긍정적인 세대이다. 아마 지적 수준이 높고 전문성을 인정받는 프로페셔널이 가장 많은 세대가 우리 사회에서 민주화 세대일 것이다.

이 세대는 우리 역사에서 가장 부유한 세대가 되었지만, 이 세대가 경제적인 면에서만 성공한 것은 아니다. 이들은 정치와 문화적인 측면에서도 성공을 맛본 세대이다. 1960년대에서 80년대의 박정희-전두환으로 이어지는 독재의 시대를 살았으면서도 서구 선진국을 모델로 하여 민주주의의 실질적인 발전을 위해 지난한 노력을 기울였고, 드디어 세계에서 유래를 찾아보기 어려운 민주주의 정치 발전의 사례를 만들어냈다. 폐허의 극빈 독재 국가에서 민주주의 정치와 제도가 수립된 사례를 창출한 것이다. 뿐만 아니라 문화와 예술 분야에서도 수입된 현대적 문화를 바탕으로 전통을 결합시키는 데 성공하였고, 한국적인 현대 문화의 사례를 음악, 미술, 건축, 공예 등등 수많은 분야에서 창출하는 데 성공하였다.

민주화 세대는 합리주의자이며 이성주의자이다. 이들은 합리적이고 과학적인 이성으로 세계와 우리를 바꿀 수 있다는 확고한 신념을 가지고 있다. '이성적인 것은 합리적이며, 합리적인 것은 현실적이다'는 신념을 가지고 현실을 이성이 명령하는 합리성에 따라 변혁하기 위해 노력한 세대이고, 그것을 성취한 세대이다. 이들은 '진리는 나의 빛'을 가슴에 새기고 합리적 이성이 명하는 바, 즉 진리를 향해 불나방처럼 달려들었던 세대이다. 학문, 정치, 기술, 경제, 문화 등등 모든 면에서 이들은 고난의 근대화 세대와는 달랐다. 이들은 실제로 자신들의 경제적 토대를 확보하고, 정치적 의지를 실현한 세대이기 때문이다.

이 세대는 근대적·합리적·계몽주의적 산업 역군이자 민주 혁명 군이었다. 이들은 집단적인 실천으로 자신의 의지를 실현한 경험을 통해, 태어날 때부터 진행된 사회적이고 집단적인 근대화와 산업화의 분위기에 의해, 그리고 자신의 삶의 과정에서 익힌 '우리 문화'와 '우리 사고'를 통해 자연스럽게 집단주의적이고 조직적으로 행동하는 인간형이 되었다. 이들에게 개인은 조직과 집단 안에서 의미를 지니며, 동시에 조직과 집단을 통해서만 유의미한 일을 할 수 있다고 생각한다. 개인은 미미한 존재이고, 집단은 모든 것을 할 수 있는 강력한 도구이다.

이들은 사실은 자기계발서가 필요 없는 세대이다. 자신들의 삶 자체가 자기계발과 자기혁명의 과정이었으며, 삶 자체가 기획과 조직화의 현장 그 자체였다. 이들은 아침형 인간이었으며, 목적 있는 삶을 살았고, 성공하는 사람의 7가지 습관을 스스로 만들면서 살아야만 했고, 또 그렇게 살았다. 가난한 아빠를 경멸하였고, 부자 아빠가 되기 위해 온갖 수단을 동원하여 최선을 다하며 산 세대이다. 그리고 그들은 성공한 부자 아빠가 되었다.

민주화 세대에게 있어 학교는 이제 성공을 위한 유일하면서도 강력한 도구이자 지원자이다. 이 세대는 우리 역사에서 모든 개인이 중등교육을 받은 최초의 세대가 되었다. 따라서 '학교는 길이요, 진리요, 생명이니, 이로 말미암지 않고는 성공으로 이를 자가 없느니라!'가 이 세대가 학교에 대해 가진 신념이자 태도였다. 그러므로 이 세대에게 학교를 가는 것은 큰 혜택이자 특권이었으며, 학교에 갈 수 없다는 것은 이제 고난의 길을 걸어가야 하는 애달픈 신세가 되었다는 것을 의미했다. 공부를 잘하는 아이든 못하는 아이든, 학교에서 좋은 성적을 얻기 위해 항상 노력했고, 설령 노력을 게을리하더라도, 반성하고 잘못했다는 질책을 스스로 했던 세대이다. 게다가 교육이라는 것이 너무도 희소했던 고난의 근대화 세대에게 학교를 다니지 못한 설움과 고난이 어떤 것이었는지를 날마다 세뇌당하며 살았기 때문에, 학교는 가히 전지전능한 신이었다. 교사는 권위가 높은 신부나 큰스님이었으며, 우리를 진리로 이끌 유일하고도 유능한 지도자로 받들어졌다.

민주화 세대는 권위적 부모 밑에서 본인의 욕망을 억누르고, 부모의 욕망을 받아들이고 그것을 실현하기 위해서 노력해야만 하는 존재였다. 가문을 위해서, 부모님을 위해서, 우리 가족을 위해서 공부도 잘해야 했고, 성공도 해야 했다. 개인의 성공은 자기만의 것이 아니었으며, 자신이 대학 공부를 할 수 있도록 희생을 감내한 다른 형제자매와 가족 친지와 나눠야 하는 것이었다.

하지만 한편으로는 가족과 부모에 대한 부채 의식과 의무감을 강하게 가지고 있었지만, 이 세대에게 부모와 가족은 언제나 벗어나고 싶은 답답한 감옥 같은 곳이었다. 이들은 가족으로부터의 독립을 필사적으로 얻으려 했으나, 그들을 뒷바라지했던 고난의 근대화 세대에게는 그 태도가 무척 서운하고 괘씸한 것이었다. 그것이 결혼과 연결되어 벌어지면, 가족 간·고부 간·사위·처가 간 문제와 갈등은 매우 심각한 수준으로 발전하였다. 1980년대와 90

년대 초까지 많은 주말 드라마와 일일 드라마가 이 갈등을 주요 소재로 그려 최고의 인기를 누렸다. 모두가 공감하고 현실에서 느끼는 문제였기 때문이다.

스마트 기기로 무장한 밀레니엄 세대

1998년 IMF 구제 금융 사태를 전후해서 태어난 세대는 격동의 민주화 세대를 부모로 두었지만, 자신들의 부모와는 전혀 다른 존재로 등장하였다. 이 세대는 개인적이지만(individualistic) 개방적(open-minded)이고, 정보 기기로 무장(smart-device-equipped)한 세대이다. 밀레니엄 세대는 1990년대까지의 급성장을 통해 이룩된 국민 소득 1만 달러 시대, 현대적 문명의 풍족한 물질주의·소비주의 사회에서 태어났다. 이들은 나면서부터 생존의 위협도, 삶의 절박한 결핍도 없는 상태에서 생을 시작했다. 뱃속에서부터 풍족한 아이들이었다. 사람에게 있어서 태어나기 전부터 있던 기술은 공기와 같다고 한다. 이 세대에게 인터넷과 정보통신 기술은 마치 공기와도 같은 것이다. 고난의 근대화 세대에게 신문과 라디오가 당연한 것이었듯이, 격동의 민주화 세대에게 TV와 영화가 자연스러운 것이었듯이, 밀레니엄 세대에게 인터넷과 정보 기기는 손발과 같이 자연스러운 것이다.

밀레니엄 세대는 이중생활을 한다. 현실에서는 부모의 기대와 요구 사항을 만족시키기 위해서 열심히 노력한다. 하지만 다른 한편에서는 가상세계와 SNS를 통해 또 하나의 세계를 가지고 있다. 현실의 낮 시간은 부모님의 기대를 충족시키고 사회의 요구 사항을 맞추느라 눈코 뜰 새 없이 바쁘다. 학교에서 학원으로, 교과서에서 참고서와 학습지로, 거기에다 인터넷 강의까지. 하지만 저녁이 되어 사이버 세상으로 들어서면 이들은 새로운 세상에서 친구도 만나고 놀이도 하고 즐거운 시간을 보낸다. 이들은 게임을 통해 친구들과 놀고, SNS를 통해 정보를 교환하고, 친구들과 수다를 떤다. 이들은 전혀 모르는 사람과도 친구가 되고 서로의 은밀한 이야기까지도 털어놓으면서 공감받고 공감하면서 또 하나의 세상을 살고 있다.

밀레니엄 세대는 서태지와 아이들이 "난 알아요"를 외치고, 학교를 통해 성공에 이를 수 있다는 교실 이데아는 "이제 됐어!"라며 거부하는 소리를 뱃속에서 들으면서 태어났다. 태어나서 세 살이 되기 전부터 아이들은 컴퓨터 마우스를 잡고 놀았으며, 인터넷에서 동영상을 보거나 인터렉티브형 게임을 즐기면서 영아기와 유아기를 보냈다. 때문에 이들은 개인적인 선호가 존중되기를 원하고 상호작용을 매우 좋아한다. 이런 아이들에게 있어서 우리나라의 학교라는 곳은 전혀 개인적인 선택이 주어지지 않는 답답한 곳이며, 수업은 일방적으로 쏟아붓고 지나가는 소나기와 같은 것이므로 관심이 없다.

온몸으로 세상을 뒤집어엎는 듯한 B-Boy들에 열광하면서 어린 시절을 보냈고, 수많은 아이돌 그룹을 보고 한류가 동남아시아와 중국, 일본에서 큰 성공을 거두는 것을 경험하면서 자랐다. 이들에게 음악에서부터 시작하여 연극, 뮤지컬, 각종 체육과 레저 활동은 흔하고도 자연스러운 삶의 한 부분이었다.

이제 이들은 합리와 이성으로 무장했던 근대적 계몽주의자들과는 질적으로 다른 사고방식과 생활 태도를 가진 집단으로 성장하였다. 이들은 육체와 물질적 풍요, 직접적 경험이 매우 중요하고, 동시에 정서적 공감과 소통이 중요하고 자연스러운 세대가 되었다. 과학적이고 합리적인 이성을 중시하는 사회적 규범은 '범생이들'의 것이다. 이들의 우상은 얼짱, 몸짱인 아이돌이다. 이 아이들에게는 물질적으로 표현되는 자신이 중요하므로, 육체적인 몸이 중요하다. 따라서 성형과 화장이 이들에게는 필수이다. 또한 중요한 몸에 닿는 유명 메이커 교복과 옷, 소위 등골 브레이커로 일컫는 패딩 점퍼, 신발, 가방 등 각종 패션용품이 몸과 같이 매우 소중하다.

밀레니엄 세대에게 있어 학교는 제일 재미가 없는 곳이다. 전혀 상호작용이 없는 일방적인 강의 형식의 수업이 연달아 이어지는 교실이 따분하고 지루한 곳인 것은 당연하다. 교육이 성공으로 우리를 이끌어줄지는 '내가 알 바가 아니다'. 아니, 부모들이 이야기하는 성공이 좋아 보이지 않는다. 날마다 야근과 특근으로 정신없이 사는, 시간이 나면 부족한 잠을 채우기에 급급한 부모 세대의 성공이 달갑지 않다. '나는 그렇게 따분한 삶은 싫다. 그러나 부모는 강력하다. 내 밥줄을 쥐고 있는 사람들이 아닌가! 그러니 학교는 가 준다. 하지만 나의 일은 다른 데 있다. 나는 학교에서 친구들과 게임과 재미있는 놀잇거리에 대한 정보를 얻는다. 그러니 다른 시간, 특히 수업 시간은 게임 때문에 자지 못한 시간을 채우기에 적당한 시간이다.'

그리고 학교가 끝나면, 이제 장소를 학원으로 옮길 뿐이다. '그래도 학원 선생은 좀 낫다. 재미있는 놀이도 가끔 해주고, 대화할 때도 좀 쿨하게 약간 가볍게 툭툭 던지며 대해주는 사람이니 그런 대로 사귈 만한 사람이다. 학교와 선생님은 찌질하게 굴어서 싫다. 교과서도 지루하기는 마찬가지다. 요즘 그런 글을 누가 읽나! 재미도 없고, 중요하다는 것은 다 스마트폰과 인터넷에 있는데, 그걸 다 외우라고 난리다. 학교를 졸업해서 좋은 직장을 잡을 수 있는 것도 아니고, 그런 직장이 잡힌다 해도 사실은 싫다. 그런 지루하고 재미없는 일을 답답한 꼰대들과 함께하기 위해서 이렇게 힘들게 공부를 해야 한다니! 참 어이없는 세상이다.'

밀레니엄 세대에게 있어서 기술, 특히 정보통신 기술은 공기와도 같다. 그냥 손발이 붙어 있는 것처럼 너무도 당연하고 자연스럽다. 그런데 '부모나 학교는 우리의 손발을 묶지 못해 안달이다. 손발을 묶어놓고 가만히 있어라, 말 잘 들어라 항상 명령한다. 게다가 그런 것(스마트 기기와 컴퓨터 사용법)을 가르친다고 하는 수업과 강의가 있다니 웃기는 일이다. 누가 TV 사용법 강의를 듣겠는가? 'TV에서 유용한 프로그램 찾아보기!' 뭐, 이런 강의를 하는 사람이 있다면 얼마나 웃기겠는가? 그런데 어른들은 그런 강의를 듣는다! 인터넷 활용법, 정보 검색하기, 모바일 기기 스마트하게 사용하기 등등. 참 한심하고도 웃기는 일이다. 우리에게 필요한 것은 스마트폰과 와이파이이다. 그러면 우리는 모든 것을 신나게 재미있게 할 수 있다. 그런데 부모와 선생님들은 이상한 사람들이다. 그것들 없이 무언가를 해보라고 한다. 게다가 혼자서 떠드는 것을 좋아한다. 그러니 잠이 안 올 수가 있겠는가? 학교는 세상에서 가장 재미없고 가기 싫은 곳이다. 그리고 시간 낭비다.'

하지만 밀레니엄 세대의 부모는 고난의 근대화 세대에 비해 매우 개방적이고 민주적인 부모들이다. 가능한 한도에서 자녀들의 목소리를 귀 기울여 듣고 가정에서 최대한 반영하기 위해 노력한다. 사소한 것에서부터 교육이나 진로까지도 자녀의 목소리에 귀를 기울인다. 그렇지만 자신이 살아온 삶의 궤적을 크게 벗어나는 것에 대해서는 두려움과 불확실성에 대한 주저함이 있다. 그래서 우선은 자녀를 자신들이 지도하고 이끌어서 안전한 길로 가게 해야 한다는 태도를 지닌다.

한편으로, 밀레니엄 세대는 부모로부터 독립하는 데 크게 관심이 없다. 부모가 권위적이지도 않고, 아직 경제적으로나 커리어에서 독립적이지 못한 자신의 처지에서 굳이 부모로부터 독립을 해야 할 이유가 없다. 오히려 부모 곁에 붙어 있는 것이 경제적으로나 생활상으로나 좋은 선택이다. 그러니 아이들은 반항과 순종의 양끝을 끊임없이 오고가는 시계추가 된다.

이상으로 우리 사회의 세대를 크게 세 가지 집단으로 구분해보았다. 하지만 근대화 세대와 민주화 세대는 크게 보면 공유하는 특징들을 지니고 있다. 근대적 계몽주의의 세례와 근대화·산업화 과정을 함께 살았으며, 사회의 모든 부분에서 성장과 팽창, 조직화와 구조화가 진행되는 시대를 살았다. 집단적이고 권위적인 사회문화와 정치제도 속에서 청소년기와 성년기를 보냈다. 반면 밀레니엄 세대는 근본적으로 기존의 두 세대와는 다른 특성을 나타내고 있고, 이는 우리 교육이 새로운 세대를 위한 교육으로 전환되어야 하는 중요한 과제를 안고 있음을 말해준다.

우선, 밀레니엄 세대는 기존의 표준화된 국가 교육과정을 적극적으로 받아들이지 않는다. 그들에게 있어 학교의 표준화된 교육과정은 마지못해 끌려가는 과정인 것이다. 이에 비해 근대화 세대와 민주화 세대는 적극적으로 표준화된 국가 교육과정의 내용을 흡수하기 위해서 자발적인 노력을 기울였다. 지루하고 답답하고 단조롭고, 심지어 잘 모르는 상황에서도 기를 쓰고 이해하려 했고, 외우고 기억하여 문제를 푸는 데 최선을 다했다. 교사들도 표준화된 국가 교육과정의 내용을 알아듣기 쉽게 잘 설명하고 요약하고 정리하여 잘 전달해주는 능력이 뛰어난 교사가 좋은 교사라고 생각했고, 학생들도 그런 선생님을 믿고 따랐다.

그런데 2000년대 이후에 태어난 밀레니엄 세대는 그렇지 않다. 이들은 학교의 교육과정은 마지못해 따라가는 것이고, 학교는 지루하고 답답하고 재미없는 곳인데, 수업 시간에 교사들이 수업하는 내용은 그중에서 최악이다. 추상적이고 논리적인 이야기만, 무슨 주문을 외우듯이 읊어대는 수업 시간은 잠을 자지 않고는 견디기 어려운 시간이다.

그러면 앞선 두 세대와 지금 청소년 세대 사이에 학교교육에 대한 생각과 태도가 이렇게 큰 차이를 보이게 된 이유는 무엇일까에 대해 조금 더 상세히 논의해보자. 나는 그 이유를 현재의 청소년들의 개인주의적이고 물질주의적인 사고방식과 생활 태도, 학생들의 학습동기의 결여, 현실적 자아정체감의 부재, 밀레니엄 세대의 공감적 상호작용 중시, 일상적 생활 경험의 결여, 청소년의 가정과 사회에서의 지위 변화, 그리고 완전히 달라진 학습 환경과 학습문화 등으로 설명하고자 한다.

2. 개인주의자 밀레니엄 세대

　나는 근대화 세대와 민주화 세대가 서로 다른 특징에도 불구하고 집단주의자라는 측면에서는 유사성이 더 크다고 생각한다. 집단주의자는 집단의 목표와 가치를 중요시 여겨 자신의 목표와 가치로써 내면화한다. 집단주의자는 가족, 학교, 교회, 공동체의 결정을 먼저 생각하고 그것을 중심으로 자신의 행동을 결정한다. 그리고 집단주의자는 '우리'라고 하는 집단 속에서 '자기' 개인을 찾는다. 반면에 개인주의자는 집단의 목표와 가치보다 자신의 목표와 가치를 중요시하고, 집단의 목표와 가치도 '나 자신'이라는 필터(거름망)를 통해서 받아들이며, 특히 집단과 자신을 별개로 떼어서 생각한다. 따라서 집단의 결정도 우선 따르거나 쉽게 받아들이지 않고, 자신의 입장에서 뜯어보고 나서 자신의 입장을 결정한다.

　그러면 교육에 있어서 집단주의적 사고와 개인주의적 사고가 왜 중요한가?

　집단주의적 사고방식을 지닌 사람은 집단이 결정하고 가치를 부여한 표준화된 국가 교육과정을 자연스럽게 받아들이고 그 교육과정을 순조롭게 따라온다. 뿐만 아니라 주어진 교육과정은 자신이 그 가치를 잘 모르더라도, 자신이 알지 못하는 가치가 있을 것이라고 전제하고 받아들이기 위해서 자발적인 노력을 기울인다. 우리가 1970년대와 80년대의 학생들을 생각해보면 쉽게 이해할 수 있다. 그 시절 학생들은 '4당 5락(四當五落, 4시간 자면서 공부하면 합격하고 5시간 자면서 공부하면 탈락한다)', '정신일도 하사불성(精神一到 何事不成, 정신을 하나로 집중하면 무슨 일이든 이룰 수 있다)' 등의 표어를 책상 앞에 써 붙여놓고, '백독이면 의자현이라(百讀 意自顯, 백 번을 읽으면 뜻은 저절로 드러난다)'를 읊조리면서 스스로를 격려하는 것도 모자라 머리카락을 묶어 천장에 매달고 졸음을 쫓으면서, 스스로 국가가 부여한 표준화된 교육과정을 제대로 따라가지 못하는 자신의 무지하고 어리석음을 질책하며, 교과서 공부에 일로매진했던 것이다. 참으로 집단적 가치와 목표를 자발적으로 내면화한 민주화 세대가 공부에 집중하는 모습은 가상하였다.

하지만 밀레니엄 세대는 다르다. 개인주의자다. 개인주의자에게는 개인의 공간, 영역, 목표, 가치, 의미 등이 중요하다. 따라서 집단이 제시하는 표준, 조직의 목표, 그리고 자신이 속한 공동체적 가치에 대해서도 의문을 제기한다. 자신의 생각에 그것이 의미 있고, 가치 있다고 스스로 설득이 되기 전에는 받아들이지 않는다. 받아들이는 것처럼 보여도 그것은 그런 척하는 것일 뿐이다. 개인주의자는 집단과 조직을 우선시하지 않는다.

이전 세대는 가족, 마을, 사회, 국가와 민족, 이런 단어들을 중심으로 사고를 하였다. 설령 이런 것들을 싫어하고, 그것으로부터 벗어나고 싶어 하는 사람들조차도 자신이 개인적인 이기심에 집중한다는 자괴감에 시달렸다. 예를 들면 자신이 가족을 잘 부양하지 못했다거나 자신이 부모님의 기대를 저버렸다거나 하는 죄책감을 안고 살아갔다. 하지만 개인주의자는 다르다. 그들은 가족 간에도 '쿨'한 관계를 원한다. 서로에게 연연해하고 간섭하고 집착하는 모습은 '찌질'하다고 생각한다. 개인주의자들이 만들어낸 말들을 들어보자! '우리는 쿨(cool)한 부모가 좋다', '효도는 셀프' 등과 같은 말들이다. 이전 근대화 세대나 민주화 세대는 그런 생각을 하는 경우도 드물었지만, 설혹 그런 생각을 하는 경우라도 차마 입 밖에 내지 않았다.

그러면 왜 근대화 세대와 민주화 세대는 집단주의자인데, 밀레니엄 세대는 개인주의자인가?

이건 개인적인 선택의 문제라기보다는 시대와 사회적 환경의 문제이다. 나는 민주화 세대에 속하지만 사실은 개인주의자이고 싶다. 하지만 나도 어쩔 수 없는 집단주의적 사고의 지배를 받고 있다. 특별히 내가 신경을 곤두세워 의식하지 않으면, 나도 집단적인 것, 조직적인 것을 항상 우선시하는 경향이 있다. 하지만 2000년대 이후에 태어난 밀레니엄 세대는 그렇지 않다. 항상 자신들의 일, 자신들의 가치, 자신들의 생각이 우선이고, 그 기준으로 모든 것을 판단한다. 이들이 집단과 조직, 가족과 사회에 대해 생각하는 것은 마치 내가 개인주의자가 되고자 노력을 하듯이 의식적으로 노력을 하여 사고할 때만이 집단적인 문제에 대해 생각하고 고려한다.

이러한 차이는 성장 과정에서 자연스럽게 형성된 것이다. 고난의 근대화 세대에게는 개인주의가 있을 수 없었다. 심각한 국가적, 민족적 시련 앞에서 개인주의자는 반동이었고, 반역이었다. 민주화 세대에게 개인주의자라는 딱지는 욕이었다. '저 녀석 개인주의자야!'라는 말은 '그 사람은 같이 일을 하거나 친해지면 위험하거나 내가 손해를 볼 일이 생길 수 있으므로 조심해야 한다'는 의미였다.

하지만 밀레니엄 세대는 이런 민주화 세대의 말이 도무지 무슨 뜻인지를 알 수 없는 세대다. 이들에게는 개인주의자라는 말 자체가 필요 없는 것이다. 왜냐면 이미 그들은 모두 개인주의자이니까! 오히려 집단주의자, 개성을 무시하는 사람들은 비난과 경계의 대상이고, 저항해야 하는 일이라고 생각한다. 부모들이 항상 아이들에게 듣는 "왜요?"라는 물음에 말문이 막히는 이유이기도 하다. 부모들은 집단적으로, 사회적으로 용인되고 당연시되는 것을 아이들에게 제시하거나 요구하게 되는데, 이럴 경우 아이들에게는 부모들의 태도나 요구가 도무지 납득이 되지 않는 것이다. 이럴 때 아이들은 "왜요?"라고 말한다.

그렇다면 이 두 세대를 둘러싼 환경이 얼마나 달랐기에 이런 차이를 만들어냈을까?

큰 차이는 작은 차이에서 온다. 별것 아닌 것 같지만 우리의 소소한 일상이 엄청나게 큰 세대 차이를 가져온 기초이다. 한번 생각을 해보자. 1970년대와 80년대 가족은 대부분 5~10명 정도로 이루어져 있었다. 부모와 함께 조부모까지 있는 경우도 있었고, 자녀는 4~8명 정도였다. 그런데 주거 환경은 매우 열악했다. 큰 주택에서 사는 경우에도 방을 혼자 쓰는 자녀는 거의 없었다. 대부분의 주택은 방이 두세 개였고, 그나마도 자기 집이 아닌 경우 세 들어 사는 집들은 방을 세 개씩 가질 수가 없었다. 우리 집도 마찬가지였다. 부모님과 6형제였는데, 초등학교 때까지 집에 방은 두 개뿐이었다. 중학교 때는 방이 조금 늘었지만, 빠듯한 살림 때문에 방을 하나 세를 내놓았기 때문에 고등학교를 졸업할 때까지 한 방을 세 명이 함께 썼다. 서울로 대학 진학을 했지만, 기숙사도 2인 혹은 4인 1실이었고, 하숙집은 독방을 쓰는 경우는 거의 없고 대부분 전혀 모르는 사람일지라도 두 명이 함께 방을 써야만 했다.

　최근 몇 년간 전국의 다양한 도시에서 학교 선생님들을 뵐 기회가 있었다. 강의 중간에 이런 질문을 해보았다. "중·고등학교 시절에 혼자 방을 사용하신 분 손들어 보세요!"

　교장, 교감 선생님 등 40대 말에서 50대 이상을 대상으로 하는 연수 수강생은 100명 중 2~3명이 손을 들었다. 신임 교사 임용 후 3년차 쯤에 받게 되는 1급 정교사 연수에서는 질문 자체를 바꿔야 한다. "중·고등학교 시절에 다른 형제자매들과 한 방을 함께 쓰신 분 손들어 보세요!"

이 질문에 손을 든 20대 말 30대 초반의 교사는 100명에 10명 정도였다. 이렇게 30년 만에 우리 사회의 주거 환경이 정말로 드라마틱하게 바뀐 것이다.

'방을 같이 써야만 하는 상황이라는 게 뭐 그리 대수냐?' 하겠지만, 이는 사람의 성격과 사고방식을 결정하는 매우 큰 영향 요인이라고 생각한다. 방을 여러 명이 같이 쓴다는 것은 개인이 없는 상황이 계속된다는 뜻이다. 모든 개인 생활은 공개되고 모든 개인사는 공유되는 것이다. 모든 물건도 공유되고, 나아가서 생활방식과 생활 주기도 공조화되어야만 한다. 방을 함께 쓰는 형제자매들은 아침에는 동시에 기상해야 하고, 밤에는 일제 소등, 일제 취침을 해야 한다. 아침에 잠을 더 자겠다고 누워 있을 수가 없다. 부모님이나 형제들이 계속 자게 놓아두지도 않지만, 설령 누워 있겠다고 고집을 부려보았자 소용없는 일이다. 학교 갈 준비하고, 식사 준비하는 가운데 누워 있어 봤자, 오가는 형제들의 발에 밟히고 발길질을 받을 수밖에 없다. 차라리 일어나는 게 낫다!

자신이 보는 책이 재미있어 더 읽고 자겠다고 불을 켜두고 있으면, 다른 형제들의 악의에 찬 원성이 들려온다. 개인용 스탠드가 따로 있는 것도 아니고 천장 한가운데 매달려 있는 형광등을 혼자 책을 보기 위해 켜고 있겠다는 것은 방을 함께 쓰는 집단 구성원이 용납하지 않는다. 따라서 누구든 방을 함께 사용하는 집단의 일원으로서 성실하게 규칙을 따르고, 집단적 생활 태도를 익히고 따라야만 하는 것이다.

방을 혼자 쓴다는 것은 정반대의 의미를 지닌다. 자신의 의지와 생활 방식이 관철되는 개인적인 공간이 어려서부터 주어진다는 뜻이다. 게다가 1990년대부터 아이들을 독립성이 강한 아이로 키우려면 돌이 지날 때쯤부터 아이를 혼자 재우는 것이 좋다는 유행까지 횡행해서 많은 아이들이 아주 어려서부터 부모로부터 떨어져서 독방을 쓰기 시작하였다. 자녀는 하나 아니면 둘밖에 없었고, 방은 보통 두 개 이상이 되었으니 당연한 현상이었다.

하지만 이러한 생활 방식의 작은 차이가 아이들의 사고방식과 생활 태도에 미친 영향은 지대하다. 방을 개인적으로 혼자 쓴다는 것은 개인적인 공간, 개인적인 생활 방식과 생활 시간(individual timetable)이 가능하다는 것이며, 개인적인 관심과 행동의 추구가 가능하다는 것이다. 이런 환경에 아주 어려서부터 노출된 아이들이 방을 여러 명의 형제자매와 함께 쓴 사람들과 같은 사고방식과 생활 태도를 가졌으리라고 생각하는 것이 오히려 이상하다.

그래서 민주화 세대는 부모가 되어서 아이들로부터 자녀들의 방에 들어갈 때에는 미리 노크를 하고 허락을 받아야 한다는 점을 새로 배워야 했다. 그냥 방문을 벌컥 열고 들어갈 경우 자녀들로부터 강력한 항의와 기본적인 매너도 모르는 야만인 취급을 받아야 했고, 커다란 갈등을 불러왔기 때문이다.

방을 사용하는 일뿐만이 아니다. 우리의 생활을 둘러싸고 있는 모든 것이 달라졌다. 몇 가지 예를 더 들어보자. 내가 어렸을 때는 집에 전화가 없었고, 초등학교 6학년 때에 처음으로 집에 전화기가 놓였다. 고등학교 다닐 때쯤 우리 집에는 전화기가 세 대 정도 있었지만, 전화번호는 하나였다. 기본적으로 하나의 전화번호와 라인을 안방, 건넌방, 문간방에서 받을 수 있도록 한 것에 불과했다. 그러니 양쪽에서 수화기를 들고 있으면 무슨 내용의 대화를 나누는지 다 들을 수 있는 것이다. 이런 상황에서 친구 간의 통화나 개인적인 통화가 자유로울 수 없다. 심하게 이야기하면, 나의 전화 통화는 모두 다 검열을 거친 통화였다.

하지만 요즘의 10대와 20대는 초등학교 때부터 자신의 전화기를 들고 다녔다. 전화선이 완전히 독립적인 선인 것이다. 이제는 검열은 고사하고 통화 여부도 부모가 간섭할 수 없는 상황이고, 언제나 어디서나 자신만의 통화, 커뮤니케이션이 가능한 것이다. 이런 생활을 누린 아이들과 나처럼 집에 전화선 하나로 청소년기를 보낸 사람이 사고방식이 같고 유사한 생활 태도를 지닌다면 그것이 오히려 더 이상한 일이 아닐까?

최근의 스마트폰은 전화와는 비교도 되지 않는 막강한 영향력을 미치고 있다. 내가 어릴 때만 해도 우리 집에 TV는 한 대밖에 없었고, 그것도 안방에 있었다. 그러다 보니 당연히 아버지 혹은 어머니께서 보고 싶어 하시고 또 좋아하시는 뉴스, 다큐멘터리, 사극, 연속극 등등이 끝나야 우리 차례가 왔다. 하지만 거기에도 또 거쳐야 하는 서열이 있었다. 형들이 있는 것이다. 그러니 내가 보고 싶은 만화 영화, 아동용 드라마는 정말 어렵게 봐야 했고, 그 것도 공부 시간을 채우고 나서야 겨우 주어지는 특혜였다.

하지만 요즘 아이들은 스마트폰을 와이파이에 연결하면 수많은 채널을 넘나들면서 자신이 보고 싶은 콘텐츠를 맘껏 볼 수 있을 뿐만 아니라 방송 채널의 다양한 정도가 가히 상상을 초월한다. 공중파와 케이블 TV 채널만 해도 백여 개인데, 인터넷 방송과 팟캐스트까지를 합하면 아이들이 선택할 수 있는 국내 방송 채널이 수백 개에 가깝다. 하지만 아이들이 접근할 수 있는 채널이 어찌 국내 채널에 한정될 수 있겠는가? 가히, 거의 무한대에 가까운 채널 속에서 아이들은 자신의 구미에 맞는 콘텐츠를 찾아서 골라 보고 있는 것이다.

나는 어릴 때 책, 가방, 옷, 신발을 형들로부터 물려 입고 물려받아 사용했다. 가끔 너무 해어져서 새로 옷을 사는 경우가 있기는 했지만, 흔히 있는 일은 아니었다. 중고생이 된 다음에는 어머니께서 가끔 시장에서 새 옷을 사주었지만, 내가 좋아하는 것을 고를 수 있는 처지가 아니었다. 빠듯한 가계 형편 내에서 고를 수 있는 옷이란 사실 천편일률적인 스타일이었다. 그나마 그것도 감지덕지인 형편이었다. 신발도 마찬가지였고, 가방도 마찬가지였다. 고등학생이 되어서는 조금 형편이 나아져서 가끔 새것을 사서 쓸 수 있었지만, 사실 1980년대 초반 서민 가정에서 구입할 수 있는 제품의 스타일은 디자인이랄 것도 없는 것들이었다. 그저 새것이라는 것만으로도 가슴이 벅찼던 것이다.

이런 실정과 관련하여 나는 2000년대 초에 매우 인상적인 경험을 했고, 그 이후 아이들의 패션용품, 즉 옷, 신발, 가방, 문방구, 미용실 이용 등등에 대해 전혀 관여하지 않기로 아내와 함께 굳게 결심을 하게 되었다. 그 이후 모든 것을 아이들의 용돈 범위 내에서 자율적으로 선택하도록 했는데, 그때 딸아이의 나이가 다섯 살 때로 기억한다. 그 사건의 전말은 다음과 같다.

하루는 딸아이 둘을 데리고 대형 마트에 갔다. 옷과 장난감을 사줄 생각이었다. 신이 난 아이들은 앞다투어 자기들이 좋아하는 장난감 앞에 가서 제일 갖고 싶어 하는 것을 집어들었다. 그런데 아내와 나는 딸아이가 집어든 장난감이 맘에 들지 않았다. 비싸기도 했지만 별로 재미있거나 교육적이지 않을 것이라는 생각이 들었기 때문이다. 아이와 엄마 간에 실랑이가 시작되었다. 설득도 해보고 협박도 해보았지만, 다 소용이 없었다. 얼굴이 벌게진 아이 엄마는 화가 난 끝에 눈물이 글썽글썽해질 지경이었다. 사실은 나도 아내 편이었기 때문에 여러 가지로 설득을 해보았지만 요지부동이었다. 그때 내 머리 속에 '우리가 왜 이러고 있지?' 하는 생각이 들어서 잠깐 실랑이를 멈추고 아내를 데리고 한쪽으로 갔다. "저깟 장난감을 가지고 우리가 이렇게 '된다, 안 된다' 실랑이를 하는데, 나중에 결혼한다고 남자 데리고 오면 그때는 어떻게 하지? 그때도 이래야 하나?" 결국 우리는 딸아이의 뜻을 받아들여 우리 맘에 들지 않는 장난감을 사주었다.

그런데 옷을 사는 것은 더 힘이 들었다. 딸아이가 집어드는 옷은 아내나 내 눈에는 '도대체 저런 옷을 누가 입고 다닐 것이며, 저 녀석은 저걸 진짜로 입고 다닐 생각인가?' 하는 수준으로 보였다. 앞서와 마찬가지로 우리는 또 굴복할 수밖에 없었다. 왜냐면 그동안 우리가 좋다고 사다준 옷을 아이가 거들떠보지도 않는다는 것을 우리는 여러 번의 경험을 통해 알고 있었기 때문이다. 그런데 우리 눈에 그 유치찬란해 보이는 옷을 딸아이는 잘 입고 다녔다. 해어질 대로 해어져서 더 이상 입을 수 없을 때까지 그 원피스를 입고 다녔다.

그 일이 있고 난 이후로 우리는 패션용품의 구입에 대해 일체 간섭하지 않기로 하고 매달 소요될 것으로 추산되는 금액을 딸아이들과 협의한 후에 돈으로 주었다. 초등학교 때까지는 본인들이 고른 옷, 신발, 가방 등에 대해 반값을 대주는 조건으로 고르게 하였고, 중학교 때부터는 전액을 용돈으로 주고 자신들이 알아서 사도록 했다. 그 뒤로는 이런 문제로 다툰 적이 없다.

이처럼 요즘 아이들은 자기 개인의 선택과 취향, 스타일을 매우 중시 여기며, 자기만의 세계를 구축하는 것에 무엇보다도 많은 노력을 들인다. 이런 성향을 집단주의자들은 이해하기 어렵고, 이해한다고 해도 머리 속에서 생각으로 이해하는 것일 뿐이다.

이와 같은 세대 간의 사고방식과 생활 태도의 변화가 극명하게 드러난 곳이 군대이다. 군대는 가장 집단적이고 조직적인 사고방식과 생활 태도를 요구하는 곳이다. 어려서부터 내무반과 큰 차이가 없는 '방 생활'을 하고 자란 민주화 세대가 입대자의 주류를 이루었던 1980년대의 중요한 군대 문제 중 하나는 군대 내 의 문사였다. 강제 징병을 당한 학생운동 주동자들의 죽음을 둘러싼 진실 공방이 가장 큰 군대 관련 이슈 중의 하나였다. 그러나 1990 년대 말부터 2000년대에 들어와서 군대 내 최대 관심 사항은 장병들의 자살 사건이 되었다. 나는 군대 생활을 1998년부터 2001 년까지 공군에서 장교로 복역했다. 당시 교육장교로서 상부에서 전달되어오는 주의 사항 중에는 매번 자살 예방교육과 자살 예방을 위한 다양한 조치를 지시하는 내용이 매우 많았다.

당시에 군대를 상당히 늦게 간 민주화 세대의 입장에서 1980년 대 초반에 태어나 대학 생활을 하다가 입대한 신병과 일반 사병들의 태도를 이해하긴 쉽지 않았다. 그래서 '요즘 아이들이 나약하다', 혹은 '요즘 애들은 군기가 빠졌다'와 같은 방식으로 생각했다. 하지만 지금 생각해보면 그 세대는 나와는 전혀 다른 성장 과정을 통해 사고방식과 생활 태도가 달랐기 때문에, 집단적이고 조직적으로 생활해야 하는 군대 생활을 본능적으로 견디기 어려워했던 것이다. 사실 나는 항상 개인주의자이고 싶은 사람이었지만, 나에게는 군대의 조직적이고 집단적인 생활 리듬이 어색하지 않았고, 나도 모르게 쉽게 적응이 되었다.

우리 사회의 많은 조직 중에서 이런 세대 차이에 적응하지 못하는 근대적 조직이 있으니, 그건 바로 학교다.[25] 내 친구들은 나에게 가끔 이런 말을 하곤 한다. "야, 군대도 변하는데 학교는 언제 변하냐?"

학교에서는 1990년대 중반부터 세대 간의 차이로 인한 극심한 혼란과 갈등, 고통이 시작되고 있었던 것이다. 이때부터 '교실 붕괴'라는 말이 회자되었고, 교사들은 "선생 노릇하기가 갈수록 힘들다", "아이들을 이해하기가 어렵다" 등등의 하소연을 하기 시작하였다. 게다가 군대는 상사와 부하 간의 세대 차이가 학교보다는 크지 않으니 학교에 비하면 상황이 나은 편이다. 1989년 전교조 설립과 관련하여 해직되었던 교사들은 15년이 지난 다음 2000년대 중반에 복직을 하고 나서는 큰 충격을 받았다고 한다. 그동안 중고생들은 전혀 딴 아이들이 되어 있었던 것이다. 심각한 경우에 해당하는 교사들 중에는 정신과 치료까지 받을 정도였다고 한다.[26] 그런 상황에 놓인 교사들 사이에선 이런 농담이 떠돌고 있었다.

교사 두 명이 커피를 마시며 대화를 나누고 있다.
"우리나라에서 학교 선생 노릇, 참 할 만한 직업이야! 그렇죠?"
"정말 그렇지요, 학생만 없다면!"

1990년대 중반을 지나면서 학생들의 사고방식과 생활 태도의 급격한 변화에 직면했던 교사들이 얼마나 스트레스를 받았는지를 나타내주는 농담이다. 하지만 다른 한편에서 생각하면, 아이들도 학교라는 곳이 매우 재미있을 수 있는 곳이라고 생각할 것이다, 교사만 없다면!

3. 몸으로 말하고 경험으로 느끼는 밀레니엄 세대

　우리 사회에서 40대 이상의 민주화 세대는 계몽주의의 세례를 받았고 계몽주의의 가르침에 충실하고자 평생을 노력한 사람들이다. 반면 고난의 근대화 세대는 계몽주의를 일찍이 깨치지 못한 통한과 자괴감으로 평생을 지낸 분들이다. 그들에게는 한국이 식민지가 되고, 미·소 군정기를 거치고, 남북이 분단되고, 한국전쟁을 겪은 그 모진 고통과 고난의 날들이 결국은 우리 민중이 합리적 사고와 과학적 이성을 제대로 깨치지 못했기 때문이라고 인식되었다. 따라서 기존의 동양적 세계관과 사고방식은 멸시와 부정의 대상이었다. 뿌리째 뽑아서 버려야 할 것이었고, 서양적 세계관과 과학적 사고, 계몽주의적 합리성을 갖춰 식민지에서 벗어나고 유럽의 선진 문명을 좇아가야 한다는 생각이 강박적으로 자리 잡은 현상은 이상한 일이 아니다.

　반면에 민주화 세대는 세상이 과학적 이성과 합리적 사고에 맞게 진행되어가는 것을 보았고, 또 그렇지 않았다고 생각되는 경우에는 합리적 이성과 냉철한 과학적 사고로 개혁을 하면 되는 일이었다. 그리고 그들은 실제로 정치, 경제, 사회와 문화 등 모든 면에서 그런 성공의 경험을 거치면서 청년기와 장년기를 지내왔다. 이들에게 합리성과 과학적 이성은 진리요, 생명이요, 길이었던 것이다.

민주화 세대에게는 학교에서 가르치는 교육내용은 합리적 사고와 과학적 이성의 산물로 받아들여졌다. '진리는 나의 빛'이요, 그 진리의 빛을 뿜는 것은 차가운 합리성과 과학적 이성이었던 것이고, 교과서는 그 고귀한 이성이 수많은 고난을 극복하면서 쌓아 올린 가치 있는 결실이었다. 이들에게 교과서와 학교의 표준화된 국가 교육과정은 바이블이었다. 학교에서 가르치는 지식은 이해하고 기억해서 삶의 모든 영역에서 구현해야 할 고귀한 말씀이었던 것이다. 그래서 학생들에게 교과서의 내용은 금과옥조처럼 여기고, 매일 읊조리고, 외우고, 그를 따라 생활해야 하는 삶의 교본이었던 것이다.

내가 대학교 1학년 때의 일이다. 내용은 기억이 나지 않지만 어떤 주제에 대해 친구들 간에 논쟁이 붙었는데, 그 와중에 한 학생이 "야, 이거 교과서에 이러저러하게 나와 있는 내용이야! 너는 그것도 모르냐!" 하고 말하자, 모든 논쟁은 거기서 끝이 났다. 민주화 세대에게 학교 교과서가 얼마나 큰 권위를 가졌는지, 그리고 민주화 세대에게 학교와 학교가 가르치는 내용에 대한 믿음과 신뢰가 얼마나 큰지를 단적으로 나타내주는 사례라고 생각된다.

그러나 지금의 청소년은 다르다. 이들은 육체주의자들이다. 한데 육체주의에 관한 정의를 찾기가 어렵다. 그만큼 우리 사회나 기존의 세대가 이성주의와 합리주의에 몰입되어 있다는 말이다. 하지만 여기서는 이성적 계몽주의에 대비되는 개념으로 사용하고자 한다.

근대화 세대와 민주화 세대에게 육체주의는 저급한 것이고, 극복해야 하는 대상으로 여겨져왔다. 고귀한 정신과 이성이 육체의 방종과 타락을 통제하고 구제해야 한다고 배웠고, 그렇게 생각해왔다. 1980년대에도 물론 육체주의자들이 있었다. 그들은 몸을 가꾸고, 옷과 패션 소품으로 자신을 표현하며 신나는 몸의 쾌락을 추구하는 아이들이었다. 하지만 학교 전체의 분위기는 이들을 '양아치', '문제아'로 여겼다. 그들 스스로도 뭔가 켕기는 데가 있다는 자세로 학교를 다녔다. 이들의 반대편에 모범생이 있었다.

근대화 세대와 민주화 세대가 과학적·합리적 이성주의에 철저해야 했던 또 다른 이유는 그들의 삶이 너무도 강퍅했기 때문일 것이다. 삶의 공간은 초라했고, 생활의 내용은 궁색했으며, 육체적으로 표현되는 것은 남루했다. 이들이 물질주의자이고 육체주의자였다면, 자신에 대한 끝없는 멸시와 열등감에 시달려야 했을 것이다. 이들은 살기 위해서도 정신과 이성을 강조해야만 했다. 그래야 온갖 삶의 역경에도 불구하고 스스로에게 무한한 가능성을 부여할 수 있었고, 거기에 자부심을 가지고 스스로에게, 또 타자를 향해 당당할 수 있었다. 나도 어려서 부자 아이들을 크게 부러워하지 않았다. '내가 공부를 더 잘하고 머리가 더 좋고 합리적으로 생각하고 행동할 수 있다면, 부잣집 아들인 너희들 하나도 부럽지 않다'고 생각하며 살았다. 극단적으로 표현하면, 산업화 세대와 민주화 세대는 물질적이고 육체적인 측면에서 가진 것이 변변치 못했기 때문에 합리성과 과학적 이성을 강조해야만 했다.

하지만 이제 이성주의자들의 교리를 가르치는 학교와 그런 수업을 잘 따라가는 아이들은 '범생이'에 불과한 것이고, 대다수 아이들의 선망 대상은 얼짱, 몸짱인 아이돌이다. 요즘 미디어에 등장하는 아이돌은 기존 1970년대와 80년대의 가수나 연예인과 무척 다르다. 이들은 몸으로 말하는 연예인이다. 말끔하고 섹시한 얼굴에 '식스팩'으로 무장한 몸매를 자랑하는 몸짱이다. 급기야 기성세대의 연예인도 몸짱, 얼짱의 대열에 동참하는 현상이 벌어졌다. 이어서 온 사회는 '동안' 숭배 사회가 되었다. 이미 온 사회는 육체주의로 가고 있었던 것이다.

그러면 밀레니엄 세대는 왜 육체주의자가 되었는가?

1980년대 이후 우리 사회는 생존의 문제로부터 완전히 벗어났다. 우리 사회도 풍족한 물질적 소비가 가능한 소비 사회로 진입하게 되었다. 특히 국민소득이 1만 달러가 넘기 시작한 1990년대와 2만 달러 시대에 들어선 2000년대를 거치면서 청소년들의 행동 패턴은 급속한 변화를 겪게 된다. 이제 아이들은 물질적인 소비를 자극하는 문화에 흠뻑 젖어 있고, 물질적인 소품으로 자기를 표현할 뿐만 아니라 몸으로 직접 자신을 표현하는 육체주의에 빠져들게 되는 것은 오히려 자연스러운 일이다.

밀레니엄 세대가 즐기는 문화도 이제는 몸으로 말하는 문화다.

1990년대 초에 등장하는 아이돌 그룹들을 생각해보라! 하나같이 격렬한 몸동작과 율동으로 온 무대를 휘저으며 공연을 했다. 2000년대 들어와서 등장하는 연예인들은 몸으로 말하는 그 끝판왕을 보여주고 있다. 이런 문화와 사회적 분위기 속에서 태어나고 자란 아이들이 합리적 이성주의자나 계몽주의자가 된다면 그 아이들이 오히려 이상하지 않을까? 게다가 사회는 지식정보화 사회에 진입하기 시작하였다. 역사적으로 지식과 정보가 이렇게 흔해지고 쉽게 얻어지는 사회는 없었다. 그렇다면 이제 이성의 산물인 지식과 논리적 명제들은 그 가치가 떨어지는 것이 당연하지 않은가?[27] 따라서 밀레니엄 세대에게는 이성의 산물, 합리적·논리적 지식은 하찮은 것이고, 개개인이 자신의 개별성을 표현할 수 있는 육체와 구체적 물건은 매우 소중하고 의미 있는 것이다. 이렇게 이성주의, 합리주의, 계몽주의, 모더니즘은 육체주의, 감성주의, 포스트모더니즘에 자리를 내주게 되었다. 그 한가운데 지금의 청소년 세대, 밀레니엄 세대가 있다.

그렇다면 이제 육체주의자가 된 밀레니엄 세대에게 학교는 어떤 곳일까?

학교의 국가 교육과정은 근대적 이성주의의 산물이다. 인류가 그동안 쌓아 올린 지식의 탑을 가장 체계적이고 간결하며 명확하게 정리해놓은 것이 우리의 표준화된 국가 교육과정에 따른 교과서가 아닌가? 국가 교육과정과 교과서는 그동안 인류가 개발한 개념들이 논리적이고 추상적이며 합리적인 연관 관계를 지니도록 잘 짜여 있다. 이성주의자, 계몽주의자에게 표준화된 국가 교육과정과 그 정신을 잘 구현한 교과서와 이를 잘 해설해주는 수업은 경건한 참배, 거룩한 말씀의 설교와 진실된 도(道) 같은 것이었다. 하지만 육체주의자에게는 정반대의 느낌으로 다가갈 것은 뻔한 일이다. 지루하고 고루하며, 건조하고 강압적이며, 도대체 무슨 말을 하는 건지 알 수도 없고 알고 싶지도 않은데, 강제로 나를 교실에 앉혀놓고 듣기를 강요하는 독재와 강압의 장소로 학교는 여겨질 것이다. 그러니 아이들은 잠을 자거나 딴짓을 하거나, 자아가 강한 아이들은 학교를 박차고 나가버리는 것이다.

밀레니엄 세대의 육체주의와 물질주의가 개인주의와 잘 결합을 하는 것은 당연하다. 이성은 공통적이고 하나이지만, 육체와 물질적 대상은 각각이다. 이성이 하늘이면 육체는 땅이다. 하늘은 하나이지만 땅은 각각 모양과 형세가 다르다. 이제 육체주의자에게 집단으로 함께 동일한 동작을 반복하게 하는 학교는 견딜수 없는 곳이 된다. 집단주의자들이 이성의 힘을 모아 공동의 과제를 해결하기 위해 일치 단결과 근면 성실을 최고의 덕목으로 삼았다면, 개인주의자들은 개개인의 육체적 독특함과 현실적 즐거움을 찾아 각자의 삶의 세계를 추구한다. 이들에게는 이제 옷도, 신발도, 얼굴과 머리카락도, 작은 패션 소품도 모두 개인으로서 자신을 드러내는 도구이고, 특히나 자신의 신체는 가장 중요한 개인적임, '나는 나임'을 나타내는 핵심적 기제이다.

그런데 학교에 가면 모두가 똑같은 교복을 입고, 같은 머리 모양과 표정으로, 같은 내용을 같은 속도와 같은 스타일을 따라 공부를 해야 한다. 그리고 주기적으로, 또한 강압적으로 꼼짝 못하게 묶어놓고 그것들을 잘했는지를 평가하는 시험을 본다. 이들에게 학교가 세상에서 가장 가기 싫은 곳이 되는 것은 당연하다.

4. 학습동기가 없는 밀레니엄 세대(Motivation Crisis)

밀레니엄 세대는 학습동기가 근대화 세대나 민주화 세대와는 근본적으로 다른 세대이다. 일반적으로 교육학에서 학습동기는 내재적 학습동기와 외재적 학습동기로 구분한다. 외재적 학습동기는 타인이나 환경으로부터 주어지는 물질적, 정신적 보상이나 징벌로 인해 형성되는 학습동기이다. 학습 결과에 따라 부모로부터 주어지는 용돈이나 좋아하는 선물, 혹은 칭찬이나 인정 등이 대표적인 외재적 학습동기이다. 기존 세대는 내재적 학습동기에 앞서 외재적 학습동기가 매우 강한 세대였다. 고난의 근대화 세대에게는 공부는 생존을 위해서 필수적인 것이었을 뿐만 아니라 공부를 하는 사람은 나라의 독립과 민족적 중흥을 위한 위업을 짊어지고 나갈 인재였고, 독립군이었으며, 조국 근대화의 기수였다. 민주화 세대에게 학교 공부는 가난을 벗어나고 가족의 보다 나은 삶을 위해서 수행할 수 있는 최대의 과업이었고, 세상을 살아가는 데 없어서는 안 되는 핵심적인 힘을 키우는 가장 강력한 도구였다.

1980년대까지 중·고등학교에서 공부를 잘하는 학생들의 대부분은 가난한 아이들이었다. 겨울에 양말도 변변치 않아 거의 맨발로 지내는 아이들도 눈망울이 초롱초롱해져 수업에 집중했다. 선생님의 말씀과 수업과 성적에 자신의 앞날과 가족의 안녕이 달려 있다는 것을 의식적이든, 무의식적이든 알고 있었던 것이다. 그리고 그 시절에는 가난한 아이들이 할 수 있는 미래 준비라는 것이 대부분 공부가 아니면 집안일을 도우면서 일을 배우는 것이었다. 때문에 당시 학교에 오는 대부분의 아이들은 선생님이 따로 동기부여를 하지 않아도 이미 공부를 열심히 해야겠다는 마음가짐이 되어서 학교에 오는 아이들이었다. 물질적인 빈곤 상황에서 학생들은 학교 공부를 통해서 가난을 벗고 신분 상승이 가능하다는 기대를 통해 외재적인 학습동기가 부여된 상태에서 학교에 왔던 것이다.

뿐만 아니라 민주화 세대의 중학교, 고등학교, 대학교 취학률은 밀레니엄 세대와는 질적인 차이를 보인다. 1970년대까지 중·고등학교의 취학률은 매우 낮은 상태에 놓여 있었다. 1975년 고등학교 취학률은 학령 아동의 30% 정도에 불과했다. 하지만 1990년대에 들어서면 상황은 질적으로 달라진다. 1990년에 중학교 취학률은 90%를 넘어섰고, 고등학교 취학률은 80%에 다다랐다. 1980년 이전에는 고등학교 취학률이 50% 미만에 머물렀고, 그중 일반계 고교 취학률은 30% 미만이었다. 따라서, 당시 학생들의 의식과 학습 태도 또한 매우 달랐을 것이라는 점을 미루어 짐작할 수 있다.[28]

[표 5] 취학률 통계 1970~2003

구분	유치원		초등학교		중학교		고등학교		고등교육기관	
	계	여	계	여	계	여	계	여	계	여
1970	0.6	0.6	92.0	91.3	36.6	29.7	20.3	16.9	5.3	3.3
1975	0.9	0.9	97.8	97.8	56.2	49.7	31.3	26.2	6.4	4.3
1980	2.2	2.1	97.7	98.2	73.3	70.9	48.8	44.3	11.1	6.5
1985	15.7	15.4	-	-	82.0	81.7	64.2	61.7	22.4	16.0
1990	28.9	28.7	100.5	101.0	91.6	92.0	79.4	77.2	22.6	18.8
1995	34.8	34.8	98.2	98.4	93.5	93.7	82.9	82.4	35.6	31.2
2000	34.2	34.2	97.2	97.8	95.0	95.8	89.4	89.4	50.2	46.0
2001	34.8	35.0	97.3	97.7	95.9	96.8	89.7	89.9	52.9	48.3
2002	36.2	36.3	97.3	97.8	95.0	95.4	88.6	88.6	53.9	53.0
2003	37.3	37.6	98.2	98.6	98.1	98.9	90.1	90.3	55.4	51.9

주1) 취학률=(해당 연령에 속하는 재적 학생 수/취학 적령 인구)X100
주2) 취학 적령은 유치원 4~5세, 초등학교 6~11세, 중학교 12~14세, 고등학교 15~17세, 고
    등교육기관은 18~21세
출처: 교육인적자원부·한국교육개발원, 《교육 통계 분석 자료집》, 2003

    1980년 이전에 중학교, 고등학교에 입학하는 학생은 자신들이 학교에 다닐 수 있다는 것을 큰 자부심으로 여겼다. 또한 1980년 대 이전까지의 낮은 취학률은 중학교와 고등학교 진학 과정에서 표준화된 추상적인 개념 위주의 국가 교육과정에 적합한 학생들 중심으로 학생 집단이 구성되었다는 것을 의미한다. 이런 상황에 서는 학생들은 이미 학교에 입학하기 전에, 내재적인 학습동기이 든, 외재적인 학습동기이든 학습동기화가 잘 이루어진 상태에 있 었다는 것을 의미한다.

    특히 1980년대까지의 사회경제적 상황은 학생들에게 외재적인

학습동기가 강하게 작용할 수 있는 상황이었다. 학생들이 학교에 다니는 것은 개인적인 측면보다는 집단적인 측면이 강했다. 자녀들이 많은 상황에선 자녀 모두를 고등학교까지 혹은 대학 진학을 목표로 공부하게 할 수 없는 경우가 더 많았다. 그런 상황에서 학교에 다니는 것은 우선 가문과 가족을 위해 책임을 맡는 일이었다. 게다가 대부분 자녀가 많은 집에서는 큰아들에게 몰아주기를 했다. 그런 아들이 자기 혼자만의 영광을 위해서 공부하는 일은 보기 어려운 일이다. 가난을 벗어나기 위해서, 가문과 가족을 위해서, 가끔은 거창하게 국가와 민족을 위해서 공부를 해야 한다는 사명감을 가지고 있었다. 외재적 학습동기가 강하게 부여된 상태에서 학교에 온 것이다. 따라서 1980년대까지의 중학교와 고등학교는 특별한 동기부여 과정이 없이도 학교 수업이 가능했다.

반면 1990년대에 들어서면 이제 학생들은 '왜 공부해야 하는지'를 일상적으로 물을 뿐만 아니라 내재적 학습동기는 물론이고, 외재적 학습동기조차도 없는 상태로 학교에 오는 상황이 펼쳐진다. 몸은 학교에 오지만, 마음과 생각은 학교 밖에 가 있는 것이다. 이런 학생들을 대상으로 기존의 표준화된 국가 교육과정을 그대로 운영한다는 것은 바람직하지도 않을뿐더러 가능하지도 않은 무모한 시도라고밖에는 달리 표현할 말이 없다.

학습동기의 위기는 다른 나라에서도 이미 겪었고, 겪고 있는 현상이다. 하지만 우리나라는 1990년대 초에 처음으로 전 사회적인 차원에서 겪게 되면서 지금까지도 세대 간에 적응이 되지 않았고,

우리 학교와 교육정책이 여기에 적응을 하지 못하고 있는 상태이다. 유럽의 여러 나라에서도 학습동기의 위기(motivation crisis)를 겪게 되는 것은 사회경제적 상황 변화에 기인하는 바가 매우 컸다. 유럽의 여러 나라에서 1940년대 이전에 태어난 세대는 제1, 2차 세계대전을 겪었고, 전후 복구사업을 주도적으로 이끈 세대이다. 이들의 삶이 매우 집단적이고 조직적이었으며, 개인보다는 사회와 국가의 요구에 따라 삶의 궤적이 그려졌을 것은 쉽게 예상할 수 있는 일이다. 또한 인생의 모든 단계에 걸쳐 생존의 위협이 일상화된 상황에서 삶을 꾸려가야 하는 세대였다.

반면에 전후 복구가 끝난 1950년대 이후 유럽에서 출생한 세대가 이전 세대와는 판이하게 다를 것이라는 것도 당연한 일이다. 1950년대 이후 유럽의 풍요롭고 평화로운 시대에 태어난 세대가 중·고등학생, 대학생이 되는 1960년대 말과 1970년대 초의 학교의 분위기와 청년문화가 이전 세대와는 질적으로 달라질 수밖에 없었던 것이다. 이런 갈등이 사회적인 변혁운동, 사회적 갈등 양상으로 나타난 현상을 유럽의 68운동, 68세대, 68혁명 등등으로 부르고 있는 것이다. 이 시기를 통해 개인주의, 히피문화, 성평등문화, 저항운동, 포스트모더니즘 등등의 다양한 사상·문화적 흐름이 형성되기 시작한다.

교육학에서는 이 시기를 기점으로 기존의 행동주의 교육학, 객관적·구조주의적 교육론에 맞선 구성주의 교육학[29] 등이 등장하게 된다. 풍족한 물질주의, 소비주의 사회에서 태어나고 자란 아이들이 기존 세대의 학습 태도와 동일한 자세를 유지할 수는 없는 일이다. 따라서 전혀 다른 동기 구조를 지닌 전후 세대에게 어떻게 하면 학습동기를 부여할 수 있을지를 고민하기 시작한 것이다. 이 시기를 통해서 학생들의 내재적 학습동기를 불러일으키기 위한 다양하고 창의적인 교수-학습법에 대한 고민이 왕성하게 일어났다. 내재적 학습동기를 형성하여 자신이 재미있게, 스스로 알아서 제 발로 걸어가는 공부를 하게 하자는 것이 자기주도적 학습법인데, 이 또한 학습동기 위기로 인한 딜레마를 해결하기 위한 교수-학습법 개발의 일환으로 제기된 것이다.

이와 유사한 사회 현상이 한국에서는 1990년대에 나타나기 시작한다. 아이들이 달라지기 시작한 것이다. 이제 아이들은 학교에 가는 것 자체를 싫어한다. 학교에 가도 선생님의 말에 주목하지 않는다. 수업 시간에 도무지 통제가 되지 않으며, 막무가내로 교실 안팎을 돌아다니는 아이들까지 나타난다. 문화적으로도 온몸으로 몸부림치듯 춤을 추는 아이돌들이 청소년문화의 우상이 된다. 아이들은 가만히 앉아서 듣는 재미없고, 관심도 없는 수업에 집중할 수가 없다. 학교 안에 머물러 있는 것이 아이들에게는 참을 수 없는 일로 다가오기 시작한 것이다.

5. 자아정체성 형성의 지연과 응결핵의 부재

아이들은 많은 발달 과업을 수행하면서 자신의 정체성을 형성하고 성인으로 성장해간다. 처음 세상에 태어나서는 모유 수유와 엄마와의 육체적 접촉과 눈맞춤, 부모의 보호와 기본적 욕구 충족을 통해서 세상과 인생에 대해 신뢰감과 안정감을 형성한다. 초등학교 시절에는 주변의 성인들을 따라 행동하면서 새로운 것들을 배워나간다. 독자적이고 새로운 것을 만들어내어 성취감을 느끼기보다는 성인의 기대에 부응하면서 주어진 과제를 다 해낼 수 있다는 확인을 통해 자기 만족감을 느끼며, 이를 통해 자신감과 근면성이 획득된다. 하지만 주어진 과제가 (주관적인 느낌일지라도) 무한하거나, 과제를 다 마쳤다는 점보다 다른 아이와의 비교를 통해 더 나아질 것을 요구받고, 그 과정에서 마감되지 않고 무한히 반복될 것 같은 과업 상황을 느끼게 되면 아이들은 열등감에 빠져들게 된다.[30] 우리나라 아이들에게 초등학교 시기는 본격적으로 표준화된 교육과정을 따라 무한 경쟁 궤도 달리기가 시작되는 시기이다. 아이들은 초등학교 시절부터 자아정체성, 자존감을 형성하는 데 있어 커다란 장애를 떠안고 지내다 중학교에 진학한다.

중학생이 되어서 아이들은 본격적으로 독립된 한 개인으로 서기 위한 육체적·심리적·사회적 '젖 떼기' 시기를 맞는다. 신체적인 측면에서는 영양 상태와 위생 환경의 개선으로 인해 예전에 비해 더 빠르고 충실하게 육체적 성장이 진행되지만, 심리적·사회적인 측면에서 아이들은 제대로 된 젖 떼기를 경험하지 못하는 처지에 놓여 있다. 어린이가 독립적 개인으로 성장하기 위해서는 심리적·사회적 체험과 독립을 위한 경험, 시련이 필요하다. 하지만 아이들은 중학생이 되면 본격적인 대입 경쟁체제로 진입하기 때문에 심리적 방황이 허용되지 않는다. 아이들은 부모에 의해, 학교와 학원에 의해 방황하지 못하도록 관리되어진다. 사회적으로도 아이들은 사회적·직업적 경험으로부터 철저히 분리되고 현실로부터 유리된 상태로 관리되어진다. 아이들은 교과서 속에서 살고, 문제집 속에서 방황하며, 시험을 통해서만 자신을 확인받는다.

　아이들의 세계에서 현실은 매우 비현실적인, 혹은 초현실적인 가상의 세계다. 아이들이 살아가는 현실세계는 아이들이 손발과 몸을 움직여서 살아야 하는 세상이 아니다. 아이들은 이제 부모의 일을 도와야 할 필요도 없고, 부모가 일하는 모습을 보기도 어렵다. 오히려 부모들은 아이들이 현실의 문제에 관심을 가지려고 할 때마다 수능 이후와 대학 시기로 미룰 것을 요구하고, 뒤이어 취업과 결혼 다음으로 미루라고 강압한다. 아이들은 방황도 허용되지 않고, 이성을 사랑해도 안 되고, 주변에서 일어나는 사회적 현상에 대해서도 궁금해하면 안 된다. 그런 것들은 모두 시험공부와 궁극적으로 대학 가는 데 방해가 되는 것이다. 때문에 아이들은 현실세계에서 자아를 형성할 수 있는 기회가 모두 차단되어 있다.

현실세계는 그저 밥 먹고 잠자는 세계일뿐이므로, 아이들에게 자아정체성을 형성할 수 있는 가장 유력한 계기인 롤모델(significant others)을 만날 수가 없다. 아이들에게 허용된 롤모델은 아이돌이거나 연예인, 유명인뿐이다. 하지만 이들은 현실에서 볼 수 있고, 만질 수 있는 존재들이 아니며, 자신과 별다른 관계망을 형성하는 사람들이 아니다. 가상세계의 아바타와 다를 바가 없는 존재들인 것이다. 게다가 중요한 롤모델 역할을 해줄 수 있는 아버지는 부재하거나 권위가 추락된 존재이다. 가정에서 아버지의 부재는 이미 1970년대부터 일상화된 것이지만, 그래도 그 시절의 아버지는 그 권위를 인정받는 '아버지의 이름으로' 가정에 실재했다. 아버지가 없어도, 바빠서 집에 오시지 않아도, 어머니와 주변 사람들은 아이들을 '아버지의 이름으로' 통솔할 수 있었던 것이다.

하지만 가장 강력하고, 가장 가까운 롤모델로서의 아버지의 권위는 1990년대 초에 급격히 추락한다. 많은 사람들이 기억하고 있다시피, 1990년대 초에 유행한 '최불암 시리즈'는 이런 사회적 현상을 가장 극적이면서도 희화적으로 표현한 상징들이었다. '최불암 시리즈' 하나를 다시 한 번 읽어보면서 상기해보자.

학교 교장 최불암

최불암이 교장으로 있는 어느 학교에 장학사가 방문하였다. 그 장학사가 과학 수업이 진행 중인 과학실에서 지구본을 들어 보이며 어느 학생에게 이렇게 질문하였다.

"자네, 이 지구본이 왜 이렇게 기울어져 있는지 아는가?"

그러자 그 학생이 당황스러운 표정으로 떨면서.

"제… 제가 안 그랬어요…."

장학사는 이 말을 듣고 어이가 없어서 그 자리에서 과학 담당 교사에게 물었다.

"아니, 방금 이 학생한테 지구본이 왜 기울어져 있는지 아느냐고 질문을 했는데 자기가 안 그랬다고 대답을 하니, 이게 어찌된 일이오?"

그러자 교사 曰,

"그거 원래 가지고 올 때부터 그렇게 되어 있었습니다."

이 말에 장학사는 또 어이없어 하며 교장실을 찾아가 최불암 교장에게 따졌다.

"아니, 학생한테 지구본이 왜 기울어져 있는지 아느냐고 질문을 했더니 자기가 안 그랬다고 하고, 과학 선생까지 원래 가지고 올 때부터 그렇게 되어 있었다면서 한술 더 뜨니 도대체 이 학교는 과학교육을 어떻게 시키길래 학생이나 선생이나 하나같이 이 모양인 겁니까?"

그러자 최불암 曰,

"허허… 예산 좀 아끼려고 싼 거 주문했더니 그 모양이군요. 다음에는 좀 더 비싼 걸로 구비하도록 하지요"[31]

1990년대에 유행한 '최불암 시리즈'는 아이들 속에 비친 아버지, 기성세대, 기성 사회의 모습을 표현하고 있다. 이 시리즈에서 최불암으로 대표되는 기성세대, 우리 사회의 아버지는 무능하고, 현실을 제대로 모르면서 말로만 책임을 지는 믿을 수 없는 사람들이다. 이제 아이들은 초·중·고교의 표준화된 국가 교육과정을 따라가면서 자신감과 근면성을 키우기보다는 열등감과 무력감을 체화하고, 자신이 어떤 시도에 실패해도, 상처받아도, 힘이 들어도 자신을 지지해주고 울타리가 되어줄 아버지와 어른들은 없는 상황에서 방황할 수도, 스스로의 힘을 키워 독립적 한 개인으로 성장해갈 수도 없는 막막한 들판에 홀로 선 느낌이다.

한편 롤모델이 없는 현실세계는, 어른들이 지배하는 곳이다. '어른들이 자신들 마음대로 규칙을 정하고 우리는 따라야만 하니 재미가 없는 것은 당연한 일이지만, 그래도 어른들은 도대체 머리를 어디에 둔 것인지? 이렇게 지루하고 재미없는 것을 만들어내는 능력은 어디서 오는 걸까?' 신기하기만 하다.

현실세계는 부모들과 어른들의 명령과 통제를 따라야 하는 세계다. 그야말로 선택권도 없고, 따라서 책임도 없다. 재미없지만, 한편으로는 말을 잘 따르면 자주 보상이 주어진다. 돈이나 먹을 것이나, 좋아하는 아이템을 얻을 수 있으니까. 그리고 여기에서 잘 보여야 가상세계에서의 놀이가 보장되니, 현실세계는 아이들의 삶에서 일단 기본 바탕이 되는 곳이다. 하지만 참 힘든 곳이다. 현실세계는 학교에서도, 학원에서도, 그리고 집에서도 공부와 각종 개인기를 억지로 익혀야 하는 곳이다. 이곳은 내가 주인이 아니니 주인인 부모님의 의견을 절대적으로 따라야 한다. '부모님도 잘 모르고 자신 없어 보이기도 하지만, 나도 별다른 것을 알지 못하니 고집을 부릴 수도 없고 일단 따라서 가보는 거다! 부모님뿐만 아니라 학교 선생님, 친척 어른들까지 모두 같은 말을 하니 설마 무슨 일이야 있겠냐? 일단은 현실세계에서는 가만히 말을 듣고 있으면 된다'는 생각이다.

현실세계의 다른 한편에는 개념세계가 있다. 개념세계는 학교와 학원에서 주로 다루는 영역이다. '여러 과목에서 수많은 개념이 나와서 나를 괴롭힌다. 영어 시간에는 완료형과 분사형이, 시제와 가정법 등이 나를 괴롭히고, 수학 시간에는 방정식이니 등식, 부등식이니 미적분이, 수열과 무한급수, 벡터 등등이 끊임없이 튀어나와 혼란스럽게 한다. 과학 시간에는 속도, 가속도, 연주시차와 우주 배경 복사, 각종 소립자까지, 게다가 진화니 세포막, 동화 작용, 산성과 염기성, 전자니 원자핵이니 정말 어지럽다. 국어 시간은 만만할 것이라고 생각한다면 큰 오산이다. 각종 글의 종류에서부터 환유법, 제유법, 왜 그렇게 유명한 작가는 많은지, 식민지 시대의 시는 왜 그렇게 딴 나라 이야기 같은지, 세종대왕은 왜 한글만 만들면 되었지, 거기에 《훈민정음》 '서문'을 만드셔 가지고 '우리가 뜨들 시러 펴디 못하게' 하시는지? 사실 이 모든 것이 중요한 개념이라고 하는데 왜 그런지, 그리고 그런 것들이 현실의 내 삶에서 무슨 의미가 있는지 전혀 연결이 되지 않는다.

선생님들은 아시나?' 실험이나 실제의 문제들을 통해 그런 것들을 생각해본 적이 없으니 개념세계도 실상은 상상의 세계나 다를 바가 없다.

학교에서, 그리고 학원이 가세해서 아이들을 차갑고 건조하며 추상적인 개념의 세계로 몰아넣는다. 안타깝게도 표준화된 국가교육과정은 현실세계와 연결되어 있지 않다. 아이들은 역사든, 사회와 경제든, 과학이든, 심지어 체육과 음악까지도 개념으로 배우고, 그것을 제대로 이해했는지를 개념으로 시험을 본다. 아이들에게 있어 학교 공부는 현실과는 먼 곳에 있는 개념의 세계이다. 개념의 연속으로 이어지는 수업은 공상이다. 현실과는 상관이 없는 공상의 세계를 선생님에게서 얻어 듣고 있는 것이다. 이런 우리 학교교육을 생각해보면, 노벨상 수상자가 나오면 오히려 이상한 일이다. 아이들은 호기심이 생기지 않는다. 공상 속에만 묶여 있기 때문이다. 아이들에게 교과서 중심으로 배우는 개념의 세계는 낯설고 의미 없는 세계이다.

아이들이 가장 좋아하는 곳은 가상과 상상, 환상의 세계이다. 아이들은 가상세계에서 친구를 만나고, 쇼핑을 하고, 재미있고 신나는 놀이를 하면서 시간을 보내고 즐거움을 찾는다. 아침에 일찍 등교해 저녁 늦게 나서는 학교, 또다시 개념의 세계에 자신들을 가두는 학원을 거쳐, 지쳐 돌아온 집에서 유일하게 자신을 반기는 곳이 가상의 세상이다. 아이들은 가상의 세계에서 모든 것을 할 수 있다. 자신이 노력한 만큼 아이템도 얻을 수 있고, 레벨업이 가능하며, 많은 아이들에게서 명성을 얻고 선망을 받을 수도 있다. 친한 친구들끼리 채팅방을 만들어서 학교와 학원과 부모를 욕하고 뒷담화하면서 스트레스를 풀 수 있는 유일한 곳이다. 게다가 이 세계에는 어른들이 없다. 설령 여기에 어른이 있어도 어른 대접을 하지도 않고, 그들도 어른 대접을 요구하지도 않는다. 세상에 이런 곳이 있다니?

아이들은 스마트폰과 인터넷을 통해 가상세계에 자유롭게 드나들고 싶지만, 부모와 학교가 그것을 허락하지 않는다. 그러다 보니 통제적인 기성세대를 비난하면서 가능한 방법을 다 동원하여 어른들을 피해 가상세계를 자유롭게 돌아다니려 하고 있다. 아이들은 아마도 다음과 같이 생각하고 있을 것이다.

가상세계는 인터넷과 스마트폰과 컴퓨터를 통해서 들어갈 수가 있다. 수많은 게임이 있고, 정말 많은 친구와 멘토와 사람들이 붐비는 곳이다. 이곳에서 나는 무엇이든 될 수가 있고, 무엇이든 할 수 있다. 사업도 할 수 있고, 나는 우주를 날아다니면서 새로운 종족을 만들고 우주의 평화를 지키기 위한 전사가 되기도 한다. 아니면 재미있는 모험의 세계로 달려갈 수도 있다. 하지만 부모님과 어른들은 이 가상세계를 정말 싫어하신다. 사실은 부모님도 가상세계에 가끔은 방문을 하지만, 그건 가상세계라고 할 수가 없다. 고작 기계가 시키는 대로 단계를 밟아가는 원시게임을 할 뿐이다. 그러니 우리가 사는 가상세계를 이해하지 못한다. 어른들은 가상세계에 대해서는 쇄국정책을 펴고 있다. 우리가 가상세계로 통할 수 있는 길은 수단과 방법을 가리지 않고 막아놓는다. 학교에서는 아예 압수를 하고, 집에서도 자주 그렇다. 와이파이를 연결해주지 않고, 그래서 우리는 가끔 불법적인 수단을 강구하여 학교의 와이파이 비번을 알아내기도 한다. 어른들은 가상세계를 통해서 온갖 지저분하고 악마적인 것들이 우리들 머릿속에 파고들 것이라고 생각하고 결국 우리가 쓰레기가 될 것이라고 지레짐작한다. 대원군이 서구 오랑캐들이 조선에 들어와서 짐승과 같은 풍습을 퍼뜨리고, 사람들은 인륜을 저버리고 귀축과 같은 짓을 하게 될 것이라 지레 겁을 먹고 쇄국정책을 폈듯이, 어른들은 가상세계 쇄국정책을 펴고 있는 중이다. 하지만 상황은 어떤가? 이제 세상은 뒤집어져서 서구 유럽의 문화와 제도를, 그들의 지식과 기술을, 그들의 예술과 사상을 따라가지 못해서들 안달이 나 있지 않나? 지난 100년, 적어도 지난 50년은 그 절정의 과정을 우리에게 보여주지 않았나? 아마 20년 후쯤에 우리가 또 가상세계와 인터넷, 모바일과 관련해서 비슷한 짓을 하고 있지 않을까? 다들 가상세계를 따라가지 못해서 발을 동동 구르며, '우리 학생들은 상상력이 부족해서 선진국 아이들보다 가상세계를 즐기거나 만들어내지 못하고 뒤처져 있다'고!

인간은 앞에서 언급한 세 가지의 세상을 가지고 있다. 현실세계, 개념세계, 가상세계가 그것들이다. 현실세계는 몸으로 살아가는 세상이고, 개념세계는 몸으로 경험한 것을 개념과 이론으로 해석해내는 세상이고, 가상세계는 상상력을 발휘해서 스스로 만들어낸 상상의 세상이다. 사람들은 이 세 가지 세계를 잘 엮어서 스스로의 세상을 만들고 그 속에서 산다. 세 가지의 세상이 적절히 연계되고 통합성을 유지할 때 우리는 원만한 인격이 형성되었다고 말하고, 그렇지 못할 때 분열적이다, 혹은 통합이 이루어지지 못한 혼란 상태라고 말한다.

아이들도 마찬가지로 현실세계와 가상세계 그리고 개념세계 속에 산다. 하지만 아이들은 어느 세계에도 속하지 못하고, 따라서 자아정체성을 어디에서도 획득할 수 없다. 현실은 찌질하고, 개념의 세계는 답답하고, 가상의 세계는 금지된 곳이다. 아이들은 머물 곳이 없으며, 독자적으로 결정하고 책임지며, 선택하고 후회하는 경험을 통해 스스로 수정해볼 수가 없다. 대한민국의 아이들은 현실세계에서 자아정체감을 형성하거나 독립된 개인으로 성장하지 못하고, 현실세계와 가상세계 그리고 개념세계 사이인 중음(中陰), 중천(中天)의 세계를 떠돈다. 이런 아이들에게 있어서 삶은 무슨 의미가 있을까?

아이들은 학교와 학원에서 배운 것을 현실에서 느껴보고 경험해볼 틈도, 기회도 없다. 때문에 아이들은 수많은 지식을 배워도 그것은 시험지 위에서 발휘하기 위한 실력이고, 수많은 이야기를 듣고 말하지만 그것이 현실과 연결되지 않는다. 가상의 세계, 게임과 온라인의 세계도 현실과 연결되지 않기는 마찬가지다. 게임을 통해서 최고 고수가 되었고 수많은 아이템을 얻었지만, 그것이 현실세계에서는 아무것도 아니라는 것을 아이들은 깨닫지 못한다. 혹, 그 허망함을 깨닫는 순간 아이들은 멘붕에 빠진다. 아이들은 여전히 마음을 붙일 곳이 없다.

사실 우리 아이들은 매우 똑똑하다. 우리 사회에서 뿐만 아니라 세계 어느 나라 아이들보다 스마트 기기를 잘 활용하며, 필요한 것은 언제든지 찾아내고 알아낼 능력이 있다. 학업성취도도 PISA 참가국 60개 내외 국가 중에서 언어, 수학, 과학, 문제해결력 모두 상위권에 든다. 하지만 이 아이들에게는 삶을 이끌어갈 확고한 자아와 핵심적 열정이 없다. 마치 하늘에 구름은 많은데 응결핵이 없어서 가뭄이 지속되는 상황[32]과 같은 것이다. 아이들은 끊임없이 현실-가상-개념세계를 방황하면서 수많은 것들을 알고, 모으고, 거쳐가지만, 막상 그것들을 하나로 모아주고 현실에 자리 잡게 할 응결핵, 즉 꿈과 열정, 자기와 자존이 없다.

이런 상황에서 방황하고 괴로워하는 아이들에게 공부하라고, 수업 시간에 잠자지 말라고, 집중하라고, 게임 그만하라고, 누구누구를 보고 배우라고 하는 잔소리는 의미 없고, 오히려 아이들을 더욱더 떠돌게 하는 짓이다. 이런 아이들이 주의력결핍 과잉행동장애(ADHD)와 유사한 증상을 보이는 것은 오히려 당연한 일인 것이다.

6. 공감적 교류와 일상적 경험이 부족한 세대

민주화 세대, 즉 지금의 부모 세대는 자신이 원하든, 원하지 않았든 많은 정서적 공감과 생활 경험을 하면서 살아야만 했다. 우선 가족에는 많은 구성원이 있었다. 내가 중·고등학교를 다니던 시절만 해도 자녀가 둘인 집은 거의 없었다. 부득이하게 독자, 독녀를 둔 집은 매우 드물고 특이해서 아직도 '아무개가 독자였지!' 하는 기억이 난다. 하지만 일부러 아이를 하나나 둘만 낳았다는 경우는 본 적이 없다. 피임법이 일반인들에게 잘 알려지지 못해서 그런 측면도 있었지만, 아이를 많이 낳아 기르는 것은 일반적인 관례였다.

여럿이 살다 보면 자연스럽게 그 안에서 사회적 관계가 형성된다. 친한 형제가 생기고 조금 덜 친한 형제자매가 있기 마련이다. 또 자신이 원하지 않아도 당연히 많은 일들이 공유되고 정서적 교류도 발생하게 된다. 특히 같은 방을 쓰는 형제자매들이 기쁜 일이 있거나 우울한 일이 있으면 금방 알아채게 된다.

나는 초등학교 때 방을 네 명 혹은 다섯 명이 같이 써야만 했고, 중·고등학교 시절에는 형과 동생하고 같이 방을 써야 했다. 큰

형이 아버지께 꾸지람을 들은 날은 당연히 방 분위기가 가라앉는다. 어떤 날은 형제들끼리 잠자기 전에 같이 게임을 하기도 한다. 지금도 기억이 나는 일 중의 하나는 어느 날 둘째 형이 장기를 배워온 날이다. 그날 형은 종이에 장기판을 그리고, 조금 두꺼운 종이를 오려 장기 돌을 만들었다. 우리에게 장기의 기본 규칙과 두는 법을 가르쳐주었다. 우리는 번갈아가면서 함께 장기 게임을 했다. 정말 재미있고 신나는 경험이었다. 또 다른 날에는 잠자기 전에 낮에 있었던 이러저러한 일들을 이야기하다가 잠이 들기도 했다.

게다가 대부분의 민주화 세대는 대학에 입학해서도 누군가와 방을 같이 써야만 했다. 기숙사도 그랬고, 하숙방도 대부분 둘이 같이 생활했다. 그리고 상당히 많은 경우는 전혀 모르는 사람과 하숙집에서 같은 방을 쓰는 경험을 했다.

하지만 어려서부터 방을 혼자 쓴 아이들의 경우는 이와 같은 일상적인 정서 교류가 어렵다. 물론 한편으로 보면 프라이버시와 개인적 선호가 존중되는 분위기가 형성된 것이지만, 정서적 교류와 공감이라는 측면에서 보면 매우 열악한 상황에 놓여 있는 것이다. 게다가 1980년대 후반에서 1990년대 초경에 어디에서 온 이론인지는 모르겠지만, 부모들 사이에서 아이를 독립적으로 키우는 방법으로 아주 어려서부터 따로 재우는 육아법이 유행했다. 이런 아이들에게 있어서 일상적인 정서적 교류와 공감적 경험은 매우 드문 일이고, 자연스럽게 일어나는 일이 아니다.

우리나라의 밀레니엄 세대는 초저출산 흐름 속에서 태어난 아이들이다. 이제 집에는 자녀가 한둘뿐이고, 집에는 방이 두세 개는 될 정도로 경제적 여건은 향상되어 있었다. 따라서 아이들은 대부분 방을 혼자서 사용하는 세대가 된 것이다. 이제 아이들은 물질적 풍요 속에서 개인적 공간과 프라이버시가 확보되었지만, 의식하지 못하는 사이에 정서적 황량함을 그림자로써 떠안게 되었다.

이런 환경에서 자란 밀레니엄 세대는 공감적 교류와 일상적 경험보다 더 중요한 엄마의 육체적 터치와 마음의 손길을 잃었다. 인간을 포함한 영장류에게 있어서 생애 초기 엄마의 터치와 또래와의 신체적 상호작용은 매우 중요한 의미를 지닌다. 미국의 심리학자 해리 할로(Harry Horlow) 교수는 원숭이 실험을 통해서 영장류에게 있어서 엄마의 터치는 먹이를 주고 배고픔을 해결해주는 행위보다 더 중요한 역할을 한다는 점을 밝혀냈다. 할로 교수는 우유 꼭지가 물려 있는 철사 원숭이와 우유 꼭지는 없지만 부드러운 헝겊으로 둘러싼 헝겊원숭이를 설치하고 벵골원숭이 새끼의 행동을 관찰했다. 새끼 원숭이는 대부분의 시간을 헝겊원숭이에게 매달리고 기대며 지냈고, 배가 고플 때만 철사 원숭이에게 가서 배고픔을 해결했다. 이런 실험을 통해서 새끼 원숭이에게 부드러운 터치는 먹이를 해결해주는 것과는 별도의 의미를 가지는 중요한 체계(primary system)임을 증명했다. 할로 교수는 이후 다양한 환경에서의 연구를 통해 어미와의 신체 접촉을 통해 얻는

접촉 안락감(contact comfort)을 생애 초기에 경험하지 못한 새끼 원숭이는 성장과 발달에 많은 장애를 겪게 된다는 점을 밝혔다.

> 정상적인 사회 경험 또는 어미 접촉의 박탈은 원숭이 생활의 많은 영역에 손상을 주었고 박탈이 많을수록 그 영향은 비참했다. 격리되어 자라거나 모조 어미들하고만 사회적 경험을 했던 원숭이는 나중에 다른 원숭이들과 유대를 갖지 못했다. 그들은 놀 줄도 모르고, 다른 원숭이와 교배하지도 못하고, 공격받았을 때 방어도 못했으며, 성에 흥미도 없고, 호기심도 더 적었고, 탐색하는 행동도 적었으며, 자신의 몸을 반복하여 흔드는 행동에만 몰두했다.[33], [34]

> 할로는 또한 또래와 노는 것이 중요함을 발견하였다. 또래와 접촉했던 집단은 사회적 기술, 자기방어, 성적인 행동 등에서 이상한 점을 보이지 않았다. 사실 이 경우에 진짜 어미에게서 자라면서 또래가 없던 경우의 원숭이들보다 잘 지내는 것처럼 보였기 때문에 어미-새끼와의 관계보다 어느 면에서 더 중요하다는 것을 시사한다. 또래 간에 서로 뒹굴고 공격적 놀이를 즐기는 것은 후기 사회적 행동을 연습하는 것이다.[35]

정서적 교류와 공감적 터치가 얼마나 중요한지에 관한 매우 충격적인 일화가 있다. 그리고 그것이 과학적 양육과 교육이라는 이름으로 행해졌다는 것은 더 큰 충격이다. 오히려 우리 할머니들은 아이들이 엄마의 애정을 받지 못하고 자라면 제대로 성장을 하지 못한다는 것을 너무도 잘 알았고, 아이들을 안고 업고 토닥여주며 키웠다. 어설픈 과학은 사이비 종교와 같은 맹목을 가져오기도 한다.

1880년대와 1930년대 사이에 미국으로 대량 이주가 이루어지면서 세워진 이들 고아원들은 고아나 버려진 아기나 자식을 돌볼 수 없을 정도로 가난한 가정에서 데려온 아이들을 수용하고 있었다. 당시는 이유기를 짧게 하여 빨리 독립적이고 자율적인 존재로 만드는 것이 진보적 시대의 도그마였고, 그래서 현대적인 위생 시설과 아울러 엄격한 분리 보호를 강조했기 때문에 아이와 자주 접촉하는 것은 비위생적이고 세균과 전염병을 퍼뜨리는 요인으로 보았다. 그래서 병원 관계자들은 간호사들이 아기를 보듬고 만지고 쓰다듬는 행위에 눈살을 찌푸렸다. 애정을 드러내면 아이의 도덕 발달이 늦어지고 보다 더 의존적이 되며 차분한 아이로 성장하는 데 방해만 될 뿐이라고 그들은 생각했다. 실제로 대부분의 고아원이나 병원에서 아기들은 충분한 영양을 공급받았고, 철저한 감독과 살균된 환경에서 나무랄 데 없는 보호를 받았다.
이렇게 적절한 관심과 보호를 받으면서도 수천 명의 아이들은 어딘가 모르게 맥을 못 추고 있었다. 아이들은 심한 우울 증세를 보였고 극단적인 고립 상태에서 흔히 나타나는 전형적인 행동을 드러냈다. 충분한 음식과 적절한 의료 조치와 꽤 안락한 환경에도 불구하고 이 아이들의 사망률은 친부모나 양부모 밑에서 자란 아이들의 평균 사망률보다 한참 높았다.

1930년대에 들어와서야 심리학자들은 유아 양육 방식을 바꾸어야 한다고 주장하기 시작했다. 아이를 들어 올려 어루만지고 흔들어주고 어르고 달래는 등 스킨십을 강조하는 지침이 유모와 간호사에게 내려졌다. 아이들의 반응은 즉각적이었다. 아이들은 생기를 찾았고 적극적이 되었으며 활기가 넘쳤다.

고아원에 없었던 것은 유아 발달에서 가장 중요한 요소, 즉 공감이었다.[36)]

할로 교수의 헝겊원숭이 이야기와 따뜻한 터치를 받지 못한 상태로 자란 아이들의 이야기가 먼 곳의 남들 이야기만은 아니다. 한국의 요즘 아이들은 일찌감치 엄마의 터치와 포옹을 잃어버린다. 엄마들은 이제 대부분 직업을 가지고 직장 생활을 한다. 엄마, 아빠는 아이들이 아침에 일어나면 정신없이 아침을 챙겨주고, 책가방을 들려 학교로 내몬다. 많은 아이들은 집에 엄마 원숭이, 헝겊원숭이가 없이 먹을 것만 주어진 채로 홀로 남겨진다. 아기 원숭이에게 우유가 보드라운 헝겊의 터치를 대신할 수 없었듯이 엄마의 터치가 사라진 자리를 피자나 치킨이 대신할 수 없다. 게다가 표준화된 국가 교육과정을 따라서, 높은 대학 입학 경쟁과 지식 중심의 객관식 표준화 시험을 통과하기 위해서 감시와 통제를 기본으로 하는 요즘의 부모-자녀 관계에서 아이들이 엄마의 터치를 느끼기는 어렵다. 아이들은 이제 부모의 집에서, 자신의 가정에서 터치와 포옹이 주어지지 않는 '고아'가 된 것이다.

그래도 이전 세대는 집에 할머니나 친척이 있기도 했고, 그렇지 않은 경우에도 형제자매들이 엄마 원숭이를 대신해서 헝겊원숭이 역할을 해줬다. 업어도 주고, 놀아도 주고, 말동무도 하고, 밥도 같이 먹었다. 그런데 이제 아이들은 자기 혼자이거나 잘 해야 다른 형제자매가 하나밖에 없는데, 이들은 어려서부터 방을 따로 썼다. 일상적인 정서적 교류가 어려운 상황이다. 게다가 예전에는 놀이터는 부족해도 아이들은 온 동네와 골목길을 놀이터 삼아 서로 몸으로 부대끼며 놀았다. 이 과정을 통해서 아이들은 또래와 접촉을 충분히 했으며, 동시에 헝겊원숭이의 터치를 보완할 수 있는 기회가 주어졌다.

하지만 요즘은 아파트 단지에도, 동네 어귀에도 많은 놀이터들이 설치되어 있지만, 이젠 놀이터에서 같이 놀 아이들이 없다. 이제 아이들은 모두 학교 교실에, 그리고 학교를 마치면 학원에 가서 앉아 있다. 이제 서로는 서로를 터치하고 안아주는 헝겊원숭이가 아니다. 다들 경쟁에 몰려 있고, 감시와 통제 속에 있는 상황에서 모든 아이들은 온몸에 가시가 돋쳐 있다. 서로가 서로에게 고슴도치가 된 것이다. 아이들은 집에서도, 학교에서도, 마을에서도 서로를 안아주고 만져줄 수 없는, 터치를 잃어버린 세대가 되었다.

뿐만 아니라 요즘 아이들은 생활상의 경험을 해볼 기회가 없다. 민주화 세대, 즉 지금의 부모 세대는 자신의 의지와는 상관없이 생활 속에서 많은 사회적, 직업적 경험을 하고 살았다. 내가 초등학생일 때는 부모님께서 농사를 지으셔서 계절 따라 많은 농사일을 해야만 했다. 모내기 철에는 새참 심부름뿐만 아니라 못자리에서 날라다 쌓아놓은 모종 뭉치를 모내기하는 어른들 뒤의 적당한 곳에 옮겨주는 일을 하고, 여름방학부터 가을걷이 전까지 논에 우산이나 햇볕 가릴 것을 가지고 나가서 참새를 쫓아야 했다. 본격적인 가을걷이가 시작되면 벼 베기뿐만 아니라 저녁 늦게까지 탈곡을 도와야 했다. 이후 도시로 이사한 뒤 부모님이 가게를 시작하셨을 때도 많은 일을 도와야 했다. 주말이나 하교 후에 바쁘신 부모님을 대신해서 가게를 청소하거나 물건을 진열하고, 때로는 가게의 매출과 재고를 점검하거나 세금 신고서를 대신 작성하기도 했다. 부모님 심부름을 하는 일은 이런 일들에 넣기에는 너무 소소한 일이었다. 대부분의 친구들이나 그 시절의 아이들은 이런 비슷한 일들을 하면서 지냈다.

하지만 요즘 아이들은 집에서 조그마한 심부름조차 할 기회가 없다. 대부분의 물건은 대형 마트에 가서 사거나 택배를 통해서 배달을 시킨다. 부모들은 입시와 학교 내신에 쫓기는 아이들에게 집에서 청소나 설거지 등 집안일을 시키지 않는다. 손님이 오면 아이들은 방에서 나오면 안 된다. 공부를 해야 하니까! 아니, 집에 있지를 않는다. 학원으로 갔기 때문이다. 공자는 아이들은 집안에서 부모와의 관계를 배우고, 밖에서는 사회적 관계를 배우며, 자신의 행동을 신중히 하고 공경히 하는 것을 배우고 남는 시간에 글공부를 하는 것37)이라고 하였는데, 우리 아이들은 글공부를 하느라고 진이 빠져, 다른 일상적·사회적 과업에 참여할 틈이 없을 뿐만 아니라 부모들이, 그리고 지식 중심의 표준화된 국가 교육과정이 아이들을 일상적·사회적 관계 맺기에 참여할 수 없도록 만들고 있다.

청소년들이 생활적·직업적 경험으로부터 배제되어 자라는 사실 전 세계적인 현상이고, 이는 산업사회의 생산성 향상과 깊은 관련이 있다. 이제 산업화된 사회에서는 더 이상 청소년들의 노동력이 필요하지 않을 만큼 생산성이 향상된 것이다. 1800년대에는 아동 노동이 일상적이었고, 그것도 12시간 이상의 장시간 중노동이었다. 이후 노동운동에 힘입어 아동 노동의 제한이 이루어졌고, 대부분의 경우 16세 이후에 취업이 이루어지는 시대가 시작되었다. 이어서 대학교육이 대중화되면서 청소년들이 현실세계의 경험을 직접 겪게 되는 시기는 20대 중후반으로 연기되었다. 대부분의 나라들은 이와 같은 현실에서 청소년들에게 생활상, 직업상의 경험을 제공하기 위한 다양한 체험 프로그램이나 인턴십 프로그램을 운영하고 있다.

예를 들어 일본의 대부분의 중학교에서는 직업 체험 프로그램을 운영하고 있다. 그중의 하나인 커리어 스타트 위크(Career Start Week) 프로그램은 이름은 매우 거창해서, 이름만 들으면 아이들을 위한 진로탐색과 진로 설계 프로그램을 일주일 집중 운영하는 프로그램처럼 생각이 되지만, 실제 내용은 중학생들이 자기가 사는 마을의 평범한 가게에서 일주일간 점원 노릇을 하는 것이다.

아침에 문 열 때 가게에 출근해서, 청소하고 물건 진열하고 손님 맞을 준비를 하며, 손님이 오면 응대하고 손님이 원하는 것을 묻고 안내하는 것을 일주일간 배우는 것이다. 포목상도 있고, 생선 가게도 있고, 잡화상도 있다. 아이들이 생활과 현실을 몸으로 느끼게 하기 위한 것이라고 한다.

의외로 중학교 시기의 아이들은 이런 체험을 재미있어 한다. 우리나라도 청소년들의 직업 체험과 생활 체험이 최근 급속히 늘어나고 있다. 그 속에서 중학생들에게 의외로 인기를 끄는 체험은 몸으로 움직이는 우리의 일상과 밀접히 연관된 체험이다. 한 사례로 노원구 상상이룸센터가 중개해서 이루어지는 중학교 학생들의 청진기(청소년 진로체험의 기적) 프로그램에서 최고의 인기를 누리는 체험은 '총각네 야채 가게' 체험이라는 이야기를 센터 관계자에게 들었다. 아이들은 새벽 4시쯤에 일어나서 청과물 시장의 경매 과정부터 체험을 시작한다. 야채를 경매 시장에서 구입해서 싣고 가게에 와서 진열하고 청소하고 나서 하루 종일 야채를 팔고 가게를 운영하는 일을 체험한다. 저녁에 남은 물건을 정리하고 나면 밤 10시가 된다. 아이들이 집에 도착하면 11시가 되는 것이다.

이렇게 2박 3일을 체험한다는 것은 매우 힘든 과정이다. 하지만 아이들은 이런 체험을 통해서 현실세계를 몸으로 느끼면서 자신이 살아 있고 자신이 살아갈 세계를 구체적으로 느끼게 되는데, 이런 경험이 아이들에게는 "매우 새롭고, 삶의 의욕과 에너지를 불어

넣어주는 경험이 된다"고 말한다.

　대부분의 요즘 아이들은 1980년대 이후 소비주의 사회로 진입한 한국 사회에서 풍족한 물질적 생활을 누리며 자랐지만, 정작 중요한 엄마와 형제자매, 또래의 터치를 잃어버렸고, 일상적이고 사회적인 관계 맺기에서 소외된 채로 생활하고 있다.

7. 밀레니엄 세대는 귀하신 몸

　요즘은 집집마다 아이들이 하나 아니면 둘, 혹은 아이를 낳지 않는 부부도 있다. 하지만 민주화 세대인 지금의 부모 세대는 형제자매가 적어도 셋이었다. 피치 못해 독자나 무남독녀가 있기는 했지만, 그것은 지극히 예외적인 경우였다. 나도 형제가 여섯이었다. 내 친구네는 넷이었는데, 당시로는 자녀가 적은 편이었다. 현재 50~60대인 부모 세대가 청소년기를 보낼 때, 그들이 느꼈던 가정에서의 자기 존재감은 그렇게 크지 않았다. 심하게 이야기하면 '우리 집에 나 하나 없어도 별일 없다'는 생각이 들 정도였다. 그래서 오히려 악착같이 자신의 존재감을 부각시키고 증명해야 하는 상황에 놓여 있었다. 그러니 집안에서 막내를 제외하고 부모를 이길 수 있는 자녀는 없었다. 부모를 이기는 건 고사하고 아이들에게 부모는 강력한 힘과 권위를 지닌 존재였다.

　하지만 요즘 아이들은 하나같이 집에서 왕자고 공주다. 1990년대 말, 2000년대 초 사이 '공주병', '왕자병'이라는 말이 유행을 했는데, 그냥 만들어진 말이 아니다. 그 시대의 유행어와 농담들은 그 시대를 적확하게 표현하고 있는 것이다. 민주화 세대를 비롯해서 기성세대들에게 밀레니엄 세대는 다 공주처럼 행동하고 왕자처럼 군림하려 드는 아이들로 느껴지는 것은 당연한 일이다. 부모 입장에서도 마찬가지로 자녀가 여섯, 일곱일 때와 자녀가 하나, 둘일 때 자녀를 대하는 자세가 동일하기는 어렵다. 산술적으로 여섯 배, 일곱 배 귀중한 것이 아니다. 심리적으로는 열 배, 스무 배 중요한 존재로 다가온다. 부모들의 자세가 이런 것을 아이들은 금세 눈치채고 본능적으로 그런 부모의 마음을 활용하는 전략을 펼친다. 이제 아이들은 이런 환경과 상호작용 속에서 집에서 가장 귀하신 몸이 된 것이다.

내가 어릴 때 부모님께서는 우리들을 학교에 보내주는 것을 큰 자랑이자 혜택으로 말씀하시곤 하셨다. 그래서 우리들이 불만을 표시하거나 공부를 태만히 하면, 아버지께서는 곧잘 "이놈들, 부모가 니들 학교를 보내주는 것만 해도 어딘데! 싫으면 학교 그만두고 집에서 일 도와라!" 하시며 우리를 나무라곤 하셨다. 하지만 요즘 아이들은 집에서 절대로 그런 식으로 대접을 받지 않는다. 오히려 요즘은 아이들이 부모를 향해서, "내가 학교하고, 학원을 가주는 것만 해도 어딘데! 엄마, 아빠가 자꾸 이런 식으로 나오면 나 학교 안 가!" 하고 위세를 부리는 분위기다.

이런 현상은 결코 한 가정에서만 일어나는 일이 아니다. 사회적으로도 저출산이 심화되면서 아이들의 몸값은 천정부지로 올라간다. 1970년을 전후한 시기에 한 해에 태어나는 신생아 수는 100만 명을 넘었다. 그러던 것이 2000년대에 들어오면 신생아 수가 50만명 이하로 줄어들었고, 급기야 최근에는 40만명 이하로 내려 앉았다. 사회적으로도 아이들의 몸값은 두세 배 올라간 것이다. 한 세대 만에 이제 가정과 사회에서 큰소리칠 수 있는 자가 바뀐 것이다. 돌아가신 어머니께서도 우리 부부에게 항상 "너희들은 너무 아이들을 귀하게 키운다"고 타박을 하셨지만, 그것은 어디까지나 아들을 여섯이나 둔 어머니의 입장에서 말씀하시는 것이었다. 아이가 둘밖에 없는 나의 입장에서는 그나마 나름 엄격하게 키운다고 하는 것이 어머니에게는 귀하게 "오냐, 오냐!" 하면서, 아이들을 받들어 모시면서 키우는 모습으로 보인 것이다.

여기에 세계에서 유래를 찾기 힘든 속도로 진행되는 우리 사회의 고령화가 겹치면 상황은 더 심각해진다. 고령화가 가져오는 많은 충격 중의 하나는 비경제활동 부양 인구의 급격한 증가이다. 통계에 따르면, 2000년 경제활동 100명당 부양 인구는 10명이었다. 십시일반(十匙一飯)이 가능한 사회였다. 하지만 2000년생이 우리 사회의 중추적인 역할을 하고 모든 조직과 기관에서 허리 역할을 담당할 2040년과 2050년의 경제활동 인구 100명당 부양 인구는 각각 60명, 70명에 이를 것으로 전망된다. 이제는 십시일반이 불가능한 시대가 될 것이며, 밀레니엄 세대의 아이들이 자기 밥벌이만 하는 사회인이 된다는 것은 사회적 역할을 다하지 못하는 구성원이 된다는 것을 의미한다. 이제 지금의 10대는 현재 50~60대인 부모보다 6~7배의 부양 인구를 부양해야 하는 세대인 것이다.

이제 개별 가족에서나 사회적으로나 부모 세대와 비교해서 밀레니엄 세대의 몸값은 열 배 이상이 된다. 이런 상황에서 밀레니엄 세대를 대하는 민주화 세대의 태도가 1960~1980년대의 부모였던 근대화 세대와 같다면 그것이 오히려 이상한 일일 것이다.

내가 어릴 적 부모 세대는 자녀들이 모두 다 잘될 것이라는 기대는 비현실적이라고 여기셨다. 그래서 자녀들 중에 똑똑한 한두 자녀에게 가족이 활용 가능한 자원을 집중해서 지원을 하기도 하고, 자녀들 중에서 절반 정도만 중간 이상의 성과를 거두면 된다는 생각을 하셨다. 내가 어릴 적 아버지께서는 "내가 아무리 자식 농사를 못 짓는다 해도 반타작은 하겠지!"라는 말씀을 하셨는데, 이런 태도는 비단 우리 아버지만의 이야기가 아니었다. 하지만 요즘 부모 입장에서는 아이들 하나하나가 반드시 성공해야 하는 가족의 대표 선수가 되어 있는 것이다. 그러니 이제 아이들은 부모에게 세상에서 가장 귀하신 몸, VVIP(Very Very Important Person)인 것이다.

하지만 이런 아이들이 가장 대접을 받지 못하는 곳이 어딘지 한번 생각해보자. 아이들은 집에서는 모두 왕자와 공주이다. 한두 가지의 제약이 있기는 하지만 그런 아킬레스건, 즉 학교와 학원과 같은 사안만 건드리지 않으면 부모들은 자녀를 매우 귀하게 대한다. 그래서 사실 밀레니엄 세대는 부모를 좋아하고 친하게 여긴다. 당연한 말을 한다고 생각하겠지만, 그렇지가 않다. 현재 40대 이상인 사람이라면, 자신의 청소년기를 생각해보라! 대부분이 근대화 세대였던 당시의 부모님들은 매우 엄격하셨고, 권위적이셨다. 사실은 부모님들의 체벌도 많은 편이었다. 우리 부모님께서도 누구보다 자녀들을 아끼고 충분히 교육적인 분들이셨음에도 자주 부모님께 맞은 기억이 난다. 어머니께서는 70세 무렵에 나에게 이렇게 말씀하신 적이 계신다. "지금 생각해보면 그때 '내가 왜 그랬을까?' 하는 생각이 든다. 내가 너희들 그렇게 때리지 않고, 화내지 않고도 키울 수 있었을 텐데 말이다!"

나는 어머니하고 매우 친한 아들이었다. 내가 초등학교 시절부터 어머니는 나에게 밥하는 것, 부엌 관리하는 법, 청소하고 빨래하는 법을 가르치셨고, 자주 나를 데리고 이런저런 집안일을 하셨다. 제사나 명절 때처럼 부엌 일이 많을 때는 나를 데리고 시장을 보고 음식 장만을 같이하셨다. 그래서 지금도 아내는 채소나 생선을 사러 가면 나에게 어떤 게 좋은지를 묻는다. 뿐만 아니라 어머니는 김치 담글 때도, 제사 음식을 마련하실 때도, 집에 손님이 오실 때도 학교에서 나를 일찍 오라고 하셔서 주방 보조원으로 쓰셨다. 그 덕분에 결혼하고 나서 내가 집에서 아내와 딸들에게 푸대접을 받지 않을 수 있게 되었다고 생각한다. 자주 밥을 하고 반찬을 만들고, 장보기와 설거지를 잘하니까! 특히 둘째 딸은 내가 맛을 내는 반찬을 좋아한다.

그래서 나는 어머니의 말씀이 매우 진정 어린 말씀이라는 것을 안다. 어머니는 아들만 여섯 있는 가족 안에서 어머니로서 매우 힘든 생활을 하셨다. 그래서 더 아들들을 하나하나 배려하고 따뜻하게 대해주기에는 여유와 에너지가 없으셨다. 그러니 답답하고 일이 뜻대로 안 될 때, 아들들마저 철없이 굴면 화가 나서 말씀이 거칠어지고 매를 들고 때리기도 하셨을 것이다.

어릴 적에 부모님의 마음 깊은 곳의 사랑과 배려를 자녀들이 알아보기는 어렵다. 그래서 대부분의 민주화 세대가 청소년기에 지녔던 꿈 중의 하나는 부모로부터 빨리 독립하는 것이었다. 많은 가족들에게 부대끼고, 권위적이고 억압적인 부모의 권력으로부터 자유롭고 싶은 마음은 당연한 귀결이 아니겠는가?

하지만 세상이 변해도 너무 많이 변했다. 이제 대부분의 부모들은 자녀들에게 권위적이거나 폭력적이지 않다. 사실 1990년대 이후에 학교에서 체벌이 문제가 되는 것은 아이들이 변했기 때문이기도 하지만, 더 중요한 요인은 학생들의 부모가 변했기 때문이다. 민주화 세대인 현재의 학부모들은 훨씬 덜 권위적이고, 자녀와 상호적이고 허용적인 관계를 맺고 있다.

이런 경향은 비단 우리나라만의 이야기가 아니다. 유럽이나 미국에서도 세계대전을 경험한 전쟁 세대가 부모였던 1960년대에 비해서 베이비 붐 세대, 즉 1950년대와 60년대에 태어난 부모가 훨씬 더 허용적이고, 덜 권위적이며, 체벌을 가하는 정도도 매우 약해졌다. 그렇다 보니 부모-자식 관계도 많이 변했다. 특히 1990년대 이후 출생한 소위 넷세대(N세대), 디지털네이티브 세대, 밀레니엄 세대는 부모와 매우 좋은 관계를 형성하고 있다. 미국의 청소년들도 이런 경향을 보이고 있고, 이런 경향은 전 세계적인 흐름이 되었다.

오늘날 젊은이들에게 가족은 그들의 베이비 붐 세대 부모 때보다 훨씬 더 큰 역할을 한다. 넷세대는 대학의 선택에서부터 재무 계획 수립에 이르기까지 모든 면에서 부모의 의견에 귀 기울인다. (중략) 넷세대의 10대 청소년들은 베이비 붐 세대 때보다 그들의 부모와 함께 여행을 다닌다. 심지어 대학 졸업 후에도 부모와 함께 산다. 내 세대에 속한 사람은 일단 출가를 한 이상, 다시 집에 돌아와서 부모와 함께 산다는 건 상상조차 하기 힘들었다. 그러나 지금은 대부분의 젊은이들과 그들의 부모들은 잘 어울려 함께 살아가고 있다.[38]

이런 밀레니엄 세대의 아이들이 학생이 되었다! 이제 아이들은 자신들을 공주나 왕자처럼 대해주는 곳을 원한다. 뿐만 아니라 이제는 부모도 친구처럼 '쿨한' 관계가 되어가고 있다. 이런 생활을 하는 요즘 학생들에게 학교는 세상에서 가장 자신들을 대접해주지 않는 곳이며, 가장 가기 싫은 곳이고, 그리고 시설이나 환경도 좋지 않은 곳이다. 내가 학생이던 시절에는 우리 집보다는 학교가 더 좋은 시설을 갖춘 곳이었다. 내가 살던 면에서 학교 건물이 가장 현대식이었고 깔끔한 곳이었다.

하지만 요즘의 학교 시설은 많은 아이들에게 자신의 집보다 모든 면에서 시설이 낙후한 곳이다. 자신들은 VVIP이고, 집에서나 마트에서나 백화점에서나 자신들은 항상 대접을 받고 모셔지는 존재들인데, 학교에만 가면 자신들은 선생님의 처분을 기다려야 하는 '을'이 되고, 학교의 규칙과 명령을 따라야만 하는 '쫄'이 되는 것이다. 이런 상황에서 학생들이 학교를 가고 싶어 하고 학교 생활이 즐겁다면, 오히려 그런 경우가 특별한 일이다.

특히 우리의 학교교육은 표준화된 국가 교육과정, 내용 중심의 교육과정을 운영하고 있기 때문에 아이들 하나하나를 배려하고 돌봐줄 수가 없다. 학교 여건이나 교원도 부족한 실정이지만, 학교 교육과정 운영 자체가 아이들을 VVIP로 대해줄 수가 없는 상황인 것이다. 비유하자면, 우리 아이들은 자신들의 구미에 맞고 자신이 원하는 것을 제공해주는 학교 수업을 원하지만, 표준화된 국가 교육과정은 저인망식 그물로 모든 학생을 한 번에 몰고 가는 집단적인 수업이다. 이와 같은 학생의 기대와 실제 학교의 운영 내용과 방식 사이의 괴리는 학생들이 더욱더 학교에서 멀어지게 하는 요인이 되고 있다.

8. 밀레니엄 세대는 새로운 학습문화를 요구한다

　수많은 사도세자들이 세상을 떠나고 있다. 부모들이 만들어놓은 뒤주에서 소리치며 발버둥을 치지만 부모들은 차갑다. 영조가 그랬듯이 부모들은 아이들이 다른 세상을 꿈꾸고, 다른 방식으로 생각하며, 다른 짓을 하면서 살아가려는 것을 참을 수가 없다. 차라리 사도세자가 낫다. 그들은 그래도 같은 세상에서 싸웠다. 하지만 현대 한국의 부모와 자녀들은 서로 다른 세상에서 싸운다.

　부모들은 자녀들이 현실세계에서 살고 있다고 생각하지만, 천만의 말씀이다. 자녀들은 가상세계에서 살고 있다. 인터넷으로 연결된 가상세계(cyber world)는 아이들의 천국이다. 그들은 사이버 세상에서 친구를 만나고, 쇼핑을 하며, 음악을 즐기고, 많은 사람과 만나서 자신들의 하루하루를 만들어간다. 부모들은 현실세계에서 아이들을 명성과 지위와 돈에 묶어두려고 한다. 그래서 사이버 세계로 통하는 문을 꼭꼭 걸어 잠그거나 엄격한 통제를 시행한다. 마치 영조가 내관들과 궁녀들을 동원하고 무사들을 배치하여 사도세자를 감시했듯이. 그래서 사도세자는 미쳤다. 어떻게 미치지 않을 수 있겠는가?

그들만의 세계: 온라인에 생긴 새로운 사적 공간

버클리대학교에서 근무 중인 사회과학자 다나 보이드(Dana Boyd)는 오늘날의 10대들에게 마이스페이스나 페이스북에서 시간을 보낸다는 건 자기만의 공간을 갖게 되는 문제와 관련이 있다고 말한다. 그녀는 최근 미국과학진흥회(American Association for the Advancement of Science)와 나눈 대화에서 이렇게 말했다. "성인들은 집과 학교와 대부분의 활동 공간들을 통제하죠. 그러다 보니 10대들은 어디에 있어라, 무슨 일을 하라, 어떻게 하라 등과 같이 지시를 받죠. 집에서 그들은 통제권이 없어요. 그리고 많은 10대들은 집을 그들의 개인적인 공간으로 생각하지 않죠."

10대들은 온라인에서 새로운 개인 공간을 찾고 있다. 거기서 그들은 집단으로 모여서, 친구들과 연락하고, 그들만이 공유하는 공간을 만든다. 현실세계의 매력이 점점 떨어지자 상대적으로 온라인 공간들이 더 매력적으로 변하고 있는 것이다.[39]

우리나라의 아이들도 마찬가지다. 학교에 가면 미칠 지경이다. 자신들의 세상을 완전히 압수당하는 곳이 학교이다. 아이들에게 인터넷과 스마트 기기는 손발과 같고 공기와 같은 것이다. 아이들이 이걸 압수당했다는 것은 숨이 막히는 곳에 손발이 묶인 채 감금당해 있는 것과 같다. 이런 상황에서 학교는 아이들에게 사도세자의 뒤주와 같다. 왜 학교는 인터넷과 스마트 기기라는 인류 역사상 가장 강력하고 최고의 가능성을 지닌 도구를 교육과 학습에 활용하지 못하게 하는 걸까? 왜 21세기에도 학생들은 19세기의 흑판과 종이와 연필로 완전히 고립된 상태에서 문제를 풀어야 하는 걸까? 최첨단 기기를 활용해서 친구들과 교사들과 함께 서로 돕고 의논하고 즐기면서 세계를 탐구하고 마음을 넓혀가면 안 되는 것일까?

당신이 군인이라고 생각해보자. 군대는 최첨단 무기를 구매하여 최고의 전투 화력을 자랑하고 있다. 그런데 군대의 지휘관과 교관들은 전쟁은 모름지기 몸으로 하는 것이지 인공적인 무기를 사용하여 전쟁을 수행하는 것은 진짜 실력이 아니라고 생각한다. 그래서 훈련에서는 몸을 쓰는 훈련만 한다. 그 와중에 당신과 당신의 친구는 드론 전투기부터 레이더, 각종 화기를 능수능란하게 다룰 줄 알지만, 맨손과 맨발로 상대와 격투기를 벌이는 실력은 사실 형편없다. 게다가 지휘관은 세상은 결국 혼자인 것이며, 그것이 인생의 진실이라고 굳게 믿는 사람이라서 전투를 할 때에는 개개인이 최대한 실력을 발휘하는 상황이 최선의 상황이며, 진실로 전사가 갖추어야 할 자세라고 설교한다. 결국 최첨단 무기를 갖춘 군대에서 혼자서 맨손과 맨발로 적을 맞아 격투기를 선보여야 하는 상황이라면 당신은 어떻게 하겠는가? 지금 우리 아이들이 학교에서 벌이는 순위 경쟁이 바로 그런 상황이다.

인류가 만들어낸 지식 도구 중에서 최첨단의 도구는 당연히 인터넷과 스마트폰이다. 그동안 인류가 이보다 더 강력한 지적 도구를 만들어낸 적이 있는가? 종이책은 스마트폰에 비하면, 참으로 빈약하고 초라한 것이다. 단어 찾기도 안 되고, 하이퍼링크도 없으며, 음성이나 영상, 동영상은 절대로 기대할 수 없는 것이고, 한 책에는 대부분 한 가지에 관한 이야기만 나와 있다. 읽다가 만약 관련된 것이 궁금하다면 여러분은 다른 책을 펴 들거나 도서관이나 서점을 찾아가야만 한다. 사실 내가 중·고등학교 시절에 책에서 모르는 것이 나오면, 그 시절은 공공 도서관은 그냥 집중해서 책을 볼 수 있는 공간을 제공하는 독서실 건물에 불과했기 때문에, 한 시간이나 걸려 시내의 큰 서점을 찾아가서 오랜 시간을 보내며 찾아야 했다. 그것도 실패하면 주말을 참고 기다리다가 월요일에 학교 선생님을 찾아야 했다. 그러나 선생님도 잘 모르시는 경우에는 다른 도리가 없었다. 그냥 잊고 넘어가야 했다!

그런데 스마트폰을 생각해보라. 온 세상의 도서관과 서점, 영화관과 비디오 클립, 세상 모든 사람들의 의견과 생각들, 다양한 아이디어와 지식들이 무한으로 펼쳐져 있지 않은가? 이런 최첨단 도구를 그냥 두고 손으로, 책으로 하나하나 찾아서 익히고 따라오라고 하는 수업을 아이들이 재미있어 하겠는가?

부처가 적멸에 드시자 제자들은 부처의 말씀을 모두 외워서 서로 전해주었다고 한다. 아마 많은 지식들이 처음에는 이렇게 구전으로 전해졌을 것이다. 하지만 종이가 발명되고 종이의 활용이 일상화되자 불가의 제자들 사이에서 큰 논쟁이 일어났다. 부처의 고귀한 말씀을 종이에 옮겨 적는 것이 진리의 말씀을 대하는 바른 자세일 수 없다는 주장이 제기된 것이다. 모름지기 진리의 말씀은 들어서 기억하고 암기하여, 자주 읊어 그 깊은 뜻을 음미할 줄 알아야 진리를 이어받을 수 있고, 그것만이 바람직한 자세라는 주장이었다. 만약에 그때 이들의 주장을 따랐다면, 지금 부처의 고귀한 진리의 말씀은 하나도 전해지지 않게 되었을 것이다.

마찬가지로 지금 우리의 아이들에게 새로운 지식 도구를 앞에 두고도 지식 활동과 학습 그리고 평가에서 스마트폰을 쓰지 못하게 할 뿐만 아니라 최적의 협력 시스템인 인터넷을 활용하지 못하게 하는 것은 부처의 말씀을 종이에 적지 못하게 하고, 최첨단 무기로 무장한 최신예 정예병에게 맨손과 맨몸으로 혼자서 싸우라고 하는 것과 같은 어리석은 짓은 아닐까?

다른 집 아이들도 마찬가지겠지만 우리 딸들도 돌이 지나고 혼자서 걷기 시작할 수 있을 때부터 컴퓨터 모니터를 보고 마우스를 움직여서 디지털 비디오를 보거나 디지털 책을 읽고 그림 조각 맞추기와 같은 게임을 하면서 자랐다. 초등학생이 되었을 때는 휴대폰을 들고 등교를 하였다. 맞벌이를 하는 입장에서는 아이에게 휴대폰을 들려주는 것 말고는 달리 방법이 없다고 생각했다. 언제나 아이가 어디에 있고, 무엇을 하는지 점검을 해야 했고, 만약의 경우를 대비해서 휴대폰을 들려 학교에 보내는 것은 당연하다고 생각했다. 이 아이가 중학교에 갈 때는 인터넷에 연결된 휴대폰이 이미 나왔고, 곧이어 아이팟과 스마트폰이 나와서 어디에서나 인터넷을 할 수 있는 모바일 세상이 되었다. 아이들은 한국어 사전도, 영어 사전도, 주요 검색도 모두 스마트폰으로 수행하는 세대가 된 것이다. 이제는 쇼핑도, 친구와 연락도, 각종 정보(아이돌의 팬 사인회에서부터 과학 실험 동영상까지)도 모두 스마트폰으로 찾고 읽고 보는 세대가 된 것이다. 그런데 이들을 위한 학습과 교육방법이 여전히 종이와 칠판으로 수업을 진행하고, 책상 앞에 앉아서 종이 위에다 혼자서 문제를 풀게 하는 평가가 중심이라면 이런 시대착오적 광경이 또 어디에 있겠는가?

우리 아버지는 내 나이가 50이 된 지금도 전화를 끊으실 때나 인사차 아버지 집에 들렀다가 돌아오는 때에는 꼭 이렇게 말씀하신다. "야, 승복아! 차 조심하고 다녀야 한다! 차 조심해!"

아버지는 일제의 횡포가 가장 악랄해져가던 1935년 지리산 산골에서 태어나셨다. 당신은 초등학교를 겨우 졸업하고는 가난하여 중학교에 다니시질 못하셨다. 당신께서 익숙하게 차를 보고 사람들이 마이카를 몰고 다니는 모습을 본 것은 50대 후반이 되어서였다. 자녀들이 자가용을 사서 타고 다니는 일은 60이 가까운 때이셨다. 그러니 아버지에게 있어 자동차라는 것은 아무리 친해지려고 해도 친해지기 어려운 물건이고, 위험하고 조심해야 하는 물건이다.

사람은 자신이 태어나기 전부터 일상에서 활용되는 기술은 마치 공기와 손발처럼 자연스럽게 느낀다고 한다. 이 말은 달리 표현하면, 자신이 유아기, 청소년기를 거치면서는 겪지 못하고 장년이 되어서야 접하며 자신의 생활로 들어온 기술은 항상 이질적이고 경계의 대상이 된다는 뜻이다. 아버지에게 있어 자동차, TV, 컴퓨터, 휴대전화 등은 매우 이질적인 물건이고 문화이다. 그러니 조심해서 다루어야 하는 위험한 물건이다. 어머니는 살아 계실 때 TV나 컴퓨터를 자주 닦으셨다. 내가 차를 처음 샀을 때도 차에 먼지가 쌓이거나 지저분해 보이면 손걸레를 들고 자꾸 닦으려고 하셨다. 그것들은 우리 부모님께는 모두 생경한 것들이고 조심해서 다루어야 하는 물건들이었던 것이다.

우리 아이들은 두 살 무렵부터 컴퓨터에 있는 인터액티브 게임이나 그림 맞추기를 하면서 놀았고, 초등학교 시절에 휴대폰을 들고 다녔으며, 중학생이 되기 전에 스마트폰을 손에 들고 다녔다. 그 아이들에게 인터넷과 스마트 기기는 손발과 같은 것이다. 하지만 지금의 부모에게 그것들은 매우 위험한 물건들이다. 따라서 가능하면 통제 프로그램을 깔고 싶고, 사용 시간을 제한하거나 주기적으로 감금시켜놓는 물건들이다. 아마도 지금의 부모 세대가 70~80대가 되면 자녀들에게 다음과 같이 말하지 않을까? "얘들아, 인터넷 조심해라! 스마트폰 조심해서 다루고! 게임은 깜빡하면 너희의 시간을 다 잡아먹는 놈들이니 단단히 단속을 해라!"

이제 마음을 비우고, 스마트폰과 아이들이 좋아하는 게임에 대한 적개심을 내려놓고 생각해보자. 지금의 10대가, 지금의 중·고등학생들이 살아갈 세상에서의 일상과 직업 생활과 학습 상황이 어떻게 변할까를 생각해보자. 아마 어느 누구도 지금 부모 세대가 사는 모습과 비슷할 것이라고는 말하지 못할 것이다.

사실 지금 부모 세대들의 아버지와 어머니들은 자신들이 사는 모습과 크게 다르지 않은 세상에서 자녀들이 살아갈 것이라고 기대하셨던 분들이고, 그런 생각을 바탕으로 자녀교육을 하셨다. 하지만 세상의 변화 속도는 갈수록 가속도가 붙고 있으며, 과학기술의 변화와 문화적 다양성 정도는 기하급수적으로 빨라지고 있다. 따라서 지금 10대인 밀레니엄 세대가 40~50대가 되었을 때, 세상은 지금과 완연히 다른 곳이 되어 있을 것이다. 그런 세상에서 우리 청소년들이 사회의 중심에서 핵심적 역할을 할 수 있도록 우리는 교육을 하고 있는 걸까?

밀레니엄 세대가 우리 사회의 사회경제의 핵심 세력으로서 살아갈 20~30년 후를 생각해보자. 미래학자들과 많은 과학자와 엔지니어들은 미래 사회는 과학기술의 발전과 사람들의 삶의 방식의 변화로 인해 지금과는 완연히 다른 사회가 될 것이라고 전망한다. 많은 미래 예측에 관한 주장 중에서 《유엔미래보고서》에서 예측하는 30년 후, 그러니까 지금 10대인 밀레니엄 세대가 40대와 50대가 될 세상에 대한 그림을 간단히 살펴보자. 다음의 10가지 트렌드는 《세계미래보고서 2045》에서 제시하고 있는 30년 후의 사회를 특징지을 10가지 키워드를 정리하여 옮겨본 것이다.

2045 메가트렌드[40]

1. Human 4.0(인간 4.0): 인공 장기, 스마트 의수족 등 인간의 기능 향상과 능력 확대는 지속적으로 가속화한다.
2. Disrupted Nation States(국가 해체): 하이퍼 네트워크 시대에 경쟁력을 강화하고 힘을 합치기 위해서 국가를 포함한 단체들이 연합하게 되고, 거대 협동조합이나 국가 대체 조직 또는 글로벌 시민연대가 큰 영향력을 발휘한다.
3. Internet Giants(인터넷 대기업): 세계 500대 기업의 70%는 인터넷 기업이 차지할 것이고, 1인 기업, 1인 창업이 활성화되는 미래에는 가상공간에서 일하고 인간관계를 쌓아가며, 각종 서비스도 인터넷을 통해 받게 된다.
4. Digital Currencies(디지털 통화): 금융 서비스에서 '디지털 통화' 붐이 일어난다. 세계 단일 통화가 나오기 전에 먼저 디지털 통화가 세계를 하나로 묶을 것이다.
5. Brain Upload(브레인 업로드): 2025년부터 인간의 뇌를 매핑(지도처럼 가시화하는 기술)하고, 뇌 안에 들어 있는 정보와 지식을 클라우드 등의 가상공간에 올리는 작업이 시작되고, 미래에는 이런 개인의 경험, 지식, 정보를 가상공간에서 판매하게 된다.
6. Immersive Life(몰입 인생): 증강현실이 삶의 부족한 부분을 채워주고 가상현실이 삶을 대체해주는 미래가 오는 것이며, 일부 증강현실에 중독이 된 사람들은 현실로 돌아오지 않은 채 은둔형 외톨이처럼 가상현실에서 헤어나지 못하는 사람들도 등장한다.
7. AI Robotics(인공지능 로봇): 인공지능 로봇은 인간의 삶을 주도하고 대행한다. 로봇이 제조를 대행하고, 소매 및 호텔 서비스, 치안과 보안, 수술과 간호를 대신하는 등 다양한 기능을 수행한다. 2030년에는 뉴스의 90%를 인공지능이 대신 쓰게 될 것이라고 한다.
8. Internet of Things(사물인터넷): 사물인터넷은 인터넷을 생명체로 만든다. 모든 사물에 센서, 칩, 인공지능 등이 삽입되면 모든 사물이 서로 소통하면서 스스로 제어한다.
9. Synthetic Biology(합성생물학): 신이 아닌 인간이 각종 생명체를 만들어내게 될 것이다. 그 결과 이전에는 전혀 보지 못했던 새로운 생명체들이 지치지 않고 24시간 일하는 모습을 보게 될 수도 있다.
10. Disrupted Family(가족 해체): 가족 구조가 변화해서 1인 가구가 대부분이 되고 결혼제도가 붕괴하고 수시로 파트너를 맞아 공동생활을 하다가 일을 찾아 다시 이동한다. 인터넷 가상현실 속에서 사랑을 나누는 등 그 방식도 변할 것이다.

10가지 키워드와 특징을 살펴보면, 사실 위에 열거된 10가지의 트렌드는 이미 시작되었거나, 일부는 상당한 정도로 진행되고 있다는 것을 알 수 있다. 인공 장기는 최근에 비약적인 발전을 거듭하고 있고, 디지털 통화는 이미 우리 생활 속에서 일상이 된 지 오래다. 2013년 한국은행 금융결제국 결제연구팀이 발표한 〈지급 수단 이용 행태 조사 결과 및 시사점〉 보고서에 따르면 현금의 거래 비중은 34.8%, 카드로 지급된 비중(신용카드와 체크·직불카드를 합친 것)은 54.2%[41]였다. 2015년에는 스웨덴 사회가 전자 결제의 편리함을 받아들여 '현금이 불필요한 사회'로 빠르게 변하고 있다고 보도되었다.

> 영국 시장 조사 기관인 유로모니터인터내셔널에 따르면 올해 스웨덴 전체 소비 중 현금 거래 비율은 20%로, 세계 평균인 75%에 비해 훨씬 낮다. 신용카드와 현금카드 거래 건수는 15년 전 연간 2억 1,300만 건에서 2013년엔 24억 건으로 10배 이상 늘었다.[42]

다른 영역도 마찬가지로 빠르게 우리 생활 속으로 파고들고 있다. 최근 스마트 홈은 사물인터넷의 가장 초보적인 적용 사례라고 할 수 있다. 지금의 젊은이들은 가상현실에 매우 익숙해져 있고, 새로운 형태의 가족과 다양한 형식의 동거 관계들이 출현하고 있다.

교육과 관련해서 심각한 위협으로 다가오는 트렌드는 인공지능과 브레인 업로드다. 먼저, 우리의 뇌 속에 기억된 경험과 정보를 외부 저장 장치로 옮길 수 있다면, 곧 외부 저장 장치에 있는 정보와 기억을 뇌로 내려받을 수도 있다는 이야기다. 그렇다면 지금과 같은 교육(주어진 지식과 정보를 이해하고 암기하는 일을 중심으로 하는 교육)이 무슨 소용이 있을까? 이 말이 너무 먼 이야기처럼 느껴진다면, 한 발 양보해서 브레인 업로드는 가상소설과 같다고 가정하고 인공지능에 대해 생각해보자. 최근의 인공지능은 비약적인 발전을 거듭하고 있다.

> 2012년 어느 날, 미국 스탠퍼드대의 앤드루 응(Andrew Ng) 교수는 자신이 연구하던 컴퓨터의 화면을 보고 깜짝 놀랐다. 화면에 틀림없는 고양이의 모습이 떠 있었기 때문이다. 컴퓨터가 처음으로 수많은 데이터 속에서 사물을 인식해 스스로 이미지를 만들어낸 역사적인 순간이었다. (중략) 그가 컴퓨터에게 요구한 것은 '가장 특징적인 것을 골라내라'는 것. 응 교수는 컴퓨터에게 사물에 대한 정의나 정보를 알려주지 않고 다양한 알고리즘만 제시해줬다. 고양이에 대한 정보를 주지 않은 것은 물론이다. (중략)
> 이 연구는 발표되자마자 세간의 큰 관심을 끌었다. 컴퓨터가 아무도 가르쳐주지 않았음에도 알아서 배우는 '비 지도 학습(unsupervised)'을 해냈기 때문이다. 컴퓨터는 학습에 대한 구체적인 지시 없이 동영상의 점이 연결돼 있는 선의 특징을 찾아 이를 기반으로 형상을 구분해냈다. 또 이 형상을 추상적인 이미지로 인지해 분류하는 단계까지 발전한 것이다. 아직 초보 단계이기는 하지만 컴퓨터의 학습 능력을 다양한 분야에 적용한다면 비즈니스는 물론 일상생활에도 큰 변화가 예상된다. (이하 생략)[43]

인용한 기사는 최근에 발전한 인공지능이 이제 스스로 학습하는 단계에 이르렀다는 사실을 설명하고 있다. 즉, 이제 인공지능이 인간이 원하는 목표를 제시하면, 그것에 맞는 것을 찾아서 알려주거나 만들어준다는 것이다. 유튜브에는 학습하는 인공지능에 관한 동영상이 많이 올라와 있다. 개를 구별하거나, 동영상을 보면서 동영상에 나오는 내용이 수영을 하는 건지, 농구 경기를 하는 건지, 산에서 산악자전거를 타고 있는지 정확하게 구분하여 말해준다. 뿐만 아니라 게임에 관한 정보가 하나도 주어지지 않은 상태에서 스스로 게임의 규칙과 주요 핵심 기술들을 알아가면서 게임을 스스로 한다. 2016년에 우리는 알파고와 이세돌의 바둑 대국을 전 국민이 지켜보면서 인공지능의 놀라운 발전 양상을 충격적으로 느낄 수 있었다.

현재의 인공지능은 주어진 상황을 이해하고 주요 규칙과 조건을 확인하고 점검한 다음에, 그와 같은 제약 조건들을 고려하면서 주어진 과업을 수행할 줄 안다. 생각해보면, 인공지능이 하는 일은 중·고등학교에서 학생들이 하는 일과 본질적으로 다르지 않다. 표준화되어 주어진 국가 교육과정의 내용을 이해하고, 그것을 기억하며, 정해진 조건과 규칙에 따라 수행해야 하는 과업을 스스로 처리해나가는 것이다. 다시 말해 우리 학교의 교육과 평가의 내용은 이미 인공지능에 의해 수백 배, 수천 배 빠르고 정확하게 수행될 수 있는 것들인 것이다. 인공지능이 이렇게 빨리, 그리고 우리보다 정확하게 과업을 수행할 수 있다면 우리는 학교에서 무엇을 가르쳐야 할까?

자율주행 자동차가 등장하여 상용화되면, 수많은 운수 및 교통 관련한 직업이 사라질 것이다. 3D 프린터가 등장하여 단순하고 반복적인 제조 작업은 곧 대체할 것이고, 건설 현장에도 건설용 3D 프린터가 빠르게 발전하고 있다. 한편으로 음식을 만드는 분야에서도 3D 프린터가 가져오는 충격은 엄청나게 클 것이다. 운수업, 건설업, 요식업 분야 등에서 수많은 단기, 단순 기술 인력의 고용을 창출해내는 산업들이 곧 인공지능과 3D 프린터로 인간 노동자를 대체할 것이다. 최근 아마존은 무인 상점인 아마존고의 시범 매장을 개설한다고 발표했다. 이 매장에는 계산대도 없고, 점원도 없다. 그냥 들어가서 물건을 가지고 나오면 자동으로 계산되는 시스템을 구축한 것이다. 그렇다면 이제 유통 및 서비스업에 종사하는 수많은 근로자들의 일자리는 어떻게 될까?

최근 아디다스는 신발 제조 공장을 무인화하여, 기존에 소요되던 인력의 10%의 인력으로 36배 많은 신발을 생산하게 되었다. 이 시스템은 기획부터 시장 출시까지 필요한 소요 시간을 18개월에서 10일로 단축했다. 육체노동 분야뿐만 아니라 정신노동 분야에도 빠르게 인공지능이 도입되고 있다. 이미 회계 분야는 가장 빠르게 컴퓨터 프로그램과 인공지능으로 대체되고 있는 추세다. 의료 분야와 법률 분야, 소프트웨어 개발 분야도 컴퓨터와 인공지능을 통해 엄청난 생산성의 향상과 고용 구조의 변화를 만들어내고 있다.

옥스퍼드 마틴스쿨의 칼 베네딕트 프레이 교수와 마이클 오스본 교수는 2013년 발표한 〈고용의 미래: 우리의 직업은 컴퓨터화(化)에 얼마나 민감한가〉라는 보고서에서 "자동화와 기술 발전으로 20년 이내 현재 직업의 47%가 사라질 가능성이 크다"고 지적했다.[44] 이런 자동화, 무인화, 로봇화 등의 변화는 한국에서 가장 빠르게 일어날 것이라는 예측[45]도 있다. 이와 같은 상황에서 미래를 살아갈 우리 청소년에게 학교는 무엇을 가르쳐야 할지 참으로 어려운 문제가 아닐 수 없다.

한 가지 분명한 것은 지금과 같이 전국적으로 통일된 표준화된 국가 교육과정을 전국의 모든 학교, 모든 학생들에게 똑같이 가르치고, 그걸 지금의 수능과 같은 방식으로 평가를 하는 학교교육으로는 미래의 변화에 대응하는 역량 있는 인재를 양성하는 일은 고사하고, 자기 개인의 생활조차도 감당하지 못하는 사람을 배출하지 않을까 우려스럽다는 점이다.

3장

개개인에 맞춘
개별화된 교육

1. 왜 개별화된 교육과정이 필요한가?

선도자의 길을 가기 위해

그동안 우리나라는 전국적으로 표준화된 국가 교육과정을 운영하면서 전국의 모든 학생들에게 거의 동일한 내용을, 동일한 속도로 가르쳐왔다. 이는 가능하지도, 바람직하지도 않을뿐더러 설령 가능하다고 해도 그런 교육은 전체주의적 독재적 교육이 될 가능성이 매우 크다. 사람은 지구상의 수많은 생물 종들 중에서 종 안에서의 다양성이 가장 큰 존재다. 따라서 표준화된 획일적 국가 교육과정은 가장 비인간적이고 비교육적인 교육체제라고 할 수 있다.

그럼 개별화된, 개개인에 맞춘 교육과정은 어떤 의미를 지니는 걸까?

개별화된, 개개인에게 맞춘 교육과정을 운영한다는 것은 단지 개인적인 배려의 차원에 머물지 않는다. 이 문제는 우리 사회 전체에 제기되고 있는 심각한 과제를 직면하는 일이다. 지금 우리 사회는 어디에 서 있는가? 이미 표준화된 기술과 지식을 통해 산업사회, 근대사회의 표준적 성취는 다 이루었다. 이제 우리 앞에는 사회, 정치, 경제, 학문, 문화 등 모든 분야에서 새로운 지평을 열어가야 하는 과제가 놓여 있는 것이다. 이와 같은 상황을 철학자이자 인문학자인 최진석 교수는 이렇게 표현했다.

> 선진국에서 만든 비전이나 메시지를 수행하는 '이류의 삶'에서 스스로 문명의 방향을 판단하고 스스로의 비전을 창조할 수 있는 '일류의 삶'으로 나가는 것 (중략) 모두 외부에서 들여온 것들을 받아서 수행해왔던 것들이죠. 이제 우리만의 메시지나 비전으로 새로 조정되지 않으면 이 혼란이 오래가리라는 것을 누구나 인정할 겁니다. 모든 분야에서 다 한계에 도달했어요.[46]

> 외부에서 강제된 진리를 자기의 것으로 내면화하고 있는 사람에게 자신만의 고유성은 소중하게 보일 수가 없을 것….[47]

남을 따라가는 길은 쉽다. 산업사회 건설, 근대화, 선진국이 이미 갔던 길을 따라가는 일은 어떤 어려움도 열심히, 근면 성실하게, 일치단결하여, 일사불란하게 움직이면 목표 달성이 가능하였다. 그리고 우리는 지난 50년간 실제로 일치단결, 근면 성실, 일사불란의 기치 아래 경제적 산업화, 정치적 민주화라는 근대화의 목표를 달성했다. 하지만 이제 우리가 걸어가야 하는 길, 즉 세계 어느 나라도 가보지 않은 새로운 지평을 열어가는 길은 앞에 있지 않다. 없는 길을 가는 일이다! 그래서 선도자는 지나가고 나면 새로운 길이 생기고, 추종자는 그 길을 따라간다. 선도자의 길은 앞에 있지 않고, 그의 발걸음 뒤에 있다. 그래서 황지우 시인은 "경이 길을 가르켜주진 않는다. 길은 가면 뒤에 있다"고 노래했던 것이다. 지금 우리 사회에는 우리 스스로 새로운 지평을 열어가는 선도자의 길을 가야 하는 과제가 놓여 있다.

학생과 학부모의 학교에 대한 기대 변화

학생 개개인에 맞춘 개별화된 교육과정이 필요한 이유는 또한 학교교육에 대한 학부모의 기대와 요구가 변화했기 때문이다. 1980년대까지 학부모들은 많은 아이들을 돌보기 어려웠고, 또 부모들이 아이들의 교육을 지도할 정도의 학력을 지닌 경우도 드물었기 때문에 학교에서 아이들을 돌봐주고 기본적인 지식과 기술을 습득시켜주는 것만으로도 고마워했다. 그래서 학교에서 교사들이 하는 일은 옳다고 믿었고, 문제가 생기면 자신의 자녀들이 문제가 있다고 여겼다. 1980년대까지 대부분의 학부모는 학교에서 아이들에게 가하는 체벌을 '사랑의 매', '교육적 훈육'으로 여겼다.

하지만 지금의 밀레니엄 세대의 학부모는 전혀 다른 부모들로 구성된 집단이다. 우선 자녀가 하나 혹은 둘밖에 없다. 1970년대 자녀들이 4명 이상, 혹은 7~8명이었던 부모들과 동일하게 자녀를 대하고 교육시킨다고 생각하면 큰 오산이다. 이제 밀레니엄 세대의 부모는 자녀에게 많은 정성을 들이고, 애지중지 키우는 경향이 강해졌다. 그들 스스로도 아이들을 혹독하게 다루지 않기 때문에, 학교 교사가 아이들에게 체벌을 가하거나 거칠게 다루는 일을 수용하거나 참으려고 하지 않는다. 한편으로 자신들의 자녀는 특별하다. 왜냐면 하나밖에 없기 때문이다. 학교는 예전에 많은 아이들을 기르던 부모와는 전혀 다른 정서와 문화를 지닌 학부모 집단을 상대해야 하는 상황에 직면한 것이다.

개인적인 경험이지만, 1970년대와 80년대 부모들의 자녀에 대한 관념을 밀레니엄 세대와 비교해본다는 의미에서 우리 가족의 일화를 소개한다. 1984년 2월에 형은 대학 입학을 앞두고 방학을 이용해서 테니스를 배우겠다고 친구랑 테니스장에 놀러갔다. 공교롭게도 테니스장을 벗어난 공이 변전소로 넘어갔는데, 둘은 그 공을 주우러 그 안으로 들어갔다가 고압선을 건드려 감전이 되었다. 형 친구는 현장에서 사망했고, 형은 정신을 잃어 응급실에 실려갔다. 병원으로부터 전화를 받은 어머니는 나를 동반하고 병원에 가려고 택시를 불렀다. 어머니를 따라 택시에 타는데, 어머니께서 "혹시 잘못되면, 아들 하나 없는 셈 쳐야지 어찌하겠노!" 하고 혼잣말을 하셨다. 우리 어머니가 대범하다는 점을 고려해도, 지금의 밀레니엄 세대 부모와는 비교할 수 없는 태도이다.

1980년대까지는 모두가 같은 공부를 하고, 학교에서 주어진 것을 모두가 동일하게 따라가는 학교 수업 방식에 별다른 이의를 제기하지 않았는데, 밀레니엄 세대의 학부모는 자신의 자녀에 대한 개별적 요구를 학교에, 교사에게 제시한다. "선생님, 우리 아이는 요~" 하는 말은 우리 아이는 이러저러하게 특별하니, 선생님께서 별도의 노력을 기울여달라는 의미이다. 나의 부모님께서는 학교에 오시거나 교사를 직접 만나는 일이 거의 없으셨지만, 혹여 학교에 오시는 경우에도 요즘의 학부모와는 말씀이 매우 달랐다. 으레 첫마디는 "선생님, 둔하고 부족한 제 자식놈 가르치시느라~"로 시작하셨고, 혹시 선생님께서 무슨 말씀을 하시면, "제가 집에서 잘못 가르쳐서 그럽니다", 혹은 "집에서 단단히 주의를 주겠습니다. 죄송합니다"라고 말씀하셨다.

하지만 요즘은 그렇지 않다. 학교와 교사를 대상으로 논리적으로, 혹은 법률적으로 따져 항의하며, 종종 법원에 소송을 제기하기도 한다. 그저 학교의 방침과 교육과정을 수동적으로 따라가는 데 만족하지 않는다. 자신과 자신의 자녀를 위해 구체적이고 개별적인 요구 사항을 제기하는 적극적인 학부모이다. 게다가 이들은 거의 대부분이 고등학교를 졸업했으며, 그들의 절반 이상은 대학교육을 받은 사람들이다. 1980년대 지역사회에서 가장 높은 학력을 지닌 교사 집단에 대한 사회적 권위의 인정과 수용은 매우 자연스러운 일이었다. 하지만 이제는 다르다. 대부분의 학부모들이 대학교육을 받았고, 일부 학부모는 교사들보다 훨씬 높은 학위와 전문성을 지니고 있는 집단이 되었다. 더 나아가 학부모들은 자녀의 교육에 직접 관여하고 참여함으로써, 자신들의 요구 사항이 학교의 교육과정을 통해서 반영되기를 바란다.

　밀레니엄 세대를 가르치는 학교는 전국적으로 통일된 국가 교육과정을 운영하는 데 많은 어려움에 직면하게 된다. 학부모들이 자신의 자녀를 위한 개별화된 교육과정을 요구하고, 새로운 학교 문화를 요청하기 때문이다. 이제 교사는 권위를 인정받는 전문가가 아니고, 자녀의 학습을 돕는 다양한 집단 중의 하나이고, 한편으로는 사회 변화에 둔감한 집단으로 치부되기도 한다.

　동시에 밀레니엄 세대인 자녀들도 1980년대까지의 학생들과는 성향이 완연히 다르다. 예전의 학생들은 집에서 여러 자녀 중의 하나로서 기본적인 보살핌만 받았다. 그래서 학교에서 많은 학생 중의 하나로 취급받고 모두가 일률적으로 동일한 과정을 이수해가는 데 대해 별다른 생각이나 저항이 없었다. 하지만 밀레니엄 세대는 다르다. 집에서, 가족과 친지에게서, 가게와 쇼핑몰에서 왕자, 공주로 귀하게 대접받으며 살아온 아이들이 학교에서는 '닥치고 따라와!'라는 대접을 받게 되면 어떤 일이 일어날 것인지는 뻔한 일이다. 아이들은 반항하고 폭력적이 되며, 학교를 싫어하고 교육과정을 혐오하게 된다. 이제 밀레니엄 세대는 학교에서도 자기 자신에 대한 개별적인 관심과 지지, 정서적 공감과 상호작용을 요구한다. 밀레니엄 세대가 흔히 하는 말로 '친구 같고 쿨한 교사'가 이제 학생들이 요구하는 교사상인 것이다.

　밀레니엄 세대의 문화는 1980년대까지의 학생문화와 완전히 다르다. 기존에는 결핍과 갈구의 문화였다고 한다면 이제는 풍요와 욕망의 문화이고, 기존의 문화가 동원과 의무의 문화였다고 한다면 이제는 자율과 놀이의 문화이다. 1980년대까지 학생들은 궁핍한 생활을 벗어나기 위한 갈구를 통해 학습에 대한 동기를 부여하고 노력한 세대라면, 밀레니엄 세대는 그런 결핍과 갈구가 없다. 따라서 밀레니엄 세대는 스스로의 즐거움과 재미를 찾아 스스로 내적 동기가 부여되어야 움직이는 세대가 되었다. 이들은 외적인 의무감이나 강제를 통해 활동하게 할 수 없다. 스스로 자신의 욕망과 지향점을 향해 몰입해나갈 때만 동기가 부여되는 세대가 등장한 것이다. 따라서 이들을 위한 교육과정은 개개인에게 동기부여할 수 있는 개별화된 교육과정이어야 하는 것이다.

시대가 변하고, 인구의 구성이 바뀌면 의식과 문화와 제도가 변하게 된다. 지난 30~40년간 우리 사회는 엄청난 사회경제적 변화와 삶의 방식의 변화를 겪어왔다. 그 과정에서 학교를 둘러싼 사람들의 구성이 완연하게 변했다. 그로 인해 학교에 대한 사회적 요구와 학부모, 학생의 기대가 변한 것이다. 그럼에도 국가 교육과정과 이를 중심으로 움직이는 학교문화는 사회경제적 변화와 인구 구성의 변화에 적응하지 못하는 부적응 상황에 놓여 있는 것이다.

학교의 부적응의 틈을 파고든 것이 사교육 시장이다. 사교육은 국가 교육과정을 바꾸지는 못해도 점수와 성적을 높이고 싶은 학부모의 욕망을 교묘히 파고들었다. 사교육 기관들이 가르치는 교육과정은 학교와 마찬가지로 집단적일지라도, 수업 방법만은 개별적인 학생의 수준이나 부모의 욕망에 맞춰 제공할 줄 알았던 것이다. 게다가 획일적인 내용을 개인의 수준과 상황에 맞게 주입식으로 밀어넣는 효율성은 학교와 같은 생활지도, 공공적 의무 이행 등의 부담이 없는 학원이 가장 잘할 수 있는 부분이 되었다.

그러니 이제 학교는 학부모와 학생으로부터 외면당하고, 학원으로부터 무시당하는 가련한 처지에 놓이게 된 것이다. 과도한 사교육 시장의 팽창은 기존의 학교 교육이 뒤처져 있는 부분을 파고들고, 한편으로는 학부모와 학생들의 불안을 자극하여 피어난 비정상적인 현상이다.

2. 개별화된 교육과정은 어떻게 실현될 수 있는가?

근대적 방식을 넘어서야 한다

그러면 각자의 관심과 흥미, 소질과 특성을 살려서 스스로의 비전과 방향을 만들어가는 그런 길은 어떻게 가능한가?

조직적이고 집단적이었던 근대 산업사회를 넘어서는 길은 근대적 방식으론 가능하지 않다. 여기서 근대적 방식이란 집단적이고 조직적이며, 이성과 합리성을 통해 객관적 효율성을 확보하는 방식을 말한다. 그것들은 객관적이고 외부적이며 개인에게 의존하지 않는다.

그러면 근대 산업사회를 벗어난다는 것은 무엇을 의미하는가?

그것은 집단적이고 조직적인 방식을 탈피하고, 객관주의와 이성과 이념 중심의 틀을 벗어난다는 것이며, 효율성의 함정에서 빠져나온다는 것이다. 프랑스의 사회철학자 미셸 푸코의 말을 빌리면, 종속적 주체(외부에서 주어진 이념과 가치를 내면화하고 집단 속에서 조직적으로 결정되어지는 주체)를 벗어나 능동적 주체(타인의 욕망이 아니라 자신의 욕망에 충실한 주체), 자율적 주체로 새롭게 태어난다는 것을 말한다.

즉, 우리가 개별화된 교육과정, 학생 개개인에 맞춘 자율형 교육을 수행한다는 것은 종속적 주체를 기르는 교육에서 능동적 주체, 자율적 주체를 세우는 교육으로 전환한다는 것이다. 최진석 교수는 이런 인간을 '주체력이 강한 인간'이라고 표현했다. 주어진 객관적 지식을 이해하고 암기하여 대답을 잘하는 사람을 기르는 교육에서, 자신의 욕망을 따라 스스로 문제를 발견하고 정의하며, 스스로의 호기심과 독특함을 추구하는, 질문하는 인간을 기르는 교육으로의 전환이다. 달리 표현하면, 객관적인 지식과 정해진 답을 '교육하는 학교'에서 주관적인 욕망과 주체적인 질문을 던지면서 '스스로 학습하는 학교'로의 전환이다.

밀레니엄 세대의 능동성

학생들이 능동적 주체, 자율적 주체, 자신의 욕망에 충실하고 스스로 질문하는 주체, 자신의 고유성을 소중히 여기는 사람으로 커가는 것이 어떻게 우리가 근대적 산업화를 극복하고 새로운 지평을 향해 선도자로 나아가는 길이 될까?

없는 길을 갈 때는 집단적, 조직적으로 뭉쳐서 가면 모두 망한다. 위험이 너무 크다. 없는 길을 갈 때는 모든 사람이 각자의 민감성과 감각으로 수많은 길을 탐색하고 질문하고 경험하면서 나아가야 한다. 그래야 다양한 경로와 환경을 경험하면서 모두의 성공 가능성을 최대화하고 위험을 최소화할 수 있다. 따라서 각자의 욕망에 충실하고 스스로 자율적 주체로 독립성을 확보하는 일은 개인적 삶이 행복하고 인간다워지는 데 그치지 않고, 바로 우리 사회와 우리 시대의 핵심적인 과제를 해결하기 위한 가장 확실하고 효과적인 전략이 될 수 있다.

천만다행인 것은 이미 10대와 20대, 새로운 밀레니엄 세대는 매우 개별적이고 개인주의적이며, 조직적이고 집단적인 통제와 관리에 강하게 반발하면서 각자의 욕망에 충실하려는 경향이 매우 강하는 것이다. 문제는 학교다. 흔히들 '부적응 학생'이라는 표현을 쓰고 있는데, 사실은 이미 변해버린 밀레니엄 세대 학생들의 사회경제적변화 요구에 적합한 학교교육과 학습문화를 창조하고 구현하지 못하는 학교가 '부적응' 상태에 있는 건 아닌지 성찰해보아야 한다. 학교가 밀레니엄 세대에 적응하려는 노력이 학생 개개인에 맞춘 개별화된 교육과정을 운영하는 학교로 전환하는 출발점이다.

현대사회 노동, 직업과 공부의 의미 변화

현대사회를 표현하는 다양한 개념들이 있다. 후기 산업사회, 포스트모던 사회, 제4차 산업혁명 시대, 인공지능과 로봇의 시대 등등! 무엇이라고 표현하든 현대사회를 살아가는 사람들의 삶의 모습은 근대 산업사회와는 완연히 달라졌다. 그 변화의 중심에 일의 의미, 노동과 직업의 의미 변화가 자리 잡고 있다. 이제는 일은 목숨줄을 이어주는 생업이나 전쟁 같은 노동이 아니다. 밀레니엄 세대에게 일과 직업은 흥미와 즐거움을 위해, 재미있게 즐기면서 하는 놀이와 유희로서 새로운 의미를 형성하고 있다.

전통사회에서 노동이나 생업으로서의 직업은 천민, 상민, 노예, 농노가 수행하는 일이었다. 귀족이나 양반은 노동을 하지 않았다. 그들은 정치와 예술, 학문을 하고 이를 육체노동, 생업 등과 분리하였다. 따라서 전통사회에서 노동은 일종의 천형이었다. 그것을 윤회의 과정으로 설명하든, 신의 섭리 혹은 천명으로 설명하든 타고난 것이며, 뭔지는 명확하지 않지만 이미 정해진 운명에 따라 치러야만 하는 일종의 형벌이었다. 그래서 노동을 담당하는 계급은 따로 정해져 있었고, 그 과정은 육체적으로나 정신적으로나 매우 힘든 고역이었다. 따라서 노동은 하지 않을 수 있는 방법이 있다면 그것을 면하는 것이 축복이요, 행복한 삶이었다.

전통사회에서의 노동은 실질적으로는 강제 노동이나 다름이 없었다. 전통사회에서 하층 계급에게는 생물학적 삶을 유지하기 위해서 강제로 해야만 하는 것이 노동이었기 때문이다. 이런 관념은 지금도 남아 있어서, 교도소에서 형벌로 강제 노역에 종사하게 하거나, 학교나 집에서 벌을 줄 때 청소하기나 구두 닦기 혹은 설거지하기 등 일정한 노역을 수행하도록 하는 관습으로 남아 있다.

근대 산업사회에 접어들면서 산업혁명이 일어나고 노동의 과정에 기계를 도입하게 됨에 따라 가혹한 육체노동을 기계로 대체하는 과정이 급속도로 진행되었다. 소위 제1~제2차 산업혁명을 통해 증기기관과 전기가 노동의 과정에 도입됨으로써, 전통사회에서 형벌로 여겨지던 고된 육체노동이 급속히 감소하였다. 동시에 새롭게 성장하던 자본가 계급, 부르주아지는 일상적 생업과 직업, 상업 등을 통해 부를 축적하고 자신들의 정치·경제적인 영향력을 높여가던 과정에서 노동의 새로운 가능성을 보게 되었다.

즉, 천형으로서, 형벌로서의 고된 육체노동이 기계와 장비로 대체됨으로써, 노동이 '할 만한 일'이 되는 과정을 목도한 것이다. 동시에 생산 과정을 정신노동과 육체노동으로 분리함으로써, 육체노동자와 정신노동자의 지위를 구분할 수 있게 되었다. 따라서 근대 산업사회의 주도 세력이 된 부르주아지는 노동에 대한 새로운 인식을 구성해야 했다. 자신들의 노동 과정, 생산 과정 참여를 정당화하고 동시에 노동과 직업의 격을 높여야 하며, 한편으로는 생산 과정에 대규모로 참여하는 노동자 계급에 대해 더 이상 형이상학적, 신학적인 세뇌가 불가능한 상황에서 새로운 동기부여가 필요해진 것이다. 그들은 그 논리를 자신들의 종교적 기반이었던 종교개혁에서 원용해왔다. 바로 루터와 칼뱅의 직업 소명설이 그것이다.

근대 산업사회에서 부르주아지들은 자신들의 생산 과정에서의 지위와 역할, 그리고 노동자 계급에 대한 이데올로기적 설득과 동기부여를 위해서 노동에 대한 새로운 의미 규정이 필요해진 것이다. 이에 따라 제기된 직업관, 노동관이 '소명으로서의 직업'이라는 개념이다. 직업소명설에서 '소명'이란 두 가지 의미를 지닌다고 한다. 첫째는 '외부로부터 어떤 목적의식이 주어지는 것이 아니라 신앙 또는 신념을 통해 갖게 된 스스로의 내면적 믿음'인 측면이고, 둘째는 '그 신념을 현실 속에서 이행해야 할 책무'로서의 소명이다.[48] 근대 산업사회의 주도적 세력으로 성장한 부르주아지는 생산 과정을 통제하고 그 과정에 참여하는 노동자들에게 동기를 부여하고 동시에 노동에 집중할 수 있는 이데올로기가 필요했으며, 이는 노동에 대한 관념을 전환함으로써 시작되었다.

근대 산업사회에서 생업, 직업, 생산 과정 속에서의 노동은 새로운 위상과 역할을 지니게 되었다. 즉, 전통사회에서 노동에 부여되었던 신비적이고 형이상학적인 강제가 이제는 개인의 신념과 책임의 문제로 전환된 것이다. 특히나 그것이 종교적인 신앙과 결합하게 되면 직업, 노동은 신성한 그 무엇이 된다.[49] 근대적 직업관, 노동관을 성립시킴으로써, 부르주아지는 자신의 생산 과정 참여에 의미를 부여할 뿐만 아니라 신앙적인 가치를 부여하고, 동시에 육체노동을 제공하는 노동자들에게도 적극적인 노동 의욕 고취가 가능한 이데올로기를 만들어낸 것이다. 근대 산업사회에서 직업과 노동은 이제 신앙이자 개인적 신념이며, 책임인 소명으로서의 노동으로 전환된 것이다. 이러한 이데올로기는 힘들고 싫은 측면이 있더라도 그런 부분은 극복과 극기의 대상이며 그 과정을 통해 구원을 얻게 되는 것이고, 현실적으로는 세속적 성공을 획득할 수 있다는 믿음을 제공했다.

근대 산업사회의 노동관은 부르주아지만의 이데올로기는 아니었다. 근대 산업사회의 급팽창기에 노동자 계급의 해방을 기획했던 마르크스주의도 노동에 새로운 위상을 제시하고 근대적 가치를 부여하였다. 마르크스는 노동을 '인간을 인간답게 하는 과정', 사회적 존재로서의 인간을 형성하고 유지하며 궁극적으로 실현시키는 핵심 활동으로 규정하였다. 그가 노동을 인간의 본질적 활동으로 보고, 미래 사회에서도 인간을 규정하는 핵심적 활동으로 보았다는 점은 근대 산업사회에서 노동의 의미와 역할을 격상시키는 새로운 노동관이 얼마나 강력했는가를 보여주는 것이다. 마르크스의 노동관은 부르주아지 노동관의 유물론 버전이라고 할 수 있다. 그것은 사회적 존재로서 인간에게 부여된 집단적, 인류적 소명인 것이다.

결국 전통사회에서와는 완연히 다른 노동관을 성립시키는데, 제1차와 제2차 산업혁명 과정에서 기계에 의한 육체노동의 대체가 좌파, 우파를 막론하고 큰 영향력을 미쳤다.

제4차 산업혁명, 지식정보화 혁명, 인공지능과 자동화 혁명, 빅데이터 혁명을 통해 우리는 또다시 새로운 노동관, 직업관을 만나게 된다. 우선 인공지능과 자동화, 정보화 혁명은 인간의 노동과 생산 과정에 남아 있던 괴로운 노동 과정을 기계로 대체할 수 있는 가능성을 크게 열어젖혔다.

제1차~제2차 산업혁명이 노동의 육체적인 괴로움을 감소시키고 기계로 대체하는 과정을 가능하게 하였다면, 3, 4차 산업혁명은 정신노동 측면에서의 고역적인 측면, 즉 단순 반복적인 정신노동의 괴로움을 기계로 대체할 수 있는 세상을 열었다. 단순한 반복 계산, 그저 공식을 따라서 길게 계산해야 하는 과정, 혹은 반복적인 정신노동, 일정한 규칙을 따르는 사무실 노동 등의 괴로운 일을 기계로 대체할 수 있게 되었다. 예전에 단순 계산을 대신하는 사람들을 '컴퓨터(computer)'라고 불렀다는 점은 현재 우리가 활용하는 컴퓨터가 단순하고 반복되는 괴로운 정신노동을 대체해준다는 점을 단적으로 표현해주고 있다. 이처럼 힘든 육체노동뿐만 아니라 정신노동 중 지루하고 괴로운 과정이 기계로 대체될 수 있는 세상에서 인간의 노동과 생산 과정, 직업은 어떤 변화를 거칠 것인가?

근대 산업사회가 소명으로서의 직업관을 탄생시켰다면 후기 산업사회는 '재미와 놀이로서의 직업'의 출현을 목도하고 있다. 인간이 노동 과정에서 인내해야 하는 육체노동의 고통이 기계로 대체되고, 단순하고 지루한 정신적 노동이 인공지능과 정보화, 자동화 기기로 대체될 수 있다면, 인간의 노동에서 남는 부분은 재미와 놀이적 측면이 아니겠는가? 최근 급성장하는 4차 산업과 혁신적인 기업에서 가장 중요하게 여기는 인재의 역량이 무엇인가? 다름 아닌 창의성과 놀이, 엔터테인먼트이다. 제품 생산 공정의 철저하고 정확한 관리는 이미 인간보다 기계가 수천 배, 수만 배

잘하기 때문에, 생산 공정의 핵심이 창의적 디자인과 즐거운 경험의 창조로 이동하고 있기 때문이다.

이제 인간이 해야 하고 잘할 수 있는 분야는 창의적 혁신을 통한 재미와 즐거움의 창조만이 남았다. 제4차 산업혁명 시대의 인재, 노동자는 창의적 인재, 재미와 즐거움을 만드는 창의적 노동자인 것이다. 미국의 도시사회학자 리처드 플로리다(Richard Florida)는 이 시대를 주도할 인재를 창의적 계급(creative class), '블루칼라 대 화이트칼라'와 같은 색깔 구분 없는 노동자(no collar worker)라고 부르고 있다. 미래 사회를 유토피아적으로 그린다면 '재미와 놀이로서 노동하고, 자신의 필요에 맞게 분배받고, 스스로의 욕구에 따라 소비'하는 세상이 될 것이다. 이는 마르크스가 그렸던 노동 해방, 인간 해방의 세상, 즉 '능력에 따라 일하고, 필요에 따라 분배'되는 사회보다 훨씬 더 멋진 세상이 될 것이다.

교육은 사회의 한 부분이자 기초이고, 동시에 한 사회를 유지하면서, 다음 사회를 준비하는 이중적 역할을 수행한다. 따라서 교육은 그 사회의 생산 과정과 밀접한 관계를 가지면서, 새로운 생산 과정을 만들어내고 그 과정을 운용할 인재를 양성하는 기능을 수행한다. 근대 산업사회의 교육은 근대적 직업관, 노동관을 지니고 근대적 대량 생산체제를 유지할 수 있는 노동자를 양성하는 데 중점을 두게 된다. 그래서 근대적 국민 교육제도는 학생들에게 기계로 대체되지 않은 육체노동을 하는 데 필요한 건강한 신체의 발달과 관리, 정확한 협업 시스템 속에서 맡겨진 역할을 할 수 있을 만큼의 지적 능력과 규율, 그리고 정신노동을 주로 수행하는 관리자와 부르주아지의 통제를 잘 따를 수 있는 책임 의식과 노동 윤리를 체화할 것을 요구하였다.

따라서 근대적 국민교육을 맡은 학교는 마치 대량 생산체제의 공장과도 같다. 같은 시간에 교사와 학생, 직원이 동시에 학교에 나와서, 정해진 스케줄에 따라 각자의 위치에서 맡겨진 역할을 충실히 수행하고, 그 결과물로서 표준적인 지식과 기술을 익힌 표준형 인재를 사회로 배출해내는 과정은 마치 대량 생산 공장에서 원재료가 맞춰진 일정과 공정에 따라 투입되어 최종 생산품이 일정한 수준 이상의 품질을 갖춘 생산품으로 배출되는 과정과 유사하다. 근대적 학교교육은 엄격한 규율의 준수, 맡겨진 임무의 철저한 수행, 표준화된 교육과정의 숙지, 최종 공정에서 일정 수준 이상의 지식과 기술을 습득하였는지를 확인하는 표준화된 평가 등이 서로 맞물려 돌아가는 시스템이다.

하지만 후기 산업사회, 제4차 산업혁명 시대에는 근대적 국민교육체제, 표준화된 국가 교육과정을 통한 인재 양성 방식이 더 이상 유효하지 않은 패러다임으로 전락한다. 특히 창의적 지식노동자가 생산 과정의 핵심을 이루는 후기 산업사회, 재미와 즐거움을 핵심적 가치와 생산물로 인정하는 포스트모던 사회에서 규율과 인내를 통해 양성되는 표준형 인재는 더 이상 자신의 자리와 역할을 찾기가 어렵다. 생산 과정에서의 기계와 로봇으로 대체되어가고 있기 때문이며, 그 속도는 더욱더 빨라질 것이기 때문이다.

그렇다면 후기 산업사회, 제4차 산업혁명 시대, 포스트모던 사회에서 새로운 인재를 양성하고 미래 사회를 살아갈 학생들을 교육하기 위해서는 어떤 교육 패러다임과 교육 시스템, 교육내용이 필요한가? 요즘 흔히 하는 말로 하자면, 창의적 인재, 융합형 인재를 양성하는 교육이 필요하다. 창의적이고 융합형 인재가 왜 필요하고, 어떻게 양성할 수 있는 것인가?

우선, 창의적인 융합형 인재가 절실히 필요한 이유는 이미 생산 과정에서 인간의 역할로 남은 부분은 창의성을 발휘하는 영역, 재미와 즐거움을 만들어내는 영역만이 남아 있기 때문이고, 나아가 미래 사회에서는 이런 경향이 더욱더 커지고 빨라질 것이기 때문이다.

다음으로 어떻게 창의적이고 융합형의 인재를 양성할 것인가?

답은 간단하다. 학생들이 자신이 흥미와 관심을 가진 분야에 푹 빠지도록 지원하고 지지하는 일이다. 새로운 생각, 재미와 즐거움을 만들어내는 일은 스스로 집중하고 몰두할 때 가능하기 때문이다. 스스로 동기부여하고 빠져들지 않으면, 어느 누구도 새로운 생각과 재미, 즐거움을 만들어낼 수 없다. 이는 근대적 생산 과정과는 질적으로 다른 과제를 제기한다. 근대적 생산 과정은 일정 정도 외적인 강제와 관리를 통해서 생산 과정을 운용하는 일이 가능했다. 하지만 창의적이고 융합적인 업무, 재미와 즐거움을 만들어내는 과정은 외적인 강제와 통제를 통해서는 달성할 수 없는 영역이다.

　결국 답은 다시 학교교육으로 돌아온다. 엄격한 규율과 통제, 체계적이고 분절적인 관리 시스템을 갖춘 근대적 국민 교육체제, 표준화된 국가 교육과정, 컨베이어 벨트처럼 돌아가는 학교 교육 체제를 운용하여, 창의적이고 융합적이며 스스로 재미와 즐거움에 몰두할 줄 아는 인재를 양성하려는 것은 나무 위에서 물고기를 구하는 것과 다를 바가 없다.

　따라서 후기 산업사회에서 제4차 산업혁명을 주도하고 포스트모던 문화를 창조할 인재를 양성하는 교육은 개별화되고 자율적인 학교운영, 개개인의 꿈과 끼, 관심과 흥미에 집중하고 몰두할 수 있는 학생 개개인에게 맞춰 개별화된 교육과정, 자유롭게 소통하고 공유하고 돕는 과정을 통해서 새로운 재미와 즐거움을 만들어내는 과정, 놀이와 유희를 통해 학습하는 과정으로 교육내용을 재구성할 때 가능해질 것이다.

3. 포스트모던 시대와 슈퍼 개인의 등장

후기 산업사회, 제4차 산업혁명 시대 삶의 방식의 커다란 변화 중 교육적 관점에서 중요한 의의를 지니는 것은 개인의 영향력 증대와 삶의 개성화, 개인화라고 할 수 있다. 1980년대까지 산업사회는 생산에 있어 막대한 시설에 공간과 인력을 집중시켜 조직적으로 생산 과정을 통제하고 관리할 것을 요구했다. 개인은 큰 집단에 소속되어 조직적으로 일을 하지 않으면 안 되는 시대였다.

개인은 혼자서 생산 과정을 감당할 수 없었다. 따라서 이러한 생산 과정을 뒷받침하기 위한 계몽주의적, 이성주의적, 집단주의적 사고가 사회를 지배했다. 최진석 교수는 후기 산업사회의 개별화, 개인화된 사회를 이렇게 평가하고 있다.

> 그런데 현대로 들어와 과학기술 문명이 발전하면서 이 집단으로서의 인간은 분화가 되죠. 개인이 힘을 가지게 된 것입니다. (중략) 쉽게 말해서 '우리'에 비중을 두는 것이 아니라 '나'에게 비중을 두게 됩니다. (중략) 이러한 경향이 드러난 대표적인 현대 기술 문명은 무엇일까요? 바로 컴퓨터입니다. (중략) 컴퓨터

한 대만 있으면 이 세계와 직접 관계할 수 있습니다. 한 사람이 컴퓨터 앞에 앉아서 이 세계와 '맞짱'을 뜰 수가 있다는 얘기입니다. 그 이전에 인간은 반드시 여럿이 힘을 합쳐야 힘을 발휘했지만, 이제 인간은 혼자서도 힘을 발휘할 수 있는 조건을 가지게 된 것이죠. 이 조건을 스티브 잡스는 더욱 발전시켰어요. 스마트폰을 개발하기 이전에는 인간이 혼자서 세계와 맞짱 뜰 수 있었다 하더라도 고정된 위치에서만 가능했지요. 한곳에 자리 잡고 있는 커다란 컴퓨터가 있어야 그 일을 할 수 있었으니까요.

그런데 스티브 잡스는 세계와 관계하는 이 메커니즘을 혼자 있는 인간의 손에다 쥐여줬어요.[50)]

최진석 교수가 논의하고 있는 이런 변화는 많은 사람들에 의해 제시된 것들이다. 이미 1990년에 미래학자 존 나이스비트는 21세기는 개인 승리의 시대라고 명명하여, '21세기는 개인들이 막강한 영향력을 행사하면서 개별화의 시대, 개인화의 시대가 될 것'이라고 예측했다.

20세기를 마무리 짓는 시점에서 가장 큰 통일적 주제는 개인의 승리이다. 금세기의 많은 기간 동안 전체주의에 위협당해온 개인들은 그 어느 때보다도 힘이 세진 상태에서 세기말을 맞고 있다. (중략) 1990년대는 사회의 근간이며 변화의 기본 단위인 개인에 대한 새로운 존경심의 발현으로 특징지어진다. '대중'운동이라는 명칭은 잘못된 것이다. 환경보호운동·여권 신장·반핵

운동 등은 새로운 현실의 가능성을 믿는 개인에 의해 어떤 한순간에 시작됐다.[51]

이는 최진석 교수가 말하고 있는 개인이 세계와 '맞짱'을 뜨는 상황을 예측한 말이라고 할 수 있다. 그런데 지금은 1990년대와는 비교도 되지 않을 만큼 개인의 힘이 더 커졌다.

많은 미래학자들은 이와 같은 현상은 향후에 더 가속될 것이며, 그 규모도 전 세계적인 차원에서 일어날 것이라고 예측하고 있다. 대표적인 사례로 미국 국가정보위원회(National Intelligence Council)에서 작성한 《글로벌 트렌드 2030(Global Trends 2030)》에서 제시하고 있는 막강한 개인의 등장에 대해 살펴보자.

메가트렌드 1: 개인 권력의 강화

개인 권력의 강화는 향후 15~20년간 빈곤 감소, 전 세계적인 중산층의 대대적인 증가, 확대되는 교육 혜택과 의료 서비스의 향상으로 인해 실질적으로 가속될 것이다. 전 세계의 중산층 증가는 구조적인 변화를 초래하고 있다. 왜냐면 역사상 최초로 세계 인구의 대부분은 빈곤 상태에서 벗어날 것이고, 세계 거의 대부분의 나라에서 중산층은 가장 중요한 사회적, 경제적 집단이 될 것이기 때문이다. 개인 권력의 강화는 메가트렌드 중에서 가장 중요한 요소이다. 왜냐면 글로벌 경제의 팽창, 개발도상국의 급속한 성장, 그리고 새로운 통신과 생산 기술의 광범위한 활용을 포함한 다른 대부분의 트렌드를 만드는 원인이자 결과이기 때문이다. 한편으로는 향후 15~20년간 개인 주도 활동의 잠재성을 활용하여 비등하는 글로벌 도전 과제를 해결할 수 있다고 생각하게 될 것이지만, 다른 한편으로는 구조적인 변화 속에서 개인들이나 소규모 집단들이 치명적이고 파괴적인 기술을 더 쉽게 가질 수 있게 되어(특히 정밀 타격 능력, 사이버 도구, 그리고 테러용 생물학 무기) 그동안 국가들만이 독점했던 능력인 대규모의 폭력 사태를 만들어낼 수도 있게 될 것이다.[52]

산업혁명으로 시작된 근대적 삶은 대규모 공장을 중심으로 조직화되고 집단적으로 생활하는 체제로 변화되었다. 이 과정에서 엄청난 생산성의 향상을 가져왔지만, 한편으로 사람들의 삶은 개인적 자유를 상실했고 자신다움을 조직과 집단의 특성으로 채우게 되었다. 우리나라의 1960년대부터 1980년대까지에 이르는 산업화 과정이 이런 조직화와 집단화의 과정을 잘 보여주었다.

반면 정보통신 혁명과 컴퓨터의 등장으로 인해 초래된 엄청난 생산성 혁명은 개인의 역량을 증대시켰을 뿐만 아니라 개인이 조직과 집단으로부터 독립적으로 활동할 수 있는 가능성을 열어주었다. 게다가 최근에 폭발적으로 번져가고 있는 물류 혁명, 에너지 혁명, 인터넷 혁명, 3D 프린터 혁명, 소재 혁명은 이제 생산 과정마저도 개별화시키고 개인이 혼자서도 통제 및 관리할 수 있는 시대를 열어놓았다. 명실상부하게 개인주의의 시대, 개별화의 시대가 도래한 것이다. 이제는 개개인의 욕망과 경험이 독자적인 의미를 지니면서, 그 자체로 독립할 수 있는 시대가 된 것이다.

바야흐로 타자의 욕망, 사회의 욕망, 거대 담론과 이념, 이성과 합리의 틀을 뒤집어쓰지 않아도 되는 시대가 되었다. 각자의 욕망, 각자의 경험, 개인의 스토리와 개인의 감정이 그 자체로 존중되고 가치를 인정받는 세상이 된 것이다. 그러니 최진석 교수가 '개인이 전 세계를 대상으로 맞짱을 뜰 수 있는 세상이 되었다'고 한 지적이 전혀 과장이 아니다.

4. 개개인에 맞춰 개별화된 교육의 실제 사례들

우리나라의 서당

가까우면서도 먼 사례가 우리나라의 서당이다. 서당은 마을이나 지역공동체를 기반으로 설립되었다. 마을의 부모들은 건물을 마련하고 지식인을 초청하여 강의료를 지불하고 서당을 연다. 지역의 부모들은 서당 훈장과 협의하여 아이들이 배울 내용을 결정한다.

서당에서의 교육과 학습은 철저하게 개인에게 초점이 맞춰져 있다. 아이들은 자신의 능력과 처지에 맞게 교육과정을 이수해 나간다. 어떤 아이들은 나이에 비해 빠를 수도 있고, 어떤 아이는 나이는 많아도 늦게 시작하여 이수 속도가 늦을 수도 있다. 그러나 그런 점들은 전혀 문제가 되지 않는다. 오히려 속도가 빠른 아이들이 속도가 느린 아이들을 도와주고 함께 이끌어준다. 서당의 교육은 철저하게 개인별, 능력별로 개별화된 교육을 수행했으며, 학동들은 스스로 자신의 학습을 점검하면서 공부하는 자율형 교육이었다.

뉴질랜드: 생일에 맞춰 입학하고 졸업하는 초등학교

뉴질랜드는 학생의 입학과 졸업 시기까지도 개별화된 대표적인 사례이다. 아이들이 어릴수록 한두 달의 출생일 차이는 아이의 행동적, 정서적, 지적 발달에 큰 차이를 만들어낸다. 따라서 초등학교 입학 시기의 아동들에게 있어서 몇 달간의 시차는 매우 큰 차이이며, 이는 학교 교육과정을 학습하는 과정에 큰 영향을 미친다. 이와 같은 출생일의 차이에 따른 학습 능력 차이를 고려하여, 뉴질랜드 초등학교는 학생들이 자신의 생일날에 입학하도록 배려하고 있다.

뉴질랜드는 만 6세부터 만 16세까지 의무교육을 실시하는데, 대부분의 학생들이 만 5세부터 만 17세까지 학교교육을 받는다. 유치원을 마친 학생들이 첫 초등학교로 입학하는 날은 별도의 입학식이 없이 모두 자신의 다섯 번째 생일날이 된다. 학생들은 유치원에서 다섯 번째 생일 파티를 하고, 그다음 주 월요일에 초등학교로 입학한다. 며칠 늦게 입학해도 문제는 없다! 게다가 졸업도 자신의 생일날 과정을 마치고 학교를 떠난다![53] 매일 새로운 아이가 입학을 하고 학생마다 자신의 과정과 일정에 따라 졸업한다. 그래도 수업을 하는 데는 아무 문제가 없다. 철저하게 학생의 처지에 따라 입학이 결정되고 학생에 맞춰 학교 수업이 진행되기 때문이다.

독일: 경쟁이 없는 학습과 평가

독일 또한 철저히 개별화된 학생 중심의 자율형 교육을 실시하는 나라로 유명하다. 독일은 세계에서 처음으로 국민 교육제도를 도입하고, 표준화된 국가 교육과정을 운영한 나라였기 때문에, 철저하게 개별화된 학생 자율형 교육과정을 운영하는 모습이 특별한 의미를 지닌다.

독일 초등학교 교사들은 교사가 중심이 되어 개별 학생의 학습 진도를 관리하기 때문에 일괄적인 학급 진도를 밀어붙이지 않는다. 아이들은 자신의 능력과 방식에 따라 공부한다. 예를 들면 초등학교 1학년 수학 시간에 숫자 세기를 배울 때, 아이들은 스스로 셈법을 배워나간다. 손가락, 발가락을 사용하기도 하고, 주변의 물건들을 이용해서 숫자 개념을 이해한다. 누구도 재촉하거나 끌고 가지 않는다. 알파벳 공부도 마찬가지다. 교사는 옆에서 아이를 도와주는 보조자, 지원자에 머문다.[54]

아이들은 이 과정에서 경쟁하거나 남을 앞서려고 기를 쓰지 않는다. 부모도 마찬가지다. 대부분의 평가는 절대평가로 이루어진다. 학생은 자신이 하고 싶은 방식으로 학습을 하면서 일정 기준을 충족하면 되기 때문에 군이 옆 학생들과 경쟁 할 필요가 없다. 학생들은 어려서부터 오히려 휴식권, 놀 권리 등에 더 익숙하다. 이 과정에서 아이들은 자신을 찾고 자신이 하고 싶은 일에 몰두하는 법을 배우고, 따라서 무작정 대학으로 몰려들지 않고 자신의 소질과 관심에 따라 미래를 설계하고 자신의 진로를 찾아간다. 철저한 개별화 자율형 교육은 그 자체로 진로교육이 되는 것이다.[55]

영국: 개별화된 교육을 위한 다양한 학습 환경

영국의 학교들도 철저하게 개별화된 자율형 교육을 추구하며 개인별, 능력별 교육을 체계화하고 있다. 학교에서 가장 어려운 시간을 보내는 아이들은 장애인들일 것이다. 영국 학교에서는 장애 학생을 위해 엄청난 지원을 한다. 장애 학생이 몇 명이 있든 상관없이 모든 교사들이 장애 학생 교육을 위한 연수를 이수해야 한다. 다름을 다름으로 인정하고, 그 다름을 다르게 대우하기 위해서 모든 교사가 노력하는 학교!

> 주의력결핍 과잉행동장애(ADHD)가 있는 학생, 자폐증이 있는 학생, 학업 능력이 현저히 떨어지는 학생, 신체적으로 많이 불편해서 보조 교사가 가방을 들어주어야 교실을 옮겨 다니는 수업을 할 수 있는 학생. (중략) 더 도움이 필요한 아이들에게는 더 많은 신경을 쓰기 위해 돈을 쓴다.[56]

장애 학생이 한 명만 있어도 학교에서는 그 학생을 도와주기 위한 보조 교사가 있다. 모든 학생의 다름과 독특함, 관심과 흥미, 소질과 재능을 개별적으로 지원해주고 자율적으로 스스로 키워 나갈 수 있도록 교육이 진행될 것은 자명하다.

영국 학교에서는 학생이 관심 있는 분야를 경험하고, 그 분야에 몰두할 수 있도록 다양한 학습 환경을 제공한다. 모두 개별화된 교육을 위한 지원 시설들이다. 한 고등학교의 사례를 보자.

이 고등학교는 웬만한 목수가 탐낼 만한 모든 설비가 갖춰진 목공예실, 레이저 커터가 갖추어진 아크릴 공예실, 도자기를 직접 구워볼 수 있는 가마가 갖추어진 도자기 공예실, 캔버스부터 물감, 스프레이 등 화구를 제공하는 회화실, 다색판화 등을 여러 장 찍을 수 있는 시설이 있는 판화실, 피아노, 키보드, 드럼, 기타, 각종 타악기, 작곡용 컴퓨터 등이 완비된 음악실, 가방에서부터 근사한 드레스까지 만들 수 있는 시설을 갖춘 의상 디자인실, 무대 의상과 무대 시설이 갖추어진 드라마·연극실 등등을 갖추어놓고 좋아하는 분야에 직접 뛰어들어 미쳐볼 수 있게 지원한다.[57] 이처럼 실제 학교 환경이 개별화된 자율형 교육을 위한 구조로 변화되어야 한다. 우리의 지식 암기 위주의 표준화된 집단 교육과 매우 대조적이다.

앞에서 인용한 《영국 교육은 무너지지 않았다》를 쓴 김은영 교사는 한국에서 대학을 졸업하고 영국 공립학교와 사립학교에서 수학 교사 생활을 하면서 영국 교육을 소개하는 책을 썼다. 그 책에 나와 있는 수학 수업의 예를 보자.

김 교사가 담당하는 수학 수업의 수강 학생은 25명 정도인데, 입학할 때 학생과 교사 그리고 학부모가 학생의 수학 학습 수준과 개인별 처지를 고려하여 3년간의 학습 계획과 목표 수준을 설정한다. 김 교사의 3년간 학생 지도 계획표를 보면, 아이들의 수준이 대략 9개 정도로 구분되어 있고, 아이들이 1년마다 달성해야 하는 진도가 나와 있다. 대부분은 1년 정도의 학습을 통해 높여야 하는 수준이 1~1.5단계 정도 된다. 매 단계는 상·중·하로 구분되어 있으므로, 대략 3단계, 9개 구간에 분포하는 아이들을 지도하는 것이다.

　　김 교사는 아이 하나하나의 수학 실력에 맞게 수업을 진행한다. 당연히 선생님이 교실 앞 칠판에 서서 혼자 문제 풀고 열강을 하는 그런 수업은 할 수가 없다. 교사는 수준별로 모둠을 묶어서 수업을 진행하면서 모둠별 지도를 수행한다. 물론 혼자서 하기는 벅찬 일이다. 그래서 보통 보조 교사가 함께 수업을 진행한다. 교사는 아이의 매 시기별 진척 정도를 점검하고 크게 뒤떨어지지 않게 하기 위해서 필요하면 방과 후나 이른 아침에 추가 개별 지도도 수행한다. 이렇게 해서 아이들은 학교에서 배워야 하는 수학의 기초가 충분히 다져질 수 있도록 지도를 받는다. 매우 개별화되고 개개인에 맞춰진 교육을 수행하고 있는 것이다.

미국에서 체험한 개별화 교육

나는 2009년부터 2012년까지 미국에서 박사 과정 공부를 하였다. 그때 가족이 함께 미국에서 살았는데, 아이들이 마침 초·중·고교를 다닐 나이라서 미국 플로리다 주의 학교교육과 수업을 관찰할 수 있는 좋은 기회가 있었다.

내가 미국의 교육정책을 연구하는 주제로 공부를 하러 갈 시기에는 많은 미국인들이 자신들의 교육을 '국민의 기대에 전혀 부응하지 못하는 시스템이고, 전면적인 개혁이 필요하다'고 비판하던 시기였다. 또 스쿨바우처제도나 차터스쿨제도와 같은 시장주의적 정책과 학생 낙오 방지법(No Child Left Behind)에 따른 표준화 평가가 대부분의 주에 도입되고 있던 시기였기 때문에, 나는 미국 교육에 대해 큰 불신과 무시하는 생각을 지니고 있었다.

하지만 막상 미국에 가서 아이들을 초등학교와 중학교에 보내고, 귀국하는 해에는 큰아이를 고등학교에 보냈는데, 한국 초·중·고교의 수업과 비교하면 훨씬 우수하고 개별화된 자율형 교육을 수행하고 있다는 점을 깨달았다. 우선 초등학교 수업이 개개인의 관심과 능력에 맞게 개별적으로 진행된다는 점에 놀랐다. 수학의 경우 교사는 23명인 아이들 하나하나의 수업 이수 과정과 이해력에 대해 거의 매일 점검하면서 학생들의 수학 공부 과정을 개별적으로 지도해주었다. 다른 과목도 모두 마찬가지였다. 예를 들어 사회 시간에는 학생별로 관심이 가는 주제를 선생님과 함께 찾아보고, 알아보고, 자신의 생각을 정리해 학기 말에 학급에서 발표하는 형식으로 진행하였다. 아이들마다 관심이 있는 주제를 골라 주변 친구들과 선생님과 논의하면서 한 학기를 보냈다.

중학교도 마찬가지로 운영되었다. 영어, 수학, 사회, 과학 및 예체능으로 하루 5교시의 수업만 했으며, 일주일에 한두 번은 오후에 클럽 활동이 있었다. 큰딸은 골프클럽에 들어 일주일에 한두 번씩 훈련하고 옆 학교의 클럽들과 시합을 하곤 했다. 수학은 초등학교 때처럼 선생님이 학생별로 지도했다. 영어는 한국에서 전혀 준비를 하지 않아서 애를 먹었지만, 영어 선생님뿐만 아니라 특별 지도 교사가 배정되어 딸아이의 영어 능력을 향상시키기 위해서 많은 노력을 해주셨다. 덕분에 큰딸은 중학교 1년 만에 영어 특별 프로그램을 졸업할 수 있었다. 사회나 과학은 매우 두꺼운 교과서가 있었지만, 3년 내내 한 권의 책도 진도를 다 마치지 않았다! 실제로 한 학기에 한 단원도 마치지 않는 경우도 있었다.

대부분의 학기는 프로젝트로 구성되었다. 사회적 이슈나 과학 주제를 스스로 고르고 한 학기 동안 혼자 또는 두세 명이 함께 프로젝트를 수행하는 것이 수업의 전부였다. 교사는 계획을 세울 때부터 도움을 주는데, 과정 중간중간 도움을 주고 관련된 전문가나 기관을 연결해주기도 했다. 학기 말이 되면, 아이들은 자신이 준비한 프로젝트 발표물을 발표하고 질문하면서 일종의 세미나를 했다. 수업은 당연히 개별화된 수업이고, 또한 학생 스스로 주제 선정에서부터 프로젝트 수행 및 발표까지 자율적으로 진행되는 교육이 된다.

고등학생이 되면 본격적으로 선택형 교육과정이 시작된다. 학생들은 1학년 때는 필수 과목이 많지만, 두세 과목은 선택 과목이며, 대부분의 과목이 수준별로 개설된다. 수학의 경우 방정식, 도형, 삼각함수, 미분과 적분 등등으로 세분화되고, 각 과목도 초급, 중급, 고급 과정으로 구분되어 개설되었다. 과학 분야도 우리나라의 생물 1, 2보다 훨씬 세분화되어 있다. 우리나라 학교에서와 같이 교과서를 전부 다 끝내는 소위, '진도 끝내기'는 없다. 대부분 프로젝트 등으로 이루어지기 때문이다.

내 친구는 교수 연구년을 펜실베이니아로 다녀왔는데, 아들의 고등학교 과학 수업에 대해 이야기를 해주었다. 과학 프로젝트를 수행하기 위해서 한 반의 학생들이 두 달의 여름방학 동안 지질학적으로 매우 의미 있는 계곡에 찾아가 캠핑을 하면서 지질, 식생, 천문, 환경, 주변의 촌락 발달 등등 거의 모든 학문 분야를 탐사하고 공부하고 토론하면서 프로젝트 수업을 하는 사례를 말해주었다.

얼마나 멋진가! 이런 수업이라면 진정으로 가슴 설레고 몰입할 수 있지 않겠는가! 우리는 이런 수업을 꿈꾸어 보았는가? 아니, 이런 수업을 허용할 수 있는가?

우리나라의 대안학교

대안학교 수업이야말로 개별화되고 자율화된 교육과정이다.[58] 나는 두 아이가 초등학생일 때 2년간 대안학교에 보냈다. 그러다 미국으로 파견을 가게 되어서 아이들이 대안학교를 떠나게 되었고, 나나 아이들이나 두고두고 아쉬워했다.

아이들이 다닌 대안학교의 수업은 대부분 프로젝트 수업이었고, 어떤 프로젝트를 할 것인지는 아이들과 교사들 그리고 학부모가 함께 논의하고 협력하여 마련하였다. 그렇게 프로젝트가 결정되면 아이들은 그중에서도 더 하고 싶은 프로젝트를 선택하고, 아이들과 교사들은 한 학기 혹은 1년간의 프로젝트 계획을 세운다. 대안학교에 입학한 첫해 큰딸은 음식과 관련된 프로젝트를, 그리고 둘째는 옷과 관련된 프로젝트를 했다.

큰아이는 처음 농작물이 뿌려지고 키워지는 과정에서부터 음식을 만들고, 음식점에서 판매되고, 또 사람들이 음식을 통해서 즐기는 여러 가지 문화에 대해 직접 경험하고 자신의 손으로 음식을 만들고 팔아보았으며, 유명한 음식이 있는 고장을 답사했다. 둘째 딸은 초봄에 목화씨를 골라서 뿌리고, 목화솜을 거둬 실을 만드는 과정, 누에가 실을 만들고 거기서 실을 뽑아내는 과정을 직접 해봤고, 동대문에 가서 천을 사와서 옷을 만드는 과정을 친구들과 선생님들과 함께하며 자신의 몸에 맞게, 자신이 원하는 옷을 만들고 거기에 염색을 했다.

그렇게 한 해 동안 수행한 결과물을 연말에 잔치와 겸해서 프로젝트 발표회를 열었다. 아이들은 자신들이 만든 음식으로 바자회를 했고, 스스로 자신의 몸에 맞게 만든 옷을 입고 의상 발표회를 했다. 교사와 학부모는 모두 함께 모여 학생들의 성취를 칭찬하고 서로 격려하는 즐거운 시간을 가졌다.

대안학교를 다니면서 아이들은 성숙한 모습으로 변해갔다. 아침이면 먼저 일어나서 학교 갈 준비를 마치고 빨리 밥을 달라고 졸랐다. 그전에는 매일 아침 늦잠을 자고, 억지로 밥을 먹고 "학교 안 가면 안 되냐!"고 떼를 쓰다가 엄마 손에 끌려 학교 정문까지 가던 아이가 이제는 완전히 딴 아이가 되어 있었다. 친구들하고 잘 어울리지도 않고, 학교 마치면 집에 와서 혼자서 방에 처박혀 있던 아이가 학교가 마쳐도 학교 앞 놀이터에서 아이들과 해질 녘까지 뛰어놀고, 프로젝트 과제도 친구 집으로, 우리 집으로 다니며 함께 수행하고! 불과 한두 달 만에 딴판으로 달라진 아이를 보면서 어리둥절할 지경이었다!

미국 파견을 마치고 귀국해서 다시 일반 학교를 다니게 된 둘째 딸이 자기소개서를 쓸 일이 있었다. 내가 교정을 봐주었는데, 딸의 자기소개서에 쓰인 대안학교에 대한 문장이 떠오르면, 그리고 지겨운 고등학교 입시교육 과정을 이를 악물고 참고 있는 둘째 딸을 보면 아직도 가슴이 저리고 아프다. 딸은 대안학교 시절을 이렇게 적었다.

지금 다니는 학교는 지루하고 재미없어 다니기가 싫다. 초등학교 때 대안학교를 다녔는데, 너무 재미있고 친구들과 함께 즐겁게 지낼 수 있어서 정말 좋았다. 내 인생에서 가장 행복한 2년이었다!

5. 개별화된 교육을 위한 전제 조건들

그럼 개별화된 자율형 학습이 가능한 학교교육은 어떻게 실현할 수 있는가?

사실 우리 학교교육의 현실을 돌아보고, 또 실제 중·고등학교 학생을 둔 부모라면, 먼 나라 딴 나라의 이야기이고 우리나라에 그런 학교가 생겨날 날은 너무도 요원해 보일 것이다. 하지만 절망만 하고 있을 수는 없다. 사회적으로나 개인적으로나 더 이상 지금과 같은 교육 지옥에서 살 수가 없는 상황에 놓여 있기 때문이다. 하나하나 차분히 바꾸고 다듬어가야만 한다. 그래야 또 30년 후에 '아직도 야간 자율학습을 하네!', '아직도 교과서를 외우고 있네!', '아직도 선다형 객관식 문제를 풀고 있네!' 하는 절망을 겪지 않을 것이다.

우리 학교가 개별화된 교육과정을 운영하기 위해서는 교육체제가 전면적으로 새로운 틀을 향해 방향을 바꿔야 한다. 이를 위해서는 중앙 정부, 시도 교육청, 시군구 교육지원청, 개별 학교가 모두 새로운 교육의 틀로 접근할 수 있도록 관계와 역할을 정립하고, 새로운 교육의 틀을 지지하고 받쳐줄 수 있는 사회적 여건도 마련해야 한다. 이를 위한 과제를, 새로운 교육을 위한 과제라는 측면에서 몇 가지를 논의하고자 한다.

먼저 개별화된 교육을 위해서 개별 학교의 교육과정 운영의 자율성을 높여야한다. 학교 단위의 교육과정 결정권과 운영권, 학생의 학업성취도 평가권을 개별 학교 단위에 부여해야 한다. 이를 위해서 국가 교육과정을 중심으로 운영되는 학교 교육체제를 혁신하여, 학교 단위 교육과정 편성 및 운영을 보장하기 위한 체제로 전환해야 하고, 교육부와 시도 교육청의 교육과정 운영에 관한 권한을 축소하고 시군구 교육지원청 단위와 개별 학교 단위의 교육과정 운영의 자율성을 높이는 방향으로 개선되어야 할 것이다.

학교 단위 교육과정 운영과 개별화된 교육과정 운영

우리나라의 초·중등 학교는 실질적인 교육과정 결정권이 없다. 이유는 간단하다. 국가 교육과정이 있고, 그 국가 교육과정의 가이드라인에 따라 만들어진 국정 및 검정 교과서가 있고, 모든 학교와 교사는 국정 교과서와 검정 교과서를 사용하도록 의무화되어 있다. 따라서 학교 단위에서 교육과정을 결정할 수 없는 상황이고, 교사는 당연히 개별적으로 교육과정과 수업 내용을 결정할 수 없다. 이런 여건에서 학생 개개인에게 필요한 개별화된 교육과정과 학습내용을 구성하기란 실제로 불가능하다.

국가 교육과정과 교과서가 초기 단계 교육과정의 입구라면, 초·중등교육의 마지막 단계인 출구에는 평가가 자리 잡고 있는데, 우리나라의 모든 초·중·고교의 평가를 지배하는 유일한 시험은 대학수학능력시험이다. 고등학교뿐만 아니라 중학교, 심지어 초등학교부터 대입 준비에 맞춰진 평가를 해야 한다는 압박을 학교와 교사는 받는다. 대학수학능력시험과 대학입시에서 좋은 성과를 내야만 훌륭한 학교, 잘 가르치는 교사라고 인정을 받을 수 있기 때문에, 교사들은 매 학기, 매 학년마다 대학 입시를 위해서 필요한 수많은 지식을 학생들이 차곡차곡 쌓아갈 수 있도록 잘 전달해야 하는 '지식 택배 기사'로 전락한다. 모든 학교의 교사와 학생, 학부모는 '진도'에 얽매여 생활하게 된다. 진도를 다 끝내야 학생도 공부를 한 것이 되고, 교사도 제대로 가르친 것이 된다.

국가 교육과정과 교과서가 학교 교문을 통제하고, 표준화된 객관식 평가와 수능이 출구를 지키는 교육이 어떤 모습의 사회를 만들어내는가? 지식이 국가와 학교에 의해 독점되고, 국가가 제시한 지식만이 권위를 인정받는 사회, 창의성과 몰입이 불가능한 교육 속에서 노벨상을 바라는 모습은 얼마나 가련한가? 표준화된 객관식 평가가 교육을 지배하는 모습이 우리는 일상이기 때문에 너무도 익숙하고, 심지어 '그것이 아니면 다른 무엇이 가능하단 말인가?' 하고 반문할 지경이 되었다.

선진국 중에서 우리와 같이 객관식 평가로 2~3일에 모든 과목을 평가하는 나라는 거의 없다. 독일의 고등학교 졸업시험인 아비투어는 하루에 한 과목씩 논술을 보고, 적어도 한 과목은 세 명의 교사와 토론을 하는 구두 시험이다. 심지어 독일은 하루에 한 과목, 한 주에 두 과목 이상의 시험을 치르지 못하도록 법으로 정하고 있다. 프랑스의 대입 자격시험인 바칼로레아도 여러 날에 걸쳐서 시행되는 서술형 평가이다. 시험문제는 교과서의 모든 내용을 암기해야 하는 그런 문제를 출제하지 않는다. 해당 교과에서 필수적으로 고민해야 하는 주제를 자신의 관점에서 논술하도록 하는 것이다.

영국의 경우도 자신의 진로와 취미에 맞춰 3~4과목을 선택하여 시험을 치르는데, 대부분 서술형이다. 미국의 수학능력시험인 SAT는 기초학력을 평가하기 위한 시험이므로 대부분의 대학이 참고 사항으로만 취급한다. 오히려 대학 입학을 위해서는 개별 학교에서 학생이 선택하여 배운 내용, 학생의 학습 과정과 관심 분야를 중시하는 입시제도를 운영하고 있다. 이런 나라에서는 학교마다, 그리고 교사마다 교육과정을 학생들의 환경과 수준에 맞게 구성하고, 교사와 학생, 학부모가 자율적으로 학습내용을 결정하여 함께 공부하므로 '진도 빼기'에 매달려 허겁지겁 달려가는 모습을 보기 어렵다.

학교에서 학생 개개인에게 맞는 개별화된 자율형 교육과정을 운영하기 위해서는 국가 교육과정과 교과서 정책이 대폭 개선되어야 한다. 국가 교육과정은 기본적 학습 방향과 내용을 정하고,

큰 원칙과 틀을 제시하는 수준에 머물러야 하고, 교과서도 국정을 폐지하고, 검정제와 인정제로 완전히 전환하며, 중장기적으로는 자유발행제를 도입하기 위한 준비를 해야 한다. 또한 교사들에게 교과서를 사용할 의무를 부과하지 말고 동시에 다양한 수업 자료를 교사가 활용할 수 있도록 허용해야 한다. 일부 교사가 과도하게 편파적이고 무리한 내용의 수업을 실시한다면, 중앙 정부가 권력 기관을 동원하여 강제하는 방식이 아니라 학교 내의 학교운영위원회, 학부모회, 동문 그리고 지역사회에서 스스로 조정하고 자정할 수 있도록 교육문화를 형성해나가야 할 것이다.

다른 한편으로는 지금의 대학수학능력시험을 고교 졸업 자격고사화하거나 절대평가로 전환해야 한다. 학생들이 초·중·고교를 통해 어떤 학습을 수행하였고, 어떻게 성장했으며, 앞으로 어떤 공부를 하고 싶은지에 초점을 맞춘 입시제도가 설계되어야 한다. 대학수학능력 평가는 기초학력을 점검하는 고교 졸업시험으로, 그리고 여러 날에 걸쳐 과목별로 치를 수 있도록 하고, 고교 단계에서 2~3회의 응시 기회를 주어야 한다. 초·중·고교의 교육이 대학입시에 종속되고 얽매이게 할 것이 아니라 초·중·고교의 교육과정과 내용을 살펴보고 대학이 적합한 학생을 선발할 수 있도록 해야 한다. 이 과정을 통해서 초·중·고교의 교육이 독자적이고 자율적인 단계로 자리 잡을 수 있도록 지원해야 한다.

일부에서는 "이렇게 학교마다, 학생마다 교육을 다양하게 이수하면 대학이 학생을 어떻게 비교하고 평가하여 선발할 수 있겠느냐"고 반문한다. 그렇다면 우리는 이렇게 반문해봐야 한다. "50개의 주별로 다 다른 교육과정을 운영하고, 각 주 내에서도 카운티마다, 학교마다 다 다른 교육과정을 운영하는 여건에서 미국의 대학들은 학생을 어떻게 선발하느냐?"고! 심지어 "미국의 대학들은 수많은 외국인 학생들도 선발하여 수용하고 있는데, 그들은 어떻게 그 불가능한 일을 하고 있느냐?"고!

이는 불가능한 일이 아니라 시도하지 않은 일이다! 게다가 이제 대학은 학생을 선발하려고 기를 쓸 것이 아니라 학생이 성장하도록 어떻게 도울 것인가를 고민해야 하지 않겠는가?

동시에 일률적인 교과목 선정과 교육과정 운영에서 벗어나 학생들이 자신의 관심과 흥미에 따라 교과목을 선택하고 스스로 학습할 수 있도록 해야 한다. 지금 대부분의 고등학교 선택 과목은 형식만 선택이지, 실질은 학교에서 결정한 과목을 모든 학생이 따라가야 한다. 큰아이가 고등학교 다닐 때, 학교에는 외국어 선택이 있었지만, 다른 외국어는 선택할 수가 없는 구조였다. 결국은 모든 학생이 중국어를 선택(?)했다. 둘째가 다니는 학교에서는 모든 학생이 일본어를 배우고 있다. 물리는 심화 과정이 개설되지 않고, 생물과 화학만 심화 과정이 개설되므로 모든 학생은 생물과 화학만 심화 과정을 이수할 수 있다.

현재 논의되고 있는 고교학점제, 선택형 교육과정도 이와 같은 취지에서 제기되어 준비되고 있는 제도이다. 학생 개개인의 관점에서 스스로 과목을 선택하고, 자신의 관심 분야에 단계적으로 몰입할 수 있는 교육과정을 제공하기 위해서이다. 가능하면 고교 1학년까지는 필수 과목을 이수하게 하고, 2~3학년은 전면적인 선택 과정으로 운영할 수 있어야 한다. 동시에 수학 등 일부 과목의 과도한 필수 과목 지정을 축소해야 하고, 개인별 관심 분야의 선택 과목을 늘려 자신이 흥미를 가진 분야를 집중적으로 학습할 수 있도록 지원해야 한다. 이렇게 되면 자연스럽게 학년의 구분도 없어지고, 관심이 일치하는 학생들 간의 교류와 협력도 증대될 것이므로 학교문화도 개선될 수 있을 것이다.

학생 개개인에 맞춘 교육과정을 운영하자고 하면, 다음으로 오는 질문은 "그럼, 그 많은 교사와 교실은 어떻게 마련하느냐?", "돈이 어디에 있느냐?"고 반문한다. 맞는 말이다. 학생 개개인에게 맞춘 교육과정을 제공하기 위해서는 지금보다 학급당 학생 수도 10명 정도 더 줄여서 최대 25명을 넘지 말아야 하고 가능하면 20명 선으로 낮춰야 한다. 그리고 학교에 개설되는 교과목도 지금보다 최소 2~3배는 더 많아져야 한다. 물론 이 같은 시도는 엄청난 재정 소요를 불러올 것이다. 우리나라 교육 예산의 절반에 가까운 사교육비가 지출되고 있다는 점을 생각해보면, 돈이 없는 것이 아니라 서로를 향해 파괴적인 경쟁을 하는 데 돈을 쏟아붓고 낭비하고 있는 상황이다.

국가 재정도 결코 부족한 것이 아니다. 유럽 국가들이 개별화된 교육과정을 도입하고 운영한 것은 수십 년도 더 된 일이다. 이미 독일은 제2차 세계대전 이후부터 전체주의적인 국가 교육과정을 포기하고 개별화된 자율형 교육을 시작하였다. 독일의 국민소득이 1만 달러에 도달한 시기가 1980년대 초라는 사실을 감안하면, 가난한 시절부터, 특히 제2차 세계대전 패전 이후의 매우 어려운 시기부터 개별화된 자율형 교육을 시작한 셈이다. 지금 우리나라는 1950년대 독일에 비해서 최소한 세 배는 더 부자 나라다! 돈이 없는 게 아니라 마음이 없거나 다른 데 돈을 낭비하고 있는 것 뿐이다.

사회적 환경과 개인적 여건

현재의 표준화된 국가 교육과정을 학생 개개인을 위한 개별화된 교육과정으로 혁신하기 위한 중장기적인 계획을 추진하려면, 청소년들이 자신의 길을 만들어갈 수 있도록 지지하고 지원해주는 프로그램, 예를 들면 고교학점제와 선택형 교육과정 도입 및 확대, 학생별 진로교육 및 지원 강화 등이 필요하다. 하지만 동시에 학생 개개인의 역량 개발과 발전을 가로막는 사회적 환경을 개선하여 부모의 사회경제적 지위에 구애받지 않고 자신의 가능성을 최대한 발휘할 수 있는 공정한 기회가 보장되는 사회를 만드는 일도 함께 추진되어야 한다.

사람은 저마다의 소질과 재능을 타고난다. 또한 살아가면서 각각의 특성이 세분화되고 관심과 흥미 분야도 심화된다. 교육은 사람들이 타고난 소질과 재능을 발휘할 수 있도록 돕고, 살아가는 데 필요한 소양을 갖추도록 도와야 한다. 뿐만 아니라 인간은 사회적 관계를 맺고 그 관계를 통하여 삶의 토대를 단단히 하고 욕구를 충족시킬 수 있으므로, 교육은 사람들의 관계 맺기, 사회적 삶을 살아갈 수 있도록 지지하고 도와주는 활동이어야 한다. 하지만 저마다의 타고난 소질과 재능을 발휘할 수 있도록 돕는 개별화된 교육과정은 일정한 사회적 환경이 갖추어져야 실현 가능하다.

이를 위해서 두 가지의 선결 요건이 필요하다. 우선은 사회적인 조건과 노력이고, 그 속에서 개인의 여건과 노력이 필요하다. 사회적인 조건과 노력은 무엇인가?

사회를 떠난 존재는 인간이기 어렵다. 사람 속에 있어야 사람이 되는 것이다. 사람은 사회적 환경과 사회적 노력에 많은 영향을 받는다. 조선시대 혹은 유럽의 중세시대에 천민이나 농노의 자녀로 태어난 사람이 철학 혹은 문학 등의 분야에 소질을 타고났다고 해도 그 자질과 재능을 발휘하기는 어려웠을 것이다. 천민은 글을 본다거나 이론적인 논쟁에 참여할 수 없었던 시대에 논리적이고 추상적인 사고에 큰 재능을 타고나도 커나갈 수 없었던 것이다.

그렇다면 이제 신분제도가 없어지고 계몽주의와 산업혁명을 통해 모든 사람을 자유인으로 키우는 민주주의와 자본주의 시대는 사회적 제약이 없는가?

그렇지 않다. 자본주의 사회에서는 또 자본의 크기, 소득의 크기 등에 따라 개개인의 생활과 교육은 많은 영향을 받게 된다. 이와 같은 사회적 환경의 영향을 사회과학자들은 개인의 사회경제적 지위(socio-economic status)라는 개념으로 통칭하면서, 개인의 사회경제적 지위가 개개인의 소질과 능력을 발휘하게 하는 데 어떤 영향을 미치는지 많은 연구를 수행하고 있다. 최근 한국 사회에서 부모의 사회경제적 지위가 자녀의 교육적 성취와 태도에 미치는 영향을 연구한 보고서에 따르면, IMF 구제 금융 사태 이후 2000년대 들어 지속적으로 부모의 사회경제적 지위가 그 자녀들의 교육적 성취에 갈수록 더 큰 영향력을 미치고 있다고 한다.

다음 페이지에 나오는 우리나라와 미국에서 부모의 사회경제적 지위가 자녀의 학업성취도에 어떤 영향을 미치는지에 관한 연구 결과를 보도한 기사들을 살펴보자. 우선 우리나라 자료를 보면, 부모의 경제적 수입과 학력에 따라 자녀들의 수능 점수와 학업성취도가 큰 차이를 보이는 것으로 나타나고 있다. 이런 영향 관계는 미국도 비슷한 경향을 보이고 있는데, 이는 우리나라나 미국이나 최근 30~40년간 신자유주의적 흐름의 영향을 강하게 받았다는 점과 두 나라 모두 매우 경쟁적인 사회문화를 가지고 있어, 사회적 여건을 균등하게 조성하기보다는 개인 간 경쟁에 더 큰 중요성을 부여하고 있기 때문이라고 생각된다.

고려대학교 김경근 교수가 최근 발표한 '한국 사회의 교육 격차' 논문에 따르면 부모의 경제력과 학력 등의 기준으로 분류한 학생 집단들 사이에서 수능 언어, 수리, 외국어 영역의 표준 점수 합계는 26점에서 57점의 차이를 나타냈다. (중략) 또 아버지의 학력을 기준으로 학생들을 분류한 결과 박사 학위 소지자 자녀들의 평균 점수는 336.29점이었고, 중학교 졸업자 자녀들의 평균 점수는 279.38점으로 57점 정도의 점수 차이가 나타나는 것으로 조사됐다.[59]

한국직업능력개발원 유한구 연구위원과 서울시정개발연구원 이혜숙 부연구위원 (중략) 보고서에 따르면 초등학교의 학교 간 수학 성취도 격차가 나타나는 이유의 63%는 학교교육이 아닌 가정 배경, 지역 등 외부 변수로 조사됐다. 중학교의 경우 83%, 고등학교는 약 85%가 부모의 사회적 지위나 학교 소재지 등에 따라 점수 차가 났다.[60]

올해 미국 대학수학능력시험(SAT)을 본 학생들의 성적이 가계의 소득, 부모의 학력 수준과 정비례하는 것으로 나타났다. (중략) SAT 점수를 가계 소득 수준별로 분석한 결과를 보면, 연간 소득이 2만 달러 미만인 가정 자녀의 평균 성적은 독해 437점, 수학 460점, 작문 432점에 머문 반면, 20만 달러를 넘는 가정의 자녀는 각각 568점, 586점, 567점으로 격차가 126~135점이나 났다. (중략) 부모의 학력 수준도 마찬가지 결과를 보였다. 고졸 이하인 부모를 둔 학생은 과목별 성적이 독해 422점, 수학 446점, 작문 419점인 반면, 대학원 이상 부모의 자녀는 각각

[표 6] 미국 가계 소득 수준별 SAT 성적 분포

소득 규모	독해	수학	작문
2만 달러 미만	437	460	432
2만~4만 달러	465	479	455
4만~6만 달러	490	500	478
6만~8만 달러	504	514	492
8만~10만 달러	518	529	505
10만~12만 달러	528	541	518
12만~14만 달러	533	546	523
14만~16만 달러	540	554	531
16만~18만 달러	547	561	540
20만 달러 초과	568	586	567

출처: 자료: 미국 대학협의회(칼리지 보드). 〈수능 점수는 부모 재력·학력에서 나온다〉, 한겨레, 2010. 9. 19.에서 재인용
http://www.hani.co.kr/arti/society/society_general/440503.html

561점, 575점, 554점으로 격차가 129~139점이나 됐다. (중략) 이런 통계 결과에 대해 전문가들은 한국 교육이 '본보기'로 삼고 있는 미국에서 '교육을 통한 계층 대물림' 현상이 뚜렷하게 나타나고 있음을 보여준다고 평가했다. '새로운 사회를 여는 연구원' 최민선 연구원은 "한국이 그동안 영·미식 신자유주의 교육 정책을 펴온 상황에서, 미국 교육의 계층화 문제는 우리 교육의 미래를 예견하는 것으로 볼 수 있다"고 지적했다.[61]

아이들이 자신의 소질과 재능을 충분히 발휘하도록 하기 위해서는 보다 더 공정한 운동장(untilted ground)이 필요하다. 부모를 골라 태어나는 사람은 없다. 부모의 경제적 소득이 적다고, 부모

의 학력이 낮다고 해서 자녀가 교육의 기회에 있어서 불공형한 대우를 받아서도 안 되며, 교육내용과 교육 과정에 있어 서도 동등한 지원을 받은 수 있는 여건을 조성하기 위한 노력이 사회적으로 절실하다.

부모의 사회경제적 지위에 따른 학생들의 학업성취도 및 학습 역량의 차이를 최소화하기 위한 사회정책적인 고려가 필요함을 다시금 입증한다. 기본적인 학습 역량 개발 지원뿐만 아니라 기초적인 생활 지원까지도 세심하게 설계될 필요가 있다. 일단 주거 환경이나 식생활 등의 기초생활 문제가 원만하게 이루어져야 학습 역량의 문제와 기초학력 확보의 문제가 순조롭게 진행될 수 있기 때문이다. 최근 방학 중 굶는 학생 문제나, 초·중·고교의 무상급식 문제, 국가장학금 및 반값 등록금 등의 문제가 중요한 교육 사회적 문제로 대두되는 현상도 우리 사회에서 소득 격차에 따른 학업성취와 학습 역량의 차이가 심각해지고 있고, 이는 가난과 절망의 대물림으로 이어질 수 있기 때문이다.

지금 당장 무엇을 할 것인가?

시대가 변화하는 과정을 느끼고 이해하고 그것을 개념화해서 우리의 삶에 반영하는 일은 지난한 과정이고 어려운 시행착오를 거쳐야 하는 과제이다. 그래서 우리도 1980년대 이후 삶의 방식과 사람들의 마음이 변해가는 것을 느꼈지만, 이해하는 데 많은 시간이 필요했다. 그러나 이해한 것과는 별개로 우리의 삶에 어떻게 반영할지는 여전한 과제로 남겨진 상태다. 집단주의와 대규모 조직의 시대, 계몽주의와 이성주의의 시대에 맞춰 구축하고 운영하면서 신뢰하고 의지했던, 국가 교육과정 중심의 학교교육에 대해 전면적인 성찰과 비판이 있어야 할 때이다.

나는 그 첫 출발이 집단적이고 표준화된 국가 교육과정과 수업 운영 방식, 표준화된 평가 방식을 전면적으로 수정하는 것이라고 생각한다. 집단적이고 표준화된 국가 교육과정 속에서 개인들은 자신의 소질과 재능을 맘껏 펼치고 키울 수가 없다. 항상 표준화된 지식과 객관적이고 집단의 관점에서 제시된 방식으로 세상을 바라보고 자신을 관리하고 통제해야 하는 상황에 매 순간 놓이기 때문이다. 지난 1960년대부터 1990년대 초에 이르는 근대화와 산업화 시기에 우리가 불가피하게 그와 같은 사회 운영 방식과 정치·경제제도를 지니고 있었다고 하더라도, 그것은 어디까지나 시대적, 역사적 한계 속에서 활용할 수밖에 없었던 방편에 불과한 것이었다.

국가 단위와 지역-학교 단위 교육과정을 개별화하기 위해서는 상당한 시간이 소요될 것이다. 그렇기 때문에 '지금 당장 부모와 학생들은 어떻게 할 것인가?' 하는 문제는 여전히 남아 있다. 학부모 입장에서 사회적인 논의와 합의가 이루어지고 정책과 제도가 시행되는 그때까지 기다릴 수가 없기 때문이다. 자녀의 중·고교 시절이 지나고 나면, 그 시기에서 제대로 채우지 못한 내용을 이후의 인생에서 채우기는 매우 어렵고, 또 효과적이지도 않기 때문이다. 조직적이고 집단적으로 수행되는 국가 교육과정 운영과 교육행정 시스템 속에서 개개인과 개별 학교는 어떤 대안을 마련할 수 있을까?

우선은 학부모 개인 차원에서 자녀의 욕망과 독특함을 찾아 몰두할 수 있도록 돕는 방법이 중요하고 현실적이라고 생각한다. 그것을 '꿈과 끼' 혹은 관심과 흥미, 소질과 적성에 맞는 교육이라고 표현하고 있다. 꿈은 개인적으로 추구하는 자신의 욕망이다. 하지만 근대적 산업사회에서는 개인의 꿈도 조직과 집단의 압력하에 놓이게 한다. 큰 기업의 간부가 되는 것, 사회적 권력을 잡는 것, 큰돈을 버는 것 등은 조직과 집단이 개인을 조직과 집단에 묶어두기 위해 주입한 꿈이다. 이런 꿈을 꾸어주어야 조직과 집단은 그런 개인을 다루기가 쉽다. 한편으로는 우리가 근대화 시기에 이런 꿈을 모두가 꾸었기 때문에 힘이 한곳에 집중되어 지난한 산업화의 과제를 수행할 수 있었던 측면도 있었다.

하지만 이제는 상황이 달라졌다. 강력한 개인들이 자신의 욕망의 독특함, 다름으로 승부하는 세상이 된 것이며, 또 그를 위한 충분한 기술적, 사회적, 문화적 여건이 조성되어 있는 것이다. 따라서 이제 부모들은 자녀들을 사회 전체와 집단, 거대 조직이 바라는 꿈을 꾸게 하는 일을 멈춰야 한다. 공무원, 대기업, 공공기관, 교사 등등의 꿈을 꾸게 하는 것은 자신의 개별적 욕망을 버리고 타인의 욕망, 사회와 집단의 욕망을 좇게 하는 일에 다름 아니다.

그래서 스티브 잡스는 스탠퍼드대학교 졸업식 연설에서 "타인의 삶을 살지 마라(Don't live someone else's life!)"고 일갈했던 것이다. 원서만 내면 취업이 보장되는 스탠퍼드 대학생들이 꾸는 꿈이 대기업, 거대 조직의 임원, 큰 연구소의 연구원 등으로 타인의 꿈을 살아가는 삶이어서는 안 된다고 일갈하고 있는 것이다. 그렇다면 스탠퍼드대를 졸업하는 당신들은 누군가의 욕망을 채워주고 있으며, 자신의 삶이 아닌 타인의 삶을 살게 될 것이라는 경고의 메시지를 보내고 있는 것이다.

자신의 삶에 충실하고, 자신의 욕망을 직시하며, 자신의 독특함으로 자부심을 삼는 사람은 어떻게 배우는가? 그들은 스스로 배운다. 그들은 어떻게 스스로 배울 수 있는가? 그들은 그들이 무엇을 원하는지를 잘 알고 있기 때문이다. 그래서 스티브 잡스나 빌 게이츠, 마크 저커버그는 학교를 그만둔 것이다. 왜냐면 그들은 스스로 원하는 것을 배우면서 만들어갈 수 있었기 때문이고, 최고의 교육은 스스로를 가르치는 사람을 키우는 교육이기 때문이다. 그들은 자신의 욕망에 충실하기 때문에, 동시에 타인의 욕망도 잘 읽어낼 수 있었다. 스티브 잡스는 이렇게 말했다.

사람들은 "소비자들이 바라는 것을 만들어주라"고 말합니다. 하지만 나는 그런 식으로 일하지 않습니다. 우리는 사람들이 원하는 것을 스스로 알아차리기 전에 그들이 원하는 것을 알아냅니다. 헨리 포드는 말했습니다. "만약 내가 사람들에게 원하는 것을 물었다면, 사람들은 '더 빠른 말'이라고 답했을 것이다". 사람들은 그들이 원하는 것을 보기 전까지는 자신들이 무엇을 원하는지 모릅니다. 그래서 나는 시장 조사라는 것에 기대서 일하지 않습니다. 우리의 일은 지면에 아직 인쇄되지 않은 것을 읽어내는 일입니다.[62]

최진석 교수는 이런 능력을 '인문적 능력'이라고 말하고 있다. 즉 '사람이 그리는 무늬(인문)'를 볼 줄 아는 눈이 있다는 것이다. 왜냐면 그들은 자신이 그리는 무늬가 있기 때문에 주변에서 그려지는 무늬도 볼 수 있는 눈이 생기는 것이다. 그렇다면 새로운 교육은 밀레니엄 세대의 아이들에게 무엇을 해주어야 하는가?

새로운 교육의 핵심인 진로교육과 개별화된 자율형 교육은 자신의 욕망을 직시하도록 허용한다. 아이들은 자신의 창의성과 독창성을 발휘하도록 허용되어야 한다. 그러면 그들은 자신의 욕망과 창의성과 독창성을 향해 달리기 시작한다. 남들이 말려도 스스로 달려가는 아이들이 하는 공부를 '자기주도학습'이라고 한다.

사람들은 '하기 싫은 공부를, 혹은 해야 하는 의무적인 공부를 스스로 통제하고 절제하고 인내하면서 공부하는 것'을 자기주도학습이라고 생각하는 경향이 있는데, 이는 큰 오류이다. 자기주도학습은 스스로의 꿈과 끼를 실현하고 발산하는 과정이며, 자신의 욕망을 추구하는 결단이고, 스스로 자신의 길을 만들어가는 도전이다. 이런 상태가 되어야 어느 누가 말려도 결연히 밀고 나가는 진정한 '자기주도학습'이 되는 것이다.

자기주도학습을 가능하도록 도와주는 교육이 진로교육이고, 자신의 욕망을 추구하는 개인화된 자율형 교육이다. 진로교육이 기존의 직업 중에서 쇼핑을 하듯이 가성비(가격 대비 성능, 여기서는 노력 대비 보상이라고 하자)를 따지고, 앞서 간 사람들 현황을 조사해보고, 주변의 평판을 물어봐 가면서 그런대로 좋다는 결론이 나면 자신을 거기에 맞춰가도록 교육한다면, 진로교육의 본질적 목적에 가장 반하는 교육이다.

개개인에 맞춘 진로교육은 가성비, 주변의 평판, 기존의 연봉 수준 등을 따져서 골라잡는 과정을 도와주는 그런 교육이 아니다. 오히려 그 반대이다. 가성비에 연연하지 않고, 주변의 평판에 신경 쓰지 않으며, 스스로의 욕망을 직시하고 그것을 향해 무모하게 도전하는 열정을 가지도록 도와주는 교육이며, 그 과정은 당연히 스스로 학습하고 자율적 교육과정을 수행해가는 일이다.

타자의 욕망을 좇는 사람은 타인들이 이미 간 길이 있기 때문에, 싫어도 그 길을 따라가면 어느 정도 기본이 보장된다는 안정감을 위안으로 삼는다. 하지만 그 길이야말로 타인의 삶을 살아주는 길이다. 이런 길을 따라가는 사람들은 자기주도학습이 가능하지 않고, 스스로 강제하고 통제하며 자신을 강박해가면서 가는 길, 즉 '자기강박학습'을 수행할 뿐이다.

Mind your own business!

영어에 'Mind your own business(남의 일에 참견하지 마세요)!' 라는 표현이 있다. 일종의 욕이다. 그런데 이 말을 잘 생각해보면 우리에게 정말 필요한 자세라는 생각이 든다. 우리는 자신의 일 에는 신경을 쓰지 않고 남의 일을 해주지 못해서 안달이다. A라 는 대기업에 취업을 하지 못해서 안달이 난 사람은 대기업 A의 비 즈니스에 신경 쓰는 사람이 되지 못해 안달이 난 것이다. 그 대기 업의 비즈니스를 해주려고 엄청난 사람들이 모여들고 있는 것이 다. 그 사람들에게 자신의 비즈니스에 열정을 바치도록 깨우침을 줄 수 있는 교육이 바로 개별화 교육이다. 개별화 교육은 바로 사 람들이 자신의 일, 자신의 꿈에 가장 신경을 쓰는 사람(the person who mind most his or her own business)으로 안내하는 교육이다.

개별화 교육은 학생들로 하여금 자신의 꿈과 끼, 자신의 소질과 재능을 가장 잘 발현하여 자신의 삶을 살아가는 사람으로 성장하 도록 돕는 과정이다. 따라서 개별화된 교육은 다른 말로 하면 개 개인 맞춤형 진로교육이다.

진로교육은 학생들이 지닌 많은 소질과 재능, 관심과 흥미, 꿈 과 끼, 그리고 인터넷과 스마트 기기로 무장함으로써 얻어지는 엄 청난 자원을 하나로 묶어줄 수 있는 핵심 매듭을 만드는 교육이 다. 사람이 자기 주변의 사물과 지식, 정보와 관점을 인식하고 모 으고 연결하는 계기와 힘은 어디에서 오는가?

그것은 그 사람의 관심과 욕망에 의해 추동되는 힘이다. 그래서 요리에 관심이 많은 사람은 채소를 보고 나물 반찬을 생각하고, 식물의 성장에 관심이 있는 사람은 잎과 줄기의 모양과 구조에 관심을 가지며, 곤충에 관심이 많은 사람은 그 채소에 잘 사는 곤충에 대해 생각하게 되는 것이다.

한국 학생들은 엄청난 지식을 학교에서 이해하고 기억하는 방식으로 공부를 한다. 아마도 그 양과 수준에 있어서 다른 나라 학생들의 두세 배는 될 것이다. 실제로 공부하는 절대 시간도 엄청 많다. 국제학업성취도평가(PISA)에서 거의 선두를 놓치지 않는 핀란드 학생들의 평균 주당 학습 시간의 두 배에 달한다. 하지만 한국 학생들은 그것들을 구조화하고, 하나로 묶어서 새로운 것을 만들고, 자신의 삶의 소재로 삼아 재미있는 것을 새롭게 구성해내는 일, 즉 창의적으로 자율적으로 독창적으로 무엇인가를 하는 데는 매우 서투르다. 왜냐면 그 모든 것들(학교에서 배운 것, 자신이 인터넷이나 스마트폰을 통해 접한 것들, 친구들과 함께 경험하는 것)을 하나로 묶어내는 핵심 배듭, 즉 꿈이 없기 때문이다.

개개인에 맞춘 개별화 교육과 진로교육은 다름이 아니라 학생들이 자신의 삶의 환경과 맥락 속에서 자신의 관심과 흥미를 찾고, 자신의 욕망을 직면하면서 주변의 것들을 모아서 자신의 삶의 길을 만드는 일, 즉 자신의 인생 스토리를 구성해가는 과정을 지지해주고 도와주는 교육이다. 학생들이 자신의 진로, 자신의 꿈, 자신의 관심과 욕망을 따라가는 것이 바로 주변에 주어진, 수없이 널린 정보와 지식과 자원을 묶어주는 핵심 줄기이며 응결핵이다.
따라서 진로교육은 미래를 위해서 기다리고 준비하는 교육이 아
니다. 학생 개개인이 각자 자기의 관심과 욕망을 직시하고 지금,
여기에서 바로 시작하는 교육이다.

4장

현실의 삶 속에서
독립적으로 성장하는 교육

1. 삶의 기초를 닦는 교육: 독립과 성장, 자율과 책임

학교교육은 현실과 연관되어 진행되어야 하고, 현실과 연계되어 진행될 수밖에 없다. 하지만 우리 학교에서 학생들의 생활과 교육은 현실과 유리된 상태로 진행된다. 매우 비정상적인 일이다. 비정상적인 상태에서 진행되는 교육은 교육과 관련된 모든 사람들의 삶을 황폐화시킬 뿐만 아니라 교육이 달성하고자 하는 기본 목표로부터 교육을 멀어지게 하는 결과를 초래한다. 그럼, 교육이 우리의 삶과 멀어지고 동떨어져 있다는 것은 어떤 상황을 말하는가?

우선, 학생들의 일상생활을 보자. 아이들은 아침에 일어나기가 매우 어렵다. 왜냐면 전날 늦게까지 학원에 있다가 귀가했기 때문이다. 겨우 일어나서 아침을 먹고 나면, 책가방을 들고 학교에 일찍 가야 한다. 1/3 정도의 학생들은 아침을 먹지 못하고 학교에 간다. 학교에 들어오면 교과별로 수업이 돌아간다. 잠깐 동안인 쉬는 시간은 아이들이 깨어 있고 신이 나는 유일한 시간이다. 하지만 그건 고작 10분이다. 점심시간은 전쟁과 같다. 최대한 빨리 점심을 먹어야 한다. 그래야 운동장에서 놀 수 있는 시간이 많아지고 좋은 자리를 차지할 수 있다. 짧은 점심시간이 지나고 나면 졸리는 오후 시간이 이어진다.

그렇게 지루한 학교에서의 시간이 끝나면 곧장 학원으로 가야 한다. 학원을 마칠 때쯤이면 아이들은 녹초가 되어 있다. 하지만 집에 오면 바로 잘 수가 없고, 학교 숙제나 학원 숙제를 마저 해야 한다. 각종 수행평가며 시험 준비며 눈코 뜰 새가 없다.

주말이라고 편하게 쉴 수 있는 형편은 아니다. 평일 학원 교습 시간이 대부분 저녁 10시까지로 제한되면서 주말 학원이 성업 중이고, 많은 학생들은 주말에도 학원에 가야 한다. 가족끼리 가는 여행도 부담스럽고, 명절이나 집안의 행사에도 참석하기가 어렵다. 아이들은 학교와 학원에 완전히 갇혀 지내는 것이다.

아이들의 삶에는 신나는 모험도, 재미있는 스토리도, 그리고 가슴 떨리는 사랑도 없다. 학생들은 그런 것을 하면 안 된다. 공부에 방해가 되니까! 아이들의 생활에는 청소도, 설거지도, 심부름도, 아버지·어머니를 따라서 해보는 일상의 작업도 없다. 청소하고 주변을 정리하는 일은 자신의 주변을 제대로 관리하는 공부의 첫 출발이다. 하지만 요즘 아이들은 집에서 청소하고 정리하는 일로부터 배제되어 있다. 친구를 사귀고 주변 사람들을 만나서 서로 응답하고 매너를 갖춰 인사할 줄 아는 것은 사회적 관계 맺기의 첫 출발이다. 하지만 아이들은 이런 일들로부터 격리된 채 살아간다.

친구들과 골목길, 놀이터에서 놀면서 서로 사귀고 신뢰 관계를 쌓아가는 과정이 아이들이 믿음직한 사회의 구성원으로 성장하는 과정이다. 집에 손님이 오면 적절히 응대하고 예의에 맞게 대접하는 일도, 지역사회에서 사람들을 만나고, 주변의 훌륭한 사람(significant others)을 따라 배우는 과정은 사회의 구성원으로 성장하는 데 필수적인 과업이다. 하지만 아이들은 학교와 학원에 갇혀 이웃과 지역사회와 관계를 끊고 살아간다.

지금 부모 세대가 어렸을 때에는 이런 것들은 일상적인 생활 체험이었다. 부모를 따라 밭일, 들일을 해야 했고, 부모님께서 가게를 하는 집 아이들은 자주 가게 일을 도와야 했다. 시장으로, 가게로, 부모님 심부름은 아이들이 해야 하는 중요한 과업이었다. 하지만 지금의 아이들은 이제 이런 생활로부터 차단된 삶을 살고 있다. '공부'를 위해서!

아이들은 현실의 삶의 세계, 일상적 생활의 세계로부터 유리되어 있다. 하지만 세상을 향한 공부의 첫 출발은 필연적으로 가정과 가족생활, 그리고 지역사회 활동으로부터 시작되어야 한다. 일상적 삶은 공부의 출발이자 토대이다. 공자는 현실세계, 일상적 삶의 중요성을 다음과 같이 표현하였다.

子曰: "弟子, 入則孝, 出則弟, 謹而信, 汎愛衆而親人. 行有餘力, 則以學文."
자왈: "제자, 입즉효, 출즉제, 근이신, 범애중이친인. 행유여력, 즉이학문."

공자께서 말씀하시었다. "젊은이들이여! 들어가서는 효성스럽게 하고, 나와서는 다정하게 하시오. 말은 삼가되 믿음 있는 말만 하시오. 많은 사람을 널리 사랑하되 인한 자를 가까이하시오. 이 모든 것을 실천하고 남음이 있으면 곧 문자를 배우시오."[63]

하지만 현실세계에서 우리 아이들은 일상적 삶이 없는 생활을 하고 있다. 아이들을 일상적 삶으로부터 분리시키는 중차대한 과업을 떠맡고 있는 사람은 다름 아닌 엄마이다. 엄마는 아이들이 친구들과 쓸데없이(?) 시간을 낭비하지 못하도록 감시하고, 혹시나 가슴 떨리는 사랑을 할까 봐 전전긍긍하면서 차단하고 나선다. 방 청소며 소소한 집안 정리에는 신경을 쓰지 않아도 되도록 미리 다 알아서 처리를 해놓는다. 손님이 오면 아이들은 독서실이나 도서관으로 내보내고 집안의 행사에는 참석하지 못하게 한다. 아이들은 공부만 해야 한다. 완전히 격리되어 자신의 방과 학교 의자와 독서실 책상에 묶여 있게 된다. 아이들은 현대판 사도세자다. 아이들은 현실세계로부터 분리되어 학교와 학원이라는 뒤주에 갇힌다.

학교와 학원에서 아이들이 수행해야 하는 일은 세계의 원리를 개념으로 배우는 것이다. 수많은 개념의 의미를 추상적으로 이해하고, 논리적으로 기억하며, 일반화되고 정규화된 세계의 평균화된 문제를 풀어야 한다. 하지만 그런 문제는 현실세계 어디에도 없다. 그 속에는 내가, 우리가, 지역사회가 빠져 있기 때문이다.

모든 문제는 그저 주어진 남의 이야기일 뿐이다. 현실세계와 분리된 개념 공부는, 바로 그 때문에 다른 거추장스러운 것들을 필요로 하지 않는다. 현실의 지역사회에 가서 조사해볼 필요도 없고, 실험을 해볼 필요도 없는 것이다. 세상은 원리와 원칙에 따라 개념적 틀로 이해된 세계로서 잘 작동되어야 하고, 그렇게 세상은 돌아간다고 가정한다.

하지만 현실의 사회와 민주주의는 매우 복잡하고 좌충우돌하면서 수많은 이견이 부딪히는 장소이다. 다수결과 합리적인 논의와 토론을 거쳐 민주적 의사 결정이 매끄럽게 이루어지기만 하는 장소는 아니다. 화학책에 나와 있는 화학 반응은 현실의 조건 속에서는 매우 다양한 결과를 보여주고, 책에서 보이는 것처럼 그렇게 깔끔하게 진행되는 실험은 오히려 예외이다. 도덕책에서 제시되는 도덕 원리는 사실은 현실에서는 매우 많은 갈등 상황 속에서 관철되지 않거나 지켜지기가 매우 어렵다는 사실을 현실세계를 살아가는 사람들은 누구나 다 안다.

세상은 울퉁불퉁하고, 사람들은 저마다의 사연과 경향성을 가지고 있다. 그 속에서 개념으로만 배우는 일이 일어나는 상황은 현실세계에는 없다!

내가 미국에서 공부를 할 때, 중학교를 다니던 딸아이가 한 실험 이야기다. '합성 세제가 환경에 얼마나 해로운가'를 과학 수업의 한 학기 프로젝트 주제로 설정한 딸아이는 친환경 세제와 일반 합성 세제의 환경 유해성을 비교, 분석하기 위한 실험 계획을 세왔다. 낚시용품 가게에 가서 낚시 미끼용 지렁이를 산 후 종이컵마다 흙을 넣고 거기에 열 마리씩 지렁이를 담았다. 다섯 가지의 친환경 세제와 일반 합성 세제를 사와서 다섯 가지 농도의 세제 용액을 만들어 동일한 양을 지렁이가 담긴 25개의 컵에 붓고 매일 살아 있는 지렁이의 수를 세는 실험이었다. 날짜별로 세제별, 용액 농도별로 지렁이의 상태를 그래프로 그리면 일정한 패턴이 나올 것이라는 가설을 세워놓고 2주간 관찰을 할 계획이었다.

첫째 날, 둘째 날, 셋째 날엔 모든 컵의 지렁이가 살아 있었다. 그런데 네 번째 날에 지렁이가 모두 죽어 버린 것이다. 모든 컵에서, 동시에.

딸아이는 '멘붕'에 빠졌다. 새로 할 수도 있지만, 원래 계획에서 일주일이 늦어지게 된 것이다. 교사와 상의한 딸아이는 이 프로젝트의 목표를 수정했다. 새 목표는 '왜 이런 일이 일어났는지를 알아내는 것'으로 수정되었다. 그동안 작성한 실험 계획, 실험 일지와 실험해온 과정을 되짚어보면서 원인을 찾아내자고 과학 선생님께서 제안을 하신 것이다.

현실은 이렇다! 책에서는 깔끔하게 체계적이고 단계적으로 일이 진행될 것처럼 서술되지만, 현실은 매우 복잡하고 오히려 책에서 개념과 원리로 설명하는 것과는 반대되는 것처럼 보이는 상황도 흔하다. 현실의 문제를 현실적인 상황에서 고민하고 질문하고 찾아보는 활동 없이, 개념만을 가지고 유희하는 방식의 공부는 아이들을 지루하게 하고, 느낄 수 없게 하며, 결국은 공부와는 등을 돌리게 한다.

요즘은 '스토리텔링'이 중요하다는 말을 흔히들 한다. 하지만 아이들은 스토리텔링이 잘 되지 않는다고 한탄을 한다. 어찌 보면 당연한 일이 아닌가? 우리 학생들은 삶의 현장에서 현실적인 삶을 고민한 스토리가 없다. 개념 속에서, 책 속에서, 논리 속에서, 그리고 결정적으로 학습지와 문제지 위에서 세상을 보았다. 개념과 책과 논리와 문제지 위에 있는 세상은 표준화되고 객관화되어 있고, 논리적이고 추상적인 연관성으로 구성된 하나의 세계이다. 누구나 다 똑같은 세상을 보고 생각하고 그 속에서 문제를 풀고 살았는데, 자신만의 독특하고 재미있는 이야기가 있다는 것이 오히려 이상한 일이 아닐까? 스토리텔링을 할 스토리가 없다!

그래서 우리 사회에 회자되는 스토리는 '비정상적인(?) 사람들'의 이야기들인 것은 아닐까? 학교를 그만두거나 학교를 못 다니고 자수성가한 사람들, 명문대에 입학했는데 스스로 자퇴하고 자신의 길을 걸은 사람들, 사람들이 다 부러워하는 회사를 그만두고 자신이 하고 싶은 음악을 하기 위해 떠난 사람들! 소위 주변에서 이야기거리 되는 '스토리텔링'은 다 비정상적인(?), 다시 말해 주어진 정규적인 길을 걷지 않은 사람들의 이야기가 된 이유는, 나머지 모두는 주어진 정규적이고 표준화된 개념세계 속에서 살아왔고 살고 있기 때문은 아닐까?

이런 아이들에게 꿈이 있을 리가 없다. 꿈이란 무엇인가? 공상 속에서 형성되는 것은 꿈이 아니며, 그런 꿈은 설령 있다고 해도 아이들의 생각과 행동을 이끌어내는 꿈이 될 수가 없다. 왜냐면 꿈이란 사람이 사회적 관계 속에서 느끼고 관계 맺고 상호작용하는 과정에서, 스스로의 자리를 찾아가는 과정에서 형성되는 삶의 이정표이기 때문이다. 사회적 관계 속에서, 현실적인 삶의 세계에서 몸으로 살아본 경험이 없는데, 어떻게 현실의 길을 가는 이정표를 만들 수 있겠는가? 아이들이 꿈이 없는 것은 상상력이 부족하기 때문이 아니라 개념세계라는 가공의 세계에 살면서 오히려 현실적 경험이 부족하기 때문이다.

현실세계로부터 추방당하고 개념세계 속에 갇혀 사는 아이들이 가장 좋아하고 자주 방문하는 곳은 가상의 세계이다. 사람들은 누구나 다 저마다의 상상의 세계가 있고, 사실 상상의 세계를 좋아한다. 옛날 사람들도 소설을 좋아했고, 신화와 민담은 사람들이 얼마나 상상을 즐겼는가를 보여준다. 《삼국지》도 사실은 역사적 사실에 근거한다고 하지만, 그것은 수많은 사람들의 욕망이 얽히고설킨 상상의 세계이다. 〈홍길동전〉과 〈박씨부인전〉, 〈임경업전〉, 〈허생전〉, 〈구운몽〉 등도 사람들을 많은 이야기들이 사람들을 가상의 세계로 초대했고, 그 속에서 사람들은 마음껏 즐기고 놀았다.

이스라엘의 역사학자 유발 하라리(Yuval Harari)는 그의 저서 《사피엔스》에서 사람이 침팬지나 다른 영장류와 다른 것은 상상의 세계를 가지고 있기 때문이라고 주장한다. 더 나아가 네안데르탈인이 호모 사피엔스와 공존하지 못하고 2만~4만 년 전에 멸

종한 것은 그들이 상상의 세계에서 놀 수 있는 능력이 없었기 때문이라고 주장한다. 예를 들어 인간이 쓰는 화폐는 매우 높은 수준의 상상력을 요구한다. 금화나 은화로 다른 물건을 바꿀 수 있다는 것도 커다란 상상을 요청하지만 지폐나 최근의 디지털 화폐는 그야말로 고도의 상상력이 바탕이 되지 않으면 운영될 수 없는 시스템이라는 것이다. 화면상에 뜨는 숫자를 보고 자신이 아끼는 물건, 혹은 엄청난 노력을 통해 얻은 물건을 선뜻 내준다는 것이 현실세계에서만 사는 존재에게는 있을 수 없는 일이다. 자신이 어렵게 구한 바나나를 종잇조각인 화폐와 교환할 바보 침팬지는 세상에 없다!

인간은 상상의 세계를 통해 현실을 성찰하거나 바꾸고, 개념적 틀을 형성하여 상상을 현실로 실현하거나, 현실의 세계를 상상의 세계와 연결하기 위해 개념적 틀과 이론을 다듬기도 한다. 한국의 세계적인 로봇 박사가 한 방송에서 자신의 성장 과정을 이야기하는 것을 들은 적이 있다. 자신은 어려서부터 로봇이 나오는 애니메이션 영화와 만화를 매우 좋아해서 거기에 빠져 살았다고 한다. 그러던 어느 날 영화와 만화에 나오는 그 로봇이 있다면, 장애인인 자신의 동생이 매우 편리하게 생활할 수 있겠다는 생각이 들었고, 연이어 그렇게 되면 동생을 돌보느라고 힘든 부모님도 편하게 지내실 수 있겠다는 생각이 들었다고 한다. 그래서 '어떻게 하면 로봇을 만들 수 있을까'에 몰두하게 되었고, 시절에는 로봇을 만들 수 있는 대학에 가기 위한 방법을 찾았고, 대학교 공부 과정과 직장 생활을 거치면서 그런 생각이 현실에서 구현될 수 있는 방법을 찾다 보니 자신이 로봇 전문가가 되었다고 이야기했다.

이 로봇 박사 이야기는 상상의 세계가 어떻게 현실의 세계와 연결이 되는지, 그리고 상상의 세계와 현실의 세계가 결합하는 순간 어떻게 개념의 세계, 이론의 세계가 두 세계와 연결되면서 상호 간에 밀어주고 당겨주는 선순환적 상승 관계가 형성되고 강화되어가는지를 보여주는 좋은 사례라고 생각된다.

지금 우리 아이들에게 가장 절실한 문제 중의 하나가 상상의 세계와 현실의 세계, 그리고 개념의 세계가 통합적으로 연결되는 것이다. 아이들은 그 어느 세대보다도 상상의 세계, 가상의 세계에 빠져 산다. 그리고 미래학자들에 의하면 이런 경향은 지속적으로 강화될 것이라고 한다. 사실은 지금의 부모 세대도 지난 시기의 부모들보다는 훨씬 더 많은 시간을 가상의 세계, 상상의 세계에 산다. 게임, 영화 등 각종 미디어와 엔터테인먼트는 사실은 상상의 세계, 가상의 세계에서 즐기고 노는 활동이 아닌가?

아이들은 상상의 세계, 가상의 세계에서 쇼핑도 하고 친구도 사귀고 애완동물도 키우면서 살아간다. 상상의 세계에서는 우주함대를 거느리고 악당을 쳐부수는 우주 수호대의 대장이 되기도 하고, 미지의 우주를 향해 탐험하는 탐험대가 되기도 한다. 게임의 세계에서 아이들은 서로 연합하거나 협력하기도 하고, 서로 경쟁도 하면서 상상의 삶을 치열하게 살아간다.

하지만 아이들의 상상의 세계와 가상의 세계는 현실의 세계로부터 분리되어 있고, 개념의 세계와도 연결될 수 있는 고리를 가지고 있지 않다. 현실세계에서는 엄마가 감시자이고 독재자이기 때문에 그 세계로부터 탈출하여 가는 곳이 상상의 세계이고 가상의 세계이기 때문에, 이들이 서로 연결되고 통합되기는 매우 어렵다. 뿐만 아니라 개념의 세계를 지배하는 학교와 학원은 가상의 세계와는 담을 쌓고 철저한 출입 통제를 하는 곳이므로 아이들은 개념의 세계와 상상의 세계를 완전히 분리된 상태로 지능적으로 관리해야 한다. 따라서 아이들의 세계는 삼분오열되어 있는 것이다. 현실세계 따로, 개념세계 따로, 상상의 세계 따로!

앞의 로봇 박사 이야기가 세 개의 세계가 통합되어 상호 상승 효과를 내는 좋은 사례라고 한다면, 대부분의 아이들은 그 반대편에 서 있다. 완전히 분리되고 분열되어 세 개의 세계가 서로에게 짐이 되는 상황이 연출되는 것이다. 현실세계의 일들이 개념 공부를 하는 데 방해가 되고, 가상의 세계는 개념 공부를 망칠 뿐만 아니라 현실세계의 일상생활도 불규칙하고 난장판으로 만드는 주범으로 지목받게 된다.

이렇게 세 개의 중요한 세계가 상호 연결되지 못하고 통합을 이루지 못하는 상황을 지칭하는 말이 있다. 정신분열증! 정신세계가 통합적으로 잘 연계되지 못한다는 것이다. 그래서 일본 말로는 정신분열증을 통합실조증(統合失調症)이라고 한다. 통합을 통해 잘 조화를 이루어야 하는 세 분야의 정신세계가 조화를 잃었다는 뜻이다.

요즘 우리 사회에서는 이렇게 통합력을 상실한 정신 상태를 지닌 학생들을 이르는 말이 있다. 유사 ADHD! 주의력결핍 과잉행동장애라는 이름으로 불리는 이런 증상은 아이들이 어느 하나의 세계에도 발을 붙이지 못해 계속 떠돌이로 부유하는 모습을 지칭하는 말이다. 그러다 보니 균형을 잃은 아이들의 마음은 적절함을 모르게 되고, 이는 특정한 상황이나 일상에서 과격한 과잉행동을 불러오게 되는 것이다.

아이들을 주의력결핍 과잉행동장애와 같은 것으로부터 구하는 방법은 그러나, 의외로 간단하다. 아이들에게 자신의 일상적 삶을 돌려주는 것이다. 현실의 세계에서 몸으로 부딪히며 사는 삶을 돌려주는 것이다.

시작은 학교와 학원과 독서실에만 갇힌 학생들의 삶을 돌려주는 것으로부터 출발해야 한다. 그리고 개념의 세계도 현실의 세계와 연관 지어 생각해볼 수 있는 기회를 최대한 늘려야 한다. 이론이 아니라 실험을 해보아야 하고, 문제지 위에서 민주주의와 도덕을 이야기할 것이 아니라 학교생활 속에서 제기되는 세세한 문제들을, 그리고 지역사회의 구체적인 문제를 통해서 민주적 해결 방법과 시민적 논의 과정을 지켜보고 참여해보는 방식을 통해서 민주주의와 배려와 정직과 협력과 공익과 공동체를 생각해볼 수 있도록 해야 한다.

상상의 세계가 현실의 세계와 연결될 수 있는 수많은 경험을 제공해야 한다. 우주 전쟁 게임이 현실의 우주 탐사나 과학적 추론과 연결되어야 하고, 수많은 탐험 게임이 현실에서 아이들이 수행할 수 있는 여행과 탐험으로 연결되어야 한다. 가상의 공동체, 인터넷 커뮤니티가 현실의 문제를 해결하거나 연관된 문제를 생각해보는 일과 연결될 수 있도록 다양한 활동에 아이들이 참여하게 독려하고 지원해야 한다.

사실은 학교와 학원과 독서실에 갇힌 상태만 열어주면, 아이들은 세 개의 세계를 연결시키면서 맘껏 상상하고 경험하고 탐험하면서 모험을 즐길 준비는 이미 다 되어 있다. 문제는 부모와 학교다!

2. 부모를 벗어나 MY WAY를 외치는 시기

사람은 태어나서 부모에게 절대적으로 의존하는 관계에서 출발한다. 반면에 동물들은 태어나자마자 얼마 지나지 않아서 스스로 일어서며, 이후 간단한 부모의 지도를 통해 스스로 먹이를 잡거나 천적으로부터 피하는 법을 배우고 나면 이제 하나의 성숙하고 독립된 개체로서 살아갈 수 있게 된다.

나는 어릴 때 옆집 소가 송아지를 낳은 것을 보았다. 그날 소는 송아지를 아침에 낳았다. 나는 아침에 송아지를 낳는다는 말을 듣고 아침밥을 먹기가 바쁘게 옆집으로 달려갔다. 약간 늦었던 탓인지 이미 소는 송아지를 낳았고, 송아지는 어미 소 옆에 쓰러져 있었다.

그런데 어미 소는 송아지를 자꾸 건드리면서 혀로 송아지의 몸 전체를 마사지하듯이 핥고 있었다. 그렇게 한 시간도 안 지난 것 같았는데, 송아지가 일어서려고 버둥거리기 시작했다. 처음에는 어설프기도 하고 우습기도 했는데, 자꾸 일어나려다 주저앉기를 반복하고 나서 드디어 송아지는 스스로 서 있을 수 있었다. 그때도 어미 소는 계속 송아지를 핥아주었다. 그리고 30분도 지나지 않아 송아지는 걸을 수 있게 되었다. 그러니 소는 태어나서 한나절이 지나기도 전에 일어나서 걸을 수 있게 될 뿐만 아니라 스스로 어미 소의 젖을 찾아 먹을 수 있게 되었다.

하지만 사람은 태어나면 그야말로 아무것도 할 수 없는 상태에 놓이게 된다. 어미가 아이를 안아서 젖을 물려주지 않으면 아마 아이는 살 수 없을 것이다. 그리고도 목을 가누는 데 몇 주가 걸리고, 목을 가누고 나서도 계속 누워 있기만 한다. 그러다가 100일이 가까워서야 겨우 몸을 뒤적일 수 있다. 이제 좀 몸을 놀려 기어다닐 줄 알게 되어도, 일어서서 어른들처럼 걸을 수 있게 될 때까지는 대략 400일이 걸린다. 이뿐만이 아니다. 사람으로서 말하고 듣고 읽고 쓰고, 다른 사람과 기본적인 의사소통을 하는 것을 배우는 데 여러 해가 걸린다. 아이들은 이 과정 전부를 부모에게 의존하고 있다.

사람이 태어나서 겪는 이와 같은 절대적인 부모 의존 관계가 10년 이상 지속된다는 점은 인간이 지닌 큰 특징 중의 하나이며, 이로 인해 부모와 자식 사이에는 많은 문제들이 생겨나게 된다. 우선 교육과 관련하여 발생하는 문제는 부모-자식 간에 매우 일방적인 통제와 간섭의 체계가 형성된다는 점이다. 아이들은 10대 중반에 이를 때까지 부모에게 절대적으로 의존하는 만큼 부모의 지시와 통제를 직접 받아야만 하는 상황에 놓인 것이며, 이로 인해 부모도 심리적으로나 일상생활에서나 아이를 독립된 개체로 보기가 어렵게 된다. 따라서 인간에게 있어서는 자식들이 부모로부터 독립하여 하나의 성숙하고 독립된 개체로서 성장한다는 과제는 매우 의식적이며 사회적인 노력의 과정이 되고, 동시에 부모와 자식 사이에 격렬한 갈등과 충돌이 일어나게 된다.

그동안 부모의 통제와 지시를 받던 자식의 입장에서는 갖은 방법을 동원해서 부모로부터 심리적, 생활적, 사회적 독립을 얻으려고 할 것이며, 그동안 절대적인 지배권을 행사했던 부모로서는 자식을 분리시켜 독립적인 개체로서 떠나보낸다는 것은 심리적으로도 불안할뿐더러 사회적으로도 마음이 놓이지 않는 상황에 직면한 것이다. 이로 인해 인간의 10대 중반은 부모와의 독립전쟁이 본격적으로 시작되는 시기가 되는 것이다.

하지만 이 전쟁은 눈에 띄게 운동장이 기울어져 있는 상황에서 전개된다. 부모는 아이의 생존에 필요한 거의 모든 수단을 소유하고 있을 뿐만 아니라 심리적으로나 사회적으로, 지적으로나 신체적으로도 매우 우월한 위치에 있으므로, 부모에게 일방적으로 유리한 게임이 된다. 따라서 자녀들은 자신들만의 전략을 개발하고 구사해야만 하는 상황에 놓이게 되는데, 이로 인해 10대의 자녀들은 부모들이 보기에 비이성적이고 위험하며 과격한 양상으로 부모의 그늘을 벗어나려고 저항하게 된다.

이 시기에 자녀들이 부모의 그늘에서 벗어나기 위해서 얼마나 격렬한가를 보여주는 몇 가지 사례를 보자. 사랑에 빠진 로미오와 줄리엣은 부모의 반대를 무릅쓰고 격렬하게 저항하다, 결국에는 죽음을 통해 부모의 곁을 떠나간다. 비극적인 결말로 인해 우리가 그들이 고작 10대였다는 사실을 기억하지 못하지만, 그들은 10대였다! 먼 이야기만도 아니다. 우리 곁에는 숱한 로미오와 줄리엣이 있다. 옛날에도 그랬다. 이몽룡과 성춘향의 사랑 이야기를 담은 〈춘향전〉은 유교적인 각색과 사상적 통제가 심하게 배어 있음에도 불구하고, 그들이 사랑에 빠지고 부모들 모르게 백년가약을 맺은 날이 바로 그들이 처음 만난 그날 밤이었다! 그들의 나이가 이팔청춘 16세였다는 사실에 주의를 기울이는 부모는 많지 않은 것 같다.

너무 부모의 뜻을 거스르는 이야기만 하는 것 같아 이번엔 엄친아 이야기를 해보자. 동양 최고의 엄친아 공자와 맹자는 10대에 어땠을까? 우선 맹자의 이야기부터 해보자.

맹자와 관련해서 두 개의 고사가 있다. 하나는 많은 사람들이 알고 있는 맹모삼천(孟母三遷)이다. 맹자네 집은 처음에는 공동묘지 주변이었는데, 아이들과 함께 장례식을 흉내 내며 노는 것을 보고 아이의 몸과 마음이 상하지 않을까 두려워하여, 맹자의 어머니는 이사를 결심하게 된다. 그렇게 이사를 한 곳은 시장 주변이었는데, 아이들과 함께 장사 거래를 하고 이익을 내는 놀이를 하는 것을 보고, 아이가 시장의 영향을 받는다고 생각한 맹자의 어머니는 그곳 역시 아이의 성장에 좋은 환경이 되지 못한다는 판단을 하고 다시 학교 옆으로 이사를 한다. 이번에는 맹자가 예의와 제례 형식을 흉내 내고 공부를 따라 하는 것을 보고 아들이 잘 성장할 수 있는 환경이라고 생각하여 마음을 놓았다고 한다.

그런데 맹자 어머니의 이사와 관련된 이야기는 아마도 맹자가 10대 중반 이전의 이야기인 듯하다. 모두 주변에서 보이는 모습을 따라서 하는 이야기이기 때문이다. 심리학자들에 의하면 아이들은 13~14세까지는 주변의 성인이나 부모를 따라서 모방하면서 배워가는 시기라고 한다. 하지만 문제는 15세를 전후해서 시작되는 독립의 시기이다. 맹자도 10대 중반이 되자 자신의 의지대로 여기저기를 휘젓고 다니며 어머니를 속이곤 하였다. 이를 본 맹자 어머니는 그날도 실컷 놀고 들어와서 자신에게 거짓말로 핑계를 대는 맹자 앞에서 짜던 베를 끊어버린다. 놀란 맹자가 그 이유를 묻자 맹자의 어머니는 이렇게 대답한다.

> 네게 글공부를 시킨 것은 너를 쓸모 있는 사람으로 키우고자 함이다. 그런데 지금 너는 노는 데만 정신이 팔려 앞으로 나아갈 생각은 하지 않는구나. 그건 마치 내가 잘라버린 저 베가 쓸모없는 물건이 된 것과 같다. 앞으로도 네가 이렇게 허송세월을 한다면 너는 그저 몸으로 먹고사는 처지(勞力者)에 머물고 말 것이다.[64]

이런 어머니의 당부에 자극을 받은 맹자는 그 이후로 공부에 뜻을 세우고 정진하였다고 한다. 비슷한 이야기가 공자에 관해서도 전해진다.

공자는 스스로의 인생을 돌아보고 자신이 살아온 여정에서 연령별로 수행한 발달 과업 혹은 인생 단계별 목표를 제시하였는데, 그는 15세에 '스스로 공부에 뜻을 세웠다'고 말하였다. 많은 사람들은, 특히 한국의 부모들은 공자가 15세에 공부에 뜻을 세웠다는 말에서 '공부'에만 강조점을 둔다. 그래서 15세, 10대 중반에 공부를 해야 한다고 생각하고 자녀들에게 책상에 앉아서 공부에 집중하라고 몰아붙인다.

하지만 공자와 맹자의 이야기에서 우리가 주의해서 살펴보아야 하는 지점은 '공부'가 아니라 '뜻', '의지'이다. 15세, 10대 중반은 한 개인의 인생에서 자신의 뜻을 세우는 시기라는 점이다. 10대 초반까지 부모의 뜻에 따라, 혹은 주변 어른들의 뜻에 따라 살아왔던 아이들이 이제 부모로부터 독립하고, 성인들로부터 독립하여 자신이 하나의 완전한 주체로서, 자아를 형성하여 자기 자신이 되고자 하는 '독립의 뜻'을 세우는 시기라는 점이다. 공자와 맹자가 뜻을 세우는 과정은 유학자들에 의해서 많이 각색이 된 버전일 것이다. 아마도 공자와 맹자의 10대도 요즘 중2병으로 일컫는, 혹은 무서운 10대로 표현되는 최근 청소년의 모습과 크게 다르지 않았을 것이다.

근본적으로 자신의 길을 가겠다고 뜻을 세우는 것은 그동안 절대적인 지시와 통제권을 행사하던 부모와 일대 결전을 벌이는 상황인 것이다. 부모 입장에서는 그동안 내가 모든 것을 살펴주고 지원해주었는데, 어느 날 이 녀석들이 이제 그런 것들이 답답하고 싫다며 나는 나의 길을 가야겠다고 외치는 순간, 부모들은 본능적으로 아이들을 가로막고 나서게 되고, 아이들을 겁주기도 하고, 설득도 하고, 어떻게 해서든 자신의 의지대로 아이들을 가둬두고 싶어진다. 부모로부터 독립하고 자신의 뜻을 세우는 일은 필연적으로 부모의 의지와 충돌하는 것이고, 부모와는 다른 길을 간다는 것을 의미한다.

자녀들이 부모와는 다른 뜻을 세우고 부모와 다른 길을 간다는 것은 필연적일 뿐만 아니라 인간에게는 꼭 필요한 일이다. 바퀴벌레는 인간이 한 세대가 바뀔 동안 수백 세대가 바뀐다고 한다. 이것이 바퀴벌레가 지구상에서 수억 년 동안 생존할 수 있었던 비결이다. 잦은 세대교체를 통해서 변화하는 환경에 빠르게 대처할 수 있는 능력을 키운 것이다. 그래서 바퀴벌레는 인간이 만든 살충제에도 쉽게 적응하여 사람들의 골치를 아프게 한다. 그럼, 인간이 이 지구상에서 매우 느린 세대교체를 하면서도 생존하고, 나아가 지구상에서 최우세 종이 될 수 있었던 비결은 무엇일까?

여러 가지 이유를 들 수 있지만, 그중의 하나는 자녀들이 부모와는 다른 길을 개척하고 그 길을 걸어갔기 때문이다. 바퀴벌레가 수백 세대를 바뀌가며 이룩한 것 이상의 적응과 대응, 변화와 혁신을 인간은 한 세대에 이룩해야 하는 것이다. 그러니 자녀들이 부모 세대와 같다면, 부모의 뜻과 부모의 길을 공유하기만 한다면, 그것이 오히려 인간의 생존을 위협하는 염려스러운 상황이 아니겠는가?

사실 이 과정은 매우 격렬한 충돌과 갈등을 야기한다. 로미오와 줄리엣의 이야기가 아니어도 많은 신화와 설화들은 부모의 그늘을 벗어나야만 하는 자녀들의 숙명과 그로 인해 야기되는 부모와 자녀들 간의 전쟁이 얼마나 격렬하고, 그를 가로막고 나서는 부모와 이를 벗어나려는 자녀의 갈등이 얼마나 파국적인가를 보여주고 있다. 몇 가지만 살펴보자.

그리스·로마 신화에서 최고의 신인 제우스는 어떻게 신들의 왕이 되었는가? 제우스의 아버지는 크로노스다. 크로노스는 우라노스의 여섯째 아들인데, 어머니 가이아에게 계속해서 원치 않는 임신을 시키는 아버지 우라노스의 성기를 낫으로 자르고 세계의 최고 신이 되었다. 신화에서 남성의 성기가 의미하는 바는 권력과 의지이다. 그러니 크로노스는 아버지 우라노스의 권력과 그의 의지를 꺾고 독립된 권력 의지로 설 수 있었던 것이다. 그러면 제우스는 어떻게 크로노스를 없애고 신들의 왕이 되었을까? .

거대한 낫을 하나 들고 다니는 이 크로노스에게는 참으로 괴상한 버릇이 있었다. 그것은 아내인 레아가 자식을 낳으면 낳는 족족 삼켜버리는 버릇이었다. (중략) 제우스는 크로노스에게 신찬과 신주를 드릴 때마다 거기에다 은밀하게 토제(吐劑), 즉 토하게 하는 약을 넣었다. 처음 몇 번은 끄떡도 없었지만 제우스가 줄기차게 토제를 넣자 마침내 크로노스도 견디지 못하고 삼킨 것들을 토하기 시작했다. 일찍이 하데스, 포세이돈, 헤스티아, 데메테르, 헤라를 삼킨 적이 있는 크로노스는 이들을 먼저 토해내었다. 마지막으로 삼킨 바윗덩어리는 맨 마지막으로

토해내었다. 바윗덩어리를 토해내고 나서야 크로노스는 제우스의 정체를 알아보고는 이렇게 탄식했다.

"어리석어라. '대지의 속살'이 바윗덩어리라는 것을 알지 못했구나. 삼킨 것을 토해냈으니 나는 이제 시간의 신이 아니다. 네 마음대로 처분하려무나." [65]

제우스의 아버지 크로노스는 자식을 낳는 즉시 잡아먹어버린다. 부모는 자식을 자기 뜻대로 키우고 싶은 것이다. 자식의 의지를 잡아먹고 자신의 의지를 관철시키는 것이다. 지혜롭고 강한 제우스는 모든 자식의 뜻을 집어삼킨 아버지의 뜻을 꺾어 삼킨 것들을 토해내도록 한다. 집어삼킨 자식들의 의지를 다시 토해냄으로써 자식들의 의지를 인정하지 않을 수 없게 된 것이다. 그러고는 아버지를 무한 지옥에 가둔다. 즉, 자식들의 삶의 영역으로 다시 침범하지 못하도록 한 것이다. 그런데 사실은 크로노스도 자기 아버지의 강력한 의지, '거시기'로 대표되는 의지를 꺾고 세계의 지배자가 되었다. 이 신화가 상징하는 것 중의 하나는 분명히 부모와 자식 사이에 존재하고, 또 극복되어야만 하는 갈등을 말해주고 있다.

이 외에도 많은 신화와 설화들은 부모를 죽이거나, 버리거나, 떠난 자들을 영웅으로 그리고 있다. 이들이 상징하는 바는 부모의 뜻과 다른 뜻을 세운 자가 독립적인 개체로 성장할 수 있으며, 그를 바탕으로 할 때 위업을 달성할 수 있음을 말하는 것이다. 우리나라의 신화와 설화에도 자녀들이 부모의 뜻을 어기고 집을 떠나서 위업을 이룬 사례들을 전해주고 있다. 《삼국유사》에 전하는 '박혁거세 신화'와 '김알지 신화'를 읽어보자.

진한(辰韓) 땅 6부의 조상들이 각각 자제들을 이끌고 알천(閼川) 언덕에 모여서, 덕(德)이 있는 자를 임금으로 삼아 나라를 세우고 도읍을 정하려고 하였다. 이에 그들이 높은 곳에 올라 남쪽을 내려다보니 양산 아래 나정 우물가에 번개 빛처럼 이상한 기운이 하늘에서 땅으로 비치고 있었다. 또 흰 말 한 마리가 꿇어 앉아 절하는 형상을 하고 있었다. 그곳을 찾아가 보니 붉은 알 한 개가 있었고, 말이 사람을 보자 길게 울고는 하늘로 올라갔다. 알을 깨고 어린 남자아이를 얻었는데, 모두 놀라고 이상히 여겨 동천(東泉)에서 목욕을 시키니, 몸에서 광채가 나고 새와 짐승들이 따라서 춤을 추었다. 이윽고 천지가 진동하고, 해와 달이 청명하였다. 이에 아이를 혁거세왕(赫居世王) 또는 불거내왕(弗矩內王)이라 이름 짓고, 위호(位號)를 거슬한(居瑟邯, 居西干)이라 하였다.[66]

신라 탈해왕 때 대보 호공(瓠公)이 밤에 월성(月城) 서리(西里)를 가다가, 크고 밝은 빛이 시림(始林) 속에서 비치는 것을 보았다. 자줏빛 구름이 하늘로부터 뻗쳐 있고 나뭇가지에는 황금 궤가 걸려 있었다. 그 금궤 속에서 빛이 나오고 있었다. 나무 밑에서는 흰 닭이 울고 있었다. 그 말을 들은 왕이 숲으로 가서 금궤를 열었더니 한 사내아이가 누워 있다가 일어났다. 그 아이를 안고 대궐로 돌아오니 새와 짐승들이 서로 따르면서 기뻐하여 뛰놀고 춤을 추었다. 소아(小兒)를 의미하는 알지(閼智)로 아이의 이름을 짓고, 금궤에서 나왔다 하여 김(金) 씨를 성으로 삼았다. 탈해왕은 길일을 가려 그를 태자로 책봉했지만 그는 파사왕(婆娑王)에게 양위하였다. 후에 김알지의 7대손 미추가 왕위에 올랐다. 신라의 김씨는 이 알지에서 시작된 것이다.[67]

우리나라의 위인에 관련된 두 개의 설화를 보면 몇 가지 공통점을 찾을 수 있다. 우선 알과 금궤가 있는데, 본래 있던 곳에 있는 사람들은 그것의 가치를 알아보지 못하고 멀리 있는 사람이 그것들이 내뿜는 광채와 서기를 알아본다는 것이다. 부모의 눈에는 자식들은 항상 어리고 부족해 보인다. 가까이에 있는 부모들 아이들이 가지고 있는 진면목을 보기는 어렵다. 어디 아이들뿐인가? 어른들도 가까이에 있는 서로의 가치를 못 알아본다. 익숙함에서 오는 안목 없음이다. 성인(聖人)도 자신의 고향에서는 대접을 못 받는다고 하지 않던가?

아이들은 부모의 틀과 그늘을 벗어나야 그 진가를 보여주고 발휘할 수 있다. 그래서 두 신화가 모두 아이들이 알을 깨고 나오고 금궤를 열고 나온다. 아이들이 부모의 틀을 깨고 나와야만 몸에서 나는 광채가 드러난다. 그리고 그 틀과 울타리를 깨고 나오는 일은 부모가 도와줄 수가 없다. 모두 타인이 나타나서 틀과 울타리를 깨고 나오는 과업 수행을 돕는다. 소위 영어에서 표현하는 의미있는 타자(significant others)를 만나야만 독립과 성장의 과정이 가능하다는 것을 보여준다.

또 다른 공통점은 두 신화에서 알과 금궤를 찾아내는 사람들은 모두 인재를 찾고 있다는 것이다. 뭔가 중요한 일을 할 인재를 찾는 사람의 눈에만 사람의 능력과 재능이 눈에 들어오는 것이다. 그리고 그러한 쓰임새는 집안에서는 보이지 않는다. 집을 나가서 사회와 지역 속에서 각자의 쓰임새가 찾아지는 것이다. 그래서 아이들은 부모와 집을 떠나서야 자신의 자리와 역할을 찾을 수 있고, 그 일을 함께할 사람, 즉 중요한 타자(significant others)를 만날 수 있는 것이다.

마지막으로 중요한 지점은 두 신화에서 두 위인 모두 '아비, 어미 없는 자식'으로 그려지고 있다는 점이다. 이는 실제 생물학적인 부모가 없음을 의미한다기보다는 부모의 틀에서 완연히 벗어난 존재로 성장해가는 사람은 이제 그 '아비, 어미의 이름'을 빌릴 필요가 없다는 뜻이다. 그만큼 자신의 길이 완연해졌다는 것을 의미한다. 청소년기는 바로 슬하, 즉 '아비, 어미의 무릎 아래'에 놓인 존재에서 '스스로 자신임을 선언'하는 '아비, 어미 없는 존재'로 성장해가는 시기인 것이다.

이렇듯 자녀들이 성장한다는 것은 부모와 가정으로부터 독립을 한다는 의미이고, 그 독립의 과정은 필연적으로 부모의 뜻을 벗어나서 자신의 뜻과 길을 세우는 작업이다. 부모는 이런 작업을 본능적으로 거부하고 막아 나서게 된다. 그래서 현대의 부모들은 아이를 어려서부터 마마보이, 공주로 키운다.

본능적으로는 옳다. 그리고 자연스럽다. 하지만 부모가 스스로 아이들을 독립시키지 못한다면, 부모를 대신하여 지역과 사회, 중요하게는 학교가 자녀가 독립할 수 있도록 돕는 것이 부모와 아이와 나아가 사회를 돕는 일인데, 학교의 교육과정과 운영 방식은 오히려 청소년들을 가정과 학교와 학원에만 묶어두는 방식으로 돌아가니, 아이들은 성장의 기회를 잃고 부모는 자녀를 죽도록 보살펴야 하는 무거운 짐을 떠안게 되며, 사회는 사회의 건전한 성장과 운영에 필요한 인재를 얻지 못하는 악순환이 되풀이되고 있는 것이다.

자녀를 독립시키는 것을 본능적으로 거부하고, 거기에 자신의 욕망까지를 덧씌우는 부모의 모습을 그린 설화가 있다. 한번 읽어보자.

호랑이가 이웃 부잣집에 품일을 갔다 오던 늙은 어머니를 잡아 먹고는 어머니의 옷과 머릿수건으로 변장을 하고 오누이가 있는 집으로 찾아가 문을 열라고 한다. 오누이는 문구멍으로 내다보고는 호랑이인 줄 알고 뒷문으로 도망쳐 나무 위로 피한다. 이를 추격하여 호랑이가 나무로 올라오자 오누이는 하늘에 빌어 하늘에서 내려준 쇠줄을 타고 올라가 해와 달이 된다. 호랑이도 오누이를 쫓아 썩은 동아줄을 타고 하늘에 오르다가 줄이 끊어져 수숫대 위로 떨어져 죽는다. 하느님이 오빠는 해, 동생은 달이 되게….[68]

신화나 설화, 민담은 다양하게 해석될 수 있다. 나는 이 설화를 어릴 때 읽고 저녁이 되어 어머니께서 집에 오시지 않으면 무서움에 떨곤 했다. '호랑이가 잡아먹지는 않았을까?' 하고 겁이 난 것이다. 하지만 내가 아이들을 키우면서 다시 떠올린 오누이 설화는 결코 옛날옛날 이야기나 남의 이야기가 아니었다. 왜냐면 나도 그와 같은 충동을 느끼고 살기 때문이다. 특히 이 설화에 나오는 어머니는 나이가 든데다 홀로 사는 어머니였으니 오죽했으랴 싶다.

늦게 얻은 오누이를 홀로 키운 이 어머니의 오누이에 대한 기대와 욕망은 다른 무엇과도 비할 수 없이 컸으리라. 이렇게 거대한 기대와 욕망은 이제 어머니 자신을 잡아먹는 호랑이가 된다. 욕망이라는 이름의 호랑이에게 잡아먹힌 어머니는 이제 어머니가 아니다. 호랑이가 된 어머니는 겉모습만 어머니의 모습을 하고서, 오누이를 잡아먹으러 오누이가 있는 집으로 찾아온다.

다른 판본의 설화에서는 어머니는 아이들을 잡아먹으려고 방안에 "가만히 있으라!"고 한다. 부엌에서 오도독, 소리가 나는 것을 들은 오누이는 엄마에게 "무엇을 먹느냐?"고 묻고, 우리에게도 좀 달라고 한다. 그때 어머니가 아이들에게 던져준 것이 다른 부위가 아닌 어머니의 손가락이다. 손가락은 의지의 표상이다. 어머니의 의지와 욕망을 본 오누이는 부엌에 있는 어머니는 이제 더이상 어머니가 아님을 알아차리고 어머니를 속여 뜰에 있는 나무위로 도망을 친다.

아이들은 나무 위까지 쫓아오는 어머니를 피해, 하늘에 기도를 해 밧줄을 타고 하늘로 올라간다. 어머니의 자녀에 대한 욕망은 끝이 없다. 아이들은 땅에서 가장 높은 곳, 나무 꼭대기까지 도망가지만, 이제 땅에서는 다른 방도를 찾을 수가 없어서 하늘에 빈다. 하늘은 누구인가? 땅의 세계는 어머니의 세계이고, 부모의 세계이며, 집을 의미한다. 부모의 욕망, 엄마의 욕심으로부터 자녀를 구해줄 계기는 이제 집에서는, 부모 곁에서는 찾을 수가 없다. 그래서 아이들은 하늘에 비는 것이고, 아이들을 구해주는 밧줄은 하늘에서 내려오는 것이다.

이 설화에서도 아이들이 독립된 성인으로서 성장하기 위해서, 그리고 부모의 욕망의 그늘에서, 그 덫에서 벗어나기 위해서 부모와 집을 떠나야만 함을 보여주고 있다.

나도 아이들을 키우면서 사랑이라는 이름으로, 너희들을 위하는 일이라는 명분으로, 그리고 결정적으로 내가 더 많이 안다는 권위로, 아이들을 내 마음대로 나의 기대와 욕망에 따라 나의 길을 가도록 만들려고 하는 독사가 내 안에 똬리를 틀고 앉아 좀처럼 그 본색을 드러내지도 않고, 떠나지도 않음을 오랜 시간 겪었고, 사실은 아직도 다 벗어던지지 못한 입장에서 오누이 설화는 항상 마음에 새기고 되돌아봐야 하는 설화가 되었다.

3. 지혜의 크기, 국량이 형성되는 시기

    청소년 시기는 독립의 시기이면서 동시에 성장의 시기이다. 육체적으로나 정신적으로나 성장이 급격히 이루어지면서 중요한 대부분의 영역에서 기본적인 틀이 잡히는 시기이다. 뇌과학자들에 따르면 인간의 뇌는 크게 세 차례 큰 변화를 겪게 되는데, 임신 4개월 전후, 0~3세 시기, 그리고 청소년기인 12~18세 사이 시기에 새로운 단계를 형성하는 변화를 겪는다고 한다. 따라서 우리나라의 중학생, 고등학생, 대학생 시기에 해당하는 청소년들은 이제 아동에서 성인으로 성장하는 중요한 시기를 통과하는 것이다.

    이때가 생리적으로나 신체적으로나 정신적으로나 심리적으로나 커다란 변화를 통해 새로운 사람으로 태어나는 시기라고 할 수 있다. 심리학자들은 대략 15~25세 사이에 개개인이 자신의 삶에서 발휘하게 되는 지혜의 크기가 결정된다고 한다. 즉, 자신의 정체감을 형성해가고 세상에 대한 자신의 관점과 지향점을 정해가는 이때가 많은 경험을 통해 자신의 생각의 크기, 자신의 상상력의 크기, 세상을 품을 수 있는 수용력의 크기를 결정하는 시기라고 할 수 있다. 옛날 사람들은 이를 한 인간이 가지는 가능성의 용량, 즉 국량(局量)이라고 했다.

그런데 중요한 것은 이런 국량은 논리와 개념을 통해 커지지 않는다는 점이다. 오직 구체적인 경험과 스스로의 체험을 통해서만 자극을 받고 확장되어간다는 점이다. 따라서 이 시기에 국량을 키우기 위해서는 많은 경험과 만남, 다양한 상황과 환경을 겪어보고, 많은 책과 이야기를 통해 상상의 세계와 현실의 세계를 다양하게 연결해보는 활동이 필요하다.

청소년 시기에 지혜의 넓이, 가능성의 크기를 넓게 터를 잡아야, 이제 30대부터 그 넓이를 깊이로 심화시키고 풍부하게 함으로써 역량의 총량이 커질 수 있는 것이다. 그런데 청소년 시기에 학교와 학원, 부모의 그늘과 관리에 갇혀 지낸다면 생각의 크기와 범위가 매우 협소해질 것이고, 지혜의 가능성은 학교와 학원의 울타리에 갇혀버릴 것이다. 그런 사람들은 이제 30대가 되어도, 40대가 되어도 어린애와 같은 생각에서 벗어나지 못하고, 자녀를 둔 부모가 되어서도 독립된 성인이 되지 못하고 여전히 부모에 의지해서 살아가는 '애 어른'이 되어버리는 것이다. 설령 독립적인 성인으로 성장할지라도 그 생각의 넓이가 워낙 좁다면, 아무리 깊이가 깊어져봐야 그 총량, 국량의 크기는 매우 빈약할 것이다.

그래서 옛사람들은 청소년기의 아이들을 집 밖으로, 넓은 세상을 향해 나가도록 했다. 우선은 지역사회로, 그리고 지역을 떠나 전국으로, 다른 나라로 여행과 체험을 떠나도록 했던 것이다. 대표적인 사례로 신라시대 화랑을 들 수 있다. 청소년기의 청년들이 집을 떠나 함께 생활하면서 신체적인 단련과 문화적인 학습을 하고, 전국을 여행하면서 다양한 경험과 체험을 통해 깊게 수행하는 생활을 한 것이다. 이를 통하여 신라는 다음 세대를 독립적이고 역량 있는 지도자로 성장시킬 수 있었던 것이다.

뿐만 아니라 아프리카, 아메리카 등의 부족사회에서도 청소년기에 이른 구성원들이 숲 속이나 마을을 떠난 지역에서 함께 생활하면서 독립된 성인으로서의 역량을 기르기 위해서 다양한 지식을 전수받고, 신체적인 단련을 하며, 사냥과 같은 기술을 익히게 한 다음 성인식을 거쳐 사회의 독립된 성원으로 받아들이는 전통이 있다.

청소년기의 경험과 다양한 체험의 중요성을 말해주는 구체적인 하나의 사례를 보자. 조선 최고의 엄친아는 율곡 이이다. 이이는 어려서부터 엄마의 교육, 지시와 통제를 가장 잘 따른 아들이었다. 율곡은 5세까지 강릉 외가에서 살다가 6세가 되던 해 어머니를 따라 서울에 와서 살았는데, 이때부터 어머니로부터 '경서'와 '사서'를 배우기 시작하였고, 13세에 과거에 응시해서 초시에 급제하였는데 그 과정에서 어머니의 말을 어긴 적이 없다. 그런데 율곡의 나이 16세에 어머니가 돌아가셨다. 3년 상을 치르고 나서 18세에 관례(일종의 성인식)를 마치고 난 율곡은 홀연 금강산으로 출가를 해버린다. 1년간의 승려 생활을 통해 많은 생각과 심리적 방황을 했을 것이다. 그리고 나서 자신의 길은 승려의 길이 아니라 사대부의 길임을 자각하고 환속을 결정한다.

조선 최고의 엄친아가 홀연 조선시대 사대부의 금기를 깨고, 전혀 다른 세상으로 과감하게 나가는 모습은 한편의 무협 영화를 보는 듯하다. 1년간의 금강산 출가는 율곡의 한평생을 괴롭힌 과거사가 되었지만, 다른 한편으론 그 1년의 출가가 없었다면, 우리가 아는 율곡도 없었을 것이다. 그저 다른 사대부들과 다름없이 지리멸렬한 관료로 한평생을 살았을 것이고, 세상의 넓음과 인생의 깊이, 세상 사람들에 대한 연민도 알지 못한 채, 공허한 논쟁과 이권 다툼에 묻혀 살았을 것이다. 드러내놓고 듣기 싫어하고 타박하는 선조 앞에서 그토록 백성의 생활과 국가의 안위를 역설하지도 못했을 것이다. 율곡은 조선이 이미 쇠퇴기에 들어 토붕와해 (집의 기초가 무너지고 기와가 허물어지고 있다)의 지경에 이르렀다고 한탄했다. 선조가 그런 율곡을 보면서 율곡은 입만 열면 개혁과 변화를 말한다고 지겨워했을 정도였다.

율곡의 생각의 크기, 온 백성과 나라를 생각하는 마음, 수많은 개혁안을 제시하는 지혜와 역량의 크기는 그의 어머니가 돌아가신 16세에서 출가를 마치고 돌아오는 20세를 전후한 시기에 형성된 것이라고 나는 생각한다. 그 시기를 통해 율곡 이이는 책에서 보던 세상, 어머니의 의지와 욕망을 통해 보던 세상을 이별하고, 자신의 눈으로 보고 자신의 몸으로 체험하면서, 자신의 생각으로 사고하고 자신의 판단으로 결정하면서, 자신의 의지를 세우는 일을 했던 것이다. 그 시기 집을 떠나, 또 어머니의 관리 모드를 벗어난 3년의 시묘 살이와 금강산으로의 출가는 새로운 세계를 향한 열정을 키우고, 삶의 지향성을 정하는 데 결정적인 역할을 했다.

청소년기의 중요성, 독립과 성장을 위한 경험과 체험의 중요성을 많은 나라에서 오래전에 인식하고 이를 위한 프로그램을 개발하여 운영해오고 있다. 이들 나라는 청소년들이 태어나서부터 살아오던 익숙한 환경에서 벗어나 새로운 세계를 찾아 나서, 자신의 삶의 넓이와 생각의 크기를 확장하고 지혜로운 성인으로 성장하도록 하기 위해 청소년기에 많은 경험과 모험을 할 수 있도록 도와주는 교육 프로그램을 운영하고 있다. 호주의 여행수업(the Rite journey), 아일랜드의 전환학년제(transition year), 덴마크의 학교밖학교(after school), 영국의 징검다리학년제(gap year) 등등이 청소년기의 다양한 경험과 체험을 통한 사고의 폭을 넓히고 지혜의 기본 틀을 형성하는 중요한 시기를 의미 있게 보낼 수 있도록 돕는 프로그램들이다.

호주의 여행수업은 교과 수업과는 별도로 1년간 매주 2~3시간씩 청소년에서 성인으로 성장해가는 과정에 필요한 다양한 경험과 체험을 통해 자신의 삶의 방향을 정할 수 있도록 돕는 정규 교육과정 내의 프로그램이다. 반면에 아일랜드의 전환학년제나 덴마크의 학교밖학교는 정규 교육과정과는 별도의 한 학기 혹은 1년간의 특별활동 프로그램을 학교 밖에서 제공하는 활동이다. 학교를 떠나 별도로 마련된 캠프형 학교에서 자신이 하고 싶은 활동을 하면서 인생을 설계하고, 실제 사회 활동과 직업 활동에도 참여해봄으로써 청소년기에서 성인으로 성장해가는 과정에서 자아 정체성 형성과 진로 개발을 동시에 할 수 있도록 지원한다. 영국의 징검다리학년제는 유럽의 많은 나라에서 비슷한 프로그램을 운영하고 있는데, 고교 재학 중이나 졸업하고 대학 가기 전, 혹은 대학 재학 중 몇 개월에서 2년까지 다양한 여행과 활동을 계획하여 수행할 수 있도록 지원하는 프로그램이다.

많은 나라들에서 청소년들을 대상으로 이와 같은 다양한 체험 및 경험 활동 프로그램을 운영하는 이유는 이 시기가 청소년기에서 성인으로 성장해가면서 자신의 삶의 방향과 정체성, 생각과 지혜의 크기와 틀을 형성하는 시기임을 정확히 인식하고, 청소년들이 안전하지만 도전적인 체험을 할 수 있도록 돕기 위해서이다. 우리도 학생들을 학교와 학원, 가정과 책상에만 묶어둘 것이 아니라 다양한 체험과 사회적 경험을 가질 수 있도록 청소년들을 장려하고 도울 수 있는 다양한 프로그램과 정책이 시급히 시행되어야 한다.

4. 현실의 문제 속에서 독립과 성장, 그리고 창업가 정신

왜 지금 우리에게 창업가 정신이 필요한가? 그러면 지금 이 시기에 우리에게 창업가 정신의 고양과 창업가 정신교육이 절실해지는 이유는 무엇인가?

나는 세 가지 이유를 들고 싶다. 첫 번째는 경제적인 측면에서 볼 때 우리 경제를 추종자형 경제에서 선도자형 경제로 전환하고, 선도자적인 역할을 지속적으로 수행하기 위해서 창업가 정신의 일상화가 절실하다는 점이고, 두 번째는 사회적인 측면에서 최근의 상황을 바라보면, 이제 우리 사회의 문제가 단순하게 정부가 결정하고 정책을 집행하는 방식으로는 해결이 어려운 문제가 증가하고 있으므로 수많은 조직, 단체, 기관, 개인들이 창의적이고 혁신적인 개선을 수행해야 하는 상황이라는 점이고, 세 번째는 우리 사회의 평균 수명이 빠르게 증가하고, 저출산·고령화로 인해 전통적인 경제활동 인구(16~64세)만으로는 우리 경제와 사회를 유지할 수 있는 상황이 아닐뿐더러 개인의 인생을 설계하는 데 있어서, 이제 우리 사회의 성인들은 제2의 직업, 제2의 사업을 찾고 수행해야 하는 상황에 처해 있다는 점이다.

먼저, 창업가 정신이 절실한 첫 번째 이유인 '한국 경제의 요청'이라는 측면을 자세히 살펴보자. 우리 경제는 1960년대에 정부 주도의 경제개발 계획을 수립하고 선진국에서 이미 개발되고 구현된 제품을 구입한 후 가공, 조립하여 다시 수출하는 가공 무역 형태를 중심으로 산업 개발을 시작하였다. 그 이후에 점점 기술 수준을 높여 선진국의 일부 제품을 하청받아 제작, 납품하는 단계를 거쳐, 선진국에서 구현된 제품을 우리의 독자적인 기술력으로 만들어낼 수 있는 단계로 발전하였다. 1960년대부터 1990년대 초까지 우리나라는 선진국의 표준화된 제품을 우리의 기술로 구현하여 좀 더 싼 가격에, 조금 더 나은 품질을 보장하는 방식을 통해 경쟁력을 확보했다.

하지만 이런 경제 운영은 오래가기 어려워졌다. 1990년대 중반 이후 중국과 인도, 남미의 국가들이 빠른 속도로 저임금과 표준 기술력으로 추격을 해왔기 때문에 우리가 기존에 구가했던 '빠른 추종자(fast follower)의 이점'은 사라져버렸다. 따라서 우리나라는 이제 새로운 단계로 우리의 사회경제 시스템을 발전시켜야 하는 과제를 안게 되었으며, 이제 국가적인 전략도 빠른 추종자 전략에서 선도자 전략, 즉 첨단 기술력 확보를 통한 고부가가치 산업 전략을 추진해야 하는 상황에 놓이게 되었다. 그에 따라 우리나라는 1990년대 후반기부터 대학과 국책 연구소, 기업 연구소를 중심으로 본격적인 연구 개발 투자를 시작했다. 우리나라에서 대학의 연구력을 제고하기 위한 '두뇌한국21(Brain Korea 21)' 사업이 시작된 해가 1999년인데, 당시의 국가적인 과제가 선도형 경제로 전환하기 위한 기술력 확보였다는 점을 단적으로 보여주는 사례이다.

지난 20여 년간 우리나라의 국가 연구 개발비는 급속히 증가하였으며, 이와 같은 추세를 따라 우리나라의 과학기술 연구 수준, 인문사회 분야 연구 역량은 세계적인 수준에까지 올라갔다. 그러면 이제 선도자형 경제로의 도약이 이루어진 것일까?

꼭 그런 것은 아니다. 왜냐면 연구실에서 이론적으로, 그리고 실험실 상황에서 구현된 기술들이 바로 우리 생활 속의 제품이나 서비스로 전환되는 것은 아니기 때문이다. 그동안 우리나라는 국가적인 투자와 학부모의 교육열, 우수한 기업의 연구 개발 투자, 뛰어난 인재의 노력을 통해 급속한 과학기술의 발전을 이룩했다. 그래서 1960년대부터 1970년대 동안 겨우 외국의 기술을 도입해서 적응하는 단계(Technology Application)에서 1980년대와 1990년대의 기술 개발 단계(Technology Development)를 거쳐 2000년대 이후 기술 혁신형 국가(Technology Innovation)로 발돋움해왔다.

처음 기술 적용형 국가에서 기술 개발형 국가로 도약하는 데 가장 절실히 요청되었던 능력이 문제해결 능력이었다. 다른 나라의 기술을 들여와서 그 기술을 적용하는 단계에서는 생산 과정을 체계적이고 표준적으로 관리하여 제품의 품질 관리를 잘하는 역량이 핵심 역량이다. 하지만 기존의 기술을 단순히 적용하는 단계를 벗어나 기술을 자체적으로 개발하는 단계에서는 기술 개발을 가로막는 문제를 창의적으로 해결하는 능력(problem solving competency)이 가장 중요한 필수 능력으로 등장한다. 그래서 '우리 교육이 창의적 문제해결력을 키우지 못한다'는 비판과 한탄이 우리 사회를 가득 채웠던 적이 있다.

그런데 우리 경제가 발전하고 과학기술의 수준이 높아지자 새로운 과제가 제기되었다. 이제 새로운 기술을 개발하고 과학기술을 혁신해야 하는 상황에 직면한 것이다. 막 추종자를 벗어나는 단계에 접어든 것이다.

기술 혁신형 국가로 진입하는 과정에서 요구되는 핵심 역량은 문제 창출 능력이다. 즉, '어떤 면을 개선해야 하는지', '새롭게 해결할 문제는 무엇인지?', '어떤 분야를 새롭게 개척할 것인지?' 등의 과제가 중요한 시대에 접어든 것이다. 우리가 2000년대에 접어들면서, 순수기초연구에 대한 강조, 스스로 질문하고 문제를 탐구하는 역량에 대한 관심이 높아진 것은 이와 같은 사회경제적 상황을 반영한 현상이었다. 최근에 '질문이 있는 교실'을 제창하는 교육감들이 많아지고 있는데, 이 또한 우리 사회의 중요 과제 상황에 대한 인식을 반영한 현상이라고 할 수 있다.

그러면 창업가 정신 및 역량은 어떤 상황에서 요구되는 것인가?

굳이 순차적으로 말하자면, 문제해결력과 문제 창출 능력을 갖춰 새로운 기술 혁신을 달성하고 나면, 이를 사회적 가치, 구체적인 제품과 사람들이 원하는 서비스로 전환하여 제공하기 위해 필요한 역량이라고 할 수 있다. 아무리 좋은 문제를 찾아내고 그를 해결하는 역량을 갖추어도 이를 구체적인 우리 생활의 제품과 서비스로 전환해내는 창업가 정신과 역량, 그리고 창업 활동이 없다면 과학기술이 연구실과 대학교, 연구소에 머물러 있을 뿐이고, 우리의 삶을 개선하고 풍요롭게 하는 데 기여하지 못할 것이다. 특히 우리가 추종자형 경제에서 선도자형 경제로 명실상부하게 전환하기 위해서는 연구실과 대학에서 뿐만 아니라 구체적인 제품과 서비스에서, 글로벌 시장에서 선도적 역량을 발휘하고, 주도적 역할을 수행해야 할 것이다. 따라서 창업가 정신은 우리 사회 경제적 상황에서 비롯되는 매우 절박한 요청이라고 할 수 있다.

두 번째는 사회적인 측면에서 창업가 정신과 창업 역량이 중요한 요소로 등장하고 있다. 최근의 상황을 바라보면 이제 우리 사회의 문제가 단순하게 정부가 결정하고 정책을 집행하는 방식으로는 전혀 문제를 해결할 수가 없는 상황에 직면하고 있으므로, 수많은 조직, 단체, 기관, 개인 들이 창의적이고 혁신적인 개선을 모든 부문에서 수행해야 하는 상황이다. 동시에 정부가 적극적으로 정책을 시행하는 분야에서도 민간의 노력과 참여가 중요한 성공 요인으로 작용하고 있다.

예를 들어 독거노인 문제를 해결하기 위한 사회복지 사업과 관련하여 정부는 여러 가지 시책을 마련하고 있지만, 정부가 독거노인들의 문제를 모두 해결할 수가 없다. 따라서 독거노인들의 주거 문제, 건강 문제, 식사 문제, 일자리 문제 등등을 함께 고민하고 활동하는 민간 단체나 개인들 그리고 지역사회의 노력이 서로 연결되고 협력할 때 서로 시너지 효과를 내고 제대로 된 독거노인 문제 개선이 가능하다. 국내적인 문제만이 아니라 전쟁, 기아, 지구온난화와 같은 전 지구적인 문제에 있어서도 마찬가지로 여러 나라의 정부뿐만 아니라 다양한 사회단체와 지역사회 조직들의 참여와 협력이 필요하다. 지구온난화를 해결하기 위해서는 각국 정부 간 국제적인 협력과 노력이 중요하지만, 동시에 그린피스와 같은 국제적인 환경 단체, 그리고 환경운동연합 같은 국내 단체 등등이 함께 노력하고 연대할 때 문제를 제대로 해결할 수가 있다.

최근 사회적인 문제를 해결하기 위한 방법도 정부의 재정 투입이나 기업이나 부호의 기부에 한정되지 않는다. 사회적인 문제를 해결하기 위해서 기업적 방식을 활용하는 조직을 '사회적 기업'이라고 하고, 협동조합의 운용 방식을 도입하는 경우를 '사회적 협동조합'이라고 한다. 최근 우리 사회에도 이와 같은 다양한 문제 해결 방식이 시도되고 또 성공하고 있다. 예를 들면 국민의 식생활의 안전과 자연 친화적 농업 그리고 환경보호 등 다양한 문제를 동시에 해결하고자 하는 협동조합운동이 활발히 이루어지고 있다. '한살림'이나 '자연드림', 지역의 생활협동조합 등은 국민의 식생활을 안전하고 건강하게 하도록 소비의 패턴을 바꿈과 동시에 환경보호 및 농민의 안전한 작업 환경 등의 문제도 해결하는 대표적인 사회적 경제의 한 형태인 사회적 협동조합이다.

이와 같이 우리 사회가 복잡해지고 시민의 삶이 다양해지면서, 각양각색의 집단들이 사회적 통합과 사회경제적 환경 개선, 주요 사회문제를 새로운 방식으로 해결하기 위한 노력과 시도를 하고 있다. 이러한 노력과 시도를 창업가 정신, 사회적 창업 활동이라고 부를 수 있다.

이제, 창업이라는 말을 돈을 벌기 위한 경제적인 사업을 한다는 좁은 개념에 가둬두지 말고, 시민의 삶에서 제기되는 다양한 문제를 적극적으로, 창의적으로 해결하기 위한 모든 노력과 활동을 창업이라고 재정의할 필요가 있다. 따라서 새로운 창업의 개념에 기반한다면, 모든 사람은 창업가 정신을 지녀야 하고, 창업가적 태도를 항상 갖추어야 한다. 최근 우리 정부는 2018학년도부터 초·중·고교 사회 교과를 통해서 모든 학생이 창업가 정신을 배우고 경험해볼 수 있도록 하겠다는 계획을 세웠다. 늦은 감이 있지만, 매우 중요하고 절실한 과제를 수행한다는 측면에서 환영할 일이다.

창업가 정신이 절실히 요청되는 세번째 이유는, 우리 사회의 평균 수명이 빠르게 증가하고, 저출산·고령화로 인해 전통적인 경제활동 인구(16~64세)만으로는 우리 경제와 사회를 유지할 수 없는 상황이 조성되고있기 때문이다. 이제 성인들은 사회적으로나 개인적으로도 제2의 직업, 제2의 사업을 찾고 수행해야 하는 상황에 처해 있다.

최근 우리나라 성인의 삶을 살펴보면, 평균 28세를 전후해서 첫 직장을 가지게 되고, 대략 25년 정도 직장 생활을 하고 퇴직해서 크게 아프지 않고 78세 전후까지 지내는 패턴을 그린다.[69] 따라서 우리는 25년 정도 배우고, 25년 정도 일하고, 25년 정도 쉬는 인생을 표준적인 인생이라고 생각해왔다. 이는 전통적인 산업사회의 평생직장에서 사회경제 생활을 영위하던 시절에는 큰 무리 없이 일반적으로 기대할 수 있는 생애주기(life cycle)이다. 하지만 최근에 사회경제적인 변화가 빠르고, 사회적으로는 경제활동 인구가 급격히 줄어들기 시작한 한국의 상황[70]에서는 더 이상 유지될 수가 없는 라이프 사이클이다. 사회적으로는 노년 인구의 경제활동 참가율을 높이는 게 중요 과제로 제기되는 상황이고, 개인적으로는 제2의 경제활동 시기를 어떻게 보낼 것인가의 문제가 발생한다.

하지만 평소에, 그리고 청소년기에 인생 설계와 평생 진로경력 개발 계획에 대해 배울 기회가 적었던 중년층은 최근 직장 퇴직 이후 퇴직금을 활용하여 치킨, 피자, 편의점, 빵집, 커피숍 등의 프랜차이즈 창업을 하고 있고, 이로 인해 우리나라의 자영업자 비율은 OECD 국가들의 평균 자영업자 비율의 두 배에 이르고 있다. 이와 같은 상황이다 보니, 2016년 현재 하루 평균 3,000개의 자영업 점포가 개점을 하고, 하루 평균 2,000개의 자영업 점포가 폐업을 하고 있으며, 동시에 자영업자 영업 이익률은 매우 낮은 상황에 직면해 있다.[71]

이는 청소년 시기와 학교교육 등을 통해 체계적이고 현실적인 창업교육을 받지 못한 세대가 조기 퇴직이라는 사회 변화에 직면하여 어쩔 수 없이 자영업 창업으로 내몰리고 있는 실태를 반영하고 있다. 앞으로 조기 퇴직과 직업 변동은 더욱 심해질 것으로 전망되고 있다. 결과적으로 일자리 축소와 빠른 고령화로 인해 40대 이상을 위한 양질의 일자리는 급격히 줄어들고 있음을 알 수 있다. 따라서 이제는 창업은 선택의 문제가 아니라 시기와 방법의 문제일 뿐이라는 점이 명확해지고 있다. 초·중등학교와 대학에서 학생들에게 창업교육을 체계적으로 제공하고 수행하는 것은 사회 경제적인 요구일 뿐만 아니라 개인적인 인생 여정에서도 매우 중요한 과제로 요구되고 있다.

그러면 언제, 어느 분야에서 창업을 할 것인가?

답은 의외로 간단하다. 자신이 좋아하고 전문성과 네트워크를 확보한 분야에서 창업을 해야 한다. 자신이 좋아하는 분야는 자주 살펴보게 되고 관련 정보와 상황을 끊임없이 학습하게 된다. 그러다 보면 퇴직할 시기에는 해당 분야에서 높은 전문성을 지닐 수 있게 된다. 스스로 공부하고 경험하고 전문적 역량을 쌓고, 충분한 인적·물적 네트워크를 확보했을 때 창업에 도전한다면 치킨집이나 맥줏집 창업보다 성공 확률이 훨씬 높을 것이다. 실제로 유럽 국가들의 성인 창업 성공률이 높은 이유는 자신이 좋아하는 분야에서 오랜 경험과 지식을 축적하여 전문성을 확보한 창업에 도전하고, 청소년 시기부터 창업교육을 다양하게 받고 자란 환경의 영향이라고 할 수 있다.

아직 청소년이나 대학생이라면, 당연히 창업은 학교에서 배우고 경험해야 한다. 학교에서 창업을 하면 우선 함께 창업 할 친구들을 쉽게 구할 수 있고, 학교의 동아리나 각종 창업교육 프로그램을 통해 다양한 물적 지원과 창업 노하우 멘토링 등 다양한 서비스를 비용을 거의 들이지 않고 받을 수 있을 뿐만 아니라 최근 대학에는 창업교육 센터나 창업 지원 조직이 있어서 수백만 원에서 많게는 수천만 원까지 투자나 무상 지원을 받을 수 있으며, 창업 과정에서 직면하는 어려운 기술적 문제나 경영 문제에 대해 자문을 해줄 수 있는 전문가가 학교 내에 있기 때문이다. 또한 창업이 실패할 경우에 받게 되는 재정적, 시간적, 사회적 부담도 학생 시절이 가장 적기 때문이다. 학교에서 직접 창업하는 경험을 할 수 있다면, 이후 직장 생활을 하거나 퇴직에 가까워서 새로운 창업을 시도할 때 실패의 확률을 크게 줄일 수 있다.

이제 초·중·고교와 대학교에서 창업가 정신을 배우고 경험하고 스스로 창업에 도전해보는 체험은 필수 요소가 되었다. 그리고 창업이야말로 학생들이 현실 속에서 가장 확실하게 현장을 경험하며, 스스로 독립적으로 생각하고, 사회경제적인 성인으로 성장할 수 있는 교육과정이다.

나는 대학교 학부에서 경영학을 전공했다. 하지만 나는 경영에 대해 별로 관심이 없었다. 그래서 한편으로는 내가 왜 별생각 없이 경영학과에 입학하게 되었는지를 반추하면서, 우리 교육과 진로교육에 깊은 관심을 가지게 된 계기가 되었다. 나는 졸업하고 경영과 관련 없는 분야로 진출했지만, 많은 선후배 혹은 동기들은 창업을 해서 기업을 운영하는 사람도 있고, 해외에서 사업을 이어가는 사람도 여럿 있다. 학교 다니는 동안 같이 창업을 해보자는 친구들도 있었고, 졸업을 앞두고 함께 사업을 하자는 선배도 있었지만 모두 사양했다. 이유는 간단했다. 내게 사업은 자기만 위험에 빠뜨리는 게 아니라 주변 사람들, 가족과 친지까지도 위험에 빠뜨리는 좋지 못한 도박과 같은 것이었다. 그리고 내가 교육부에서 공무원 생활을 하는 동안에도 한 선배와 한 동기가 창업을 해서 교육부를 나갔고, 둘 다 잘되어 성공하였지만, 내 머릿속의 창업에 대한 생각은 여전히 '위험한 짓'이었다.

그런데 어느 날 내가 학생들 창업교육정책을 담당해야 하는 위치에 놓였다! 2013년부터 나는 교육부 진로교육정책과장직을 맡아 일을 하게 되었는데, 업무를 파악해보니 업무 중에 학교에서 창업교육을 활성화하는 일이 들어 있었다. 그것도 중·고등학교에서! 그래서 처음에는 썩 내키지 않는 마음으로 창업교육 업무를 시작했다. 그리고 창업교육을 담당하는 업체나 강사들을 만나보고, 그러다 실제로 창업해서 사업을 하시는 분들도 만나서 여러 이야기를 나누게 되었다. 당시에 만난 분들 중 '클래스팅(Classting)'의 조현구 대표, '아이엠스쿨(IAMSCHOOL)'의 정인모 대표는 매우 인상적이었다.

이분들은 우리가 학교생활을 하면서 겪는 불편을 그냥 보아 넘기지 않고 그것을 해결하기 위해서 엄청난 노력을 기울였고, 결국은 그 해결책을 찾아서 창업을 하셨다. 조현구 대표는 학교에서 수업을 하면서 아이들이나 학부모, 주변 동료 교사들과 소통을 좀 더 원활하고 효과적으로 수행할 수 있는 방법을 찾기 위해 클래스팅이라는 스마트폰용 앱을 만들어서 창업을 했다. 정인모 대표는 카이스트 학부 학생이었는데 학부모와 교사 간, 학교와 가정 간 소통을 원활히 하고 학생교육에 필요한 학습 정보를 공유하기 위한 프로그램을 개발하여 학교에 보급하고 있었다.

한 포럼에서 '카카오톡'의 김범수 의장 강의도 들어보고, 창업한 고등학교 절친을 만나 인터뷰도 해보면서 그동안 내가 생각하고 있던 창업이 얼마나 편협하고 선입견에 사로잡힌 사고방식이었는지를 절실히 느꼈다. 그래서 이제는 우리나라에서 창업은 그 어떤 일에도 뒤지지 않게 중요한 일이며, 특히 학교에서 청소년기에 창업가 정신에 대해 접해보고, 창업을 하는 방법을 체험해보는 것이 반드시 필요하다는 생각을 하게 되었다. 왜냐면 창업가 정신이야말로 스스로 현실의 문제에 부딪히고 독립적으로 세상을 개척해가려는 자세이며, 스스로 결정하고 책임지는 자율과 책임의 결정판이기 때문이다.

창업가 정신은 자신이 관심을 가진 분야에서 새로운 경지를 개척하고 새로운 방법을 도입하며, 사람들의 삶에서 부딪히는 문제를 새로운 방식으로 해결하기 위해 필요한 노력과 실행 과정을 적극적으로 수행하려는 자세와 행동 양식을 일컫는 말이다. 따라서 창업가 정신은 특정 분야나 특정인에게 요구되거나 필요한 태도와 역량이 아니다. 창업가 정신은 어떤 분야에서나 필요하고 또 가능한 활동이다. 왜냐면 어떤 분야도 새로운 혁신이 필요 없거나 혁신이 일어나지 않는 분야는 없기 때문이다. 따라서 창업가 정신은 그 분야가 문화든, 기술이나 사회경제 분야든 상관없이 우리 사회의 '빈 곳'을 채우려는 노력이고, 이를 통해 우리가 좀 더 자유롭게 생활할 수 있도록 돕는 활동이다.[72]

미국의 경제학자 슘페터는 창업가를 '창조적 파괴자'라고 부르면서, 이들은 기존의 부족하고 모순적인 상황을 새롭게 바라보고 정의하며, 기존의 방식을 대체하는 대안적 방식을 창조해냄으로써 기존의 것을 파괴하고 새로운 방법을 현실에서 구현해내는 사람들이라고 불렀다. 이런 관점에서 창업가 정신을 넓게 정의하면, 우리는 꼭 기업을 하는 사람들뿐만 아니라 정치인, 학자, 사회운동가, 교사, 공무원 등 거의 모든 분야에서 창업가적 정신이 충만한 사람을 만날 수 있다. 조선의 정치, 경제, 사회, 문화, 기술, 역사 등 모든 분야에서 독창적이면서도 독자적인 문화를 꽃피울 수 있게 했던 세종대왕이야말로 우리 역사에서 최고의 창업가이며, 시대를 앞서 바라보면서 먼저 대비하고 기존의 잘못을 바꿔 가장 효과적인 군대 운용을 조직해냈던 이순신 장군 등은 모두가 그 시대의 창업가들이었다.

뿐만 아니라 공동체와 지구적 삶을 지켜내기 위해서 사람들을 연결하고 조직하여 새로운 문화를 만들어나가는 많은 사회운동가들도 창업가들이다. 세계의 기아 문제를 해결하기 위한 많은 사회단체들을 조직한 운동가들, 영유아의 질병사를 줄이기 위해 세계적인 백신 접종운동을 펼친 유엔 기구들, 지구온난화 문제를 해결하기 위해 노력하고 있는 세계의 많은 환경운동 단체들도 모두 창업가들이며 창업가적 조직들이다. 또한 최근 한 대학에서 생리대를 항상 지참해야 하는 불편을 해소하기 위해서 여자 화장실에 생리대 공유 상자를 비치하는 프로젝트를 수행한 대학생들도 또한 이 시대의 창업가들이다.

자본주의 사회의 꽃이라고 말하는 주식회사를 창업하는 것은 좁은 의미의 창업이라고 할 수 있다. 현대그룹을 창업한 정주영, 삼성그룹을 창업한 이병철, 대우그룹을 창업한 김우중 등등, 우리 현대사에 큰 족적을 남긴 창업가들이 있다. 이들은 모두 당시 우리 사회의 경제 문제, 생활 문제를 해결하기 위해 혁신적인 조직과 생산을 실현한 적극적인 혁신가들이었다고 할 수 있다. 이처럼 창업은 개인 회사를 만드는 일에서부터 세계적인 평화운동과 환경운동까지 매우 넓은 분야를 포괄하는 통합적 개념이라고 할 수 있다.

5장

평생학습 역량과
태도를 기르는 교육

1. 평생학습 역량과 실천이 중요해진 사회

우리 사회뿐만 아니라 이미 세계는 지식기반 사회, 정보혁명의 시대다. 지식기반 사회, 지식정보 사회는 개인의 삶에 있어서나 사회경제적 상황에 있어서나 지식의 중요성이 커지는 사회이다. 이는 한 사회의 산업적인 측면에서 양적으로 지식기반 제조업이나 서비스업의 확대만을 의미하는 것이 아니다. 질적인 측면에서도 개인이 지식을 획득하고 이해하고 활용할 줄 아는 능력이 개인의 삶의 질을 결정하는 핵심적 요인이 된다는 뜻이고, 한 사회에 있어서도 사회적 생산성, 경제적 잠재력이 그 사회의 지식과 정보를 처리하는 역량, 지식과 정보의 총량, 지식과 정보를 관리하고 유통하는 지식정보 인프라 등에 의해 가장 크게 영향을 받는 사회가 된다는 의미이다. 따라서 지식과 정보를 한 사회의 구성원이 어떻게 획득하고 활용하고 공유하느냐는 한 사회의 잠재적 역량을 결정짓는 핵심적인 사항이고, 그 사회의 미래를 좌우하는 가장 중요한 요인이 되었다.

또한 지식정보 사회에서는 지식과 정보의 증가 속도가 빨라지고, 그에 따라 학교와 학원에서 배운 지식의 유효 기간이 갈수록 짧아진다. 따라서 사람들은 지속적으로 자신의 분야와 관련한 학습을 수행하여 새로운 지식과 정보를 흡수하고 기존의 지식과 정보를 업데이트하면서 빠르게 변화하는 세상에 적응하고, 나아가 새로운 흐름을 만들어낼 수 있는 역량과 태도를 지녀야 한다. 그래서 지식기반 사회, 지식정보 사회는 사회 구성원의 평생학습 역량과 평생학습 실천이 그 어느 사회보다도 중요한 사회이다.

지식정보 사회에서는 전통적인 산업사회에서처럼 청소년기에 학교교육에 충실하고, 졸업하면 평생직장에 취업하여, 60세 전후하여 퇴직하면 한가로운 여가를 보내는 방식의 생애주기(life cycle)가 더 이상 유지되지 않는 사회가 된다. 이제는 교육과 학습이 직업적 생활과 밀접히 연계되어 진행되어야 하고, 직업적 노동은 여가 활동 및 학습활동과 순환적 관계를 형성해야 하는 사회가 된 것이다.

2. 우리 사회의 평생학습 역량과 태도

이미 1990년대에 지식정보 사회로 진입한 한국 사회의 성인들은 얼마나 평생학습을 수행하고 있으며, 평생학습을 수행할 역량과 태도가 갖추어져 있을까?

경제협력개발기구(OECD)가 주관하여 23개국 성인들을 대상으로 평생학습 역량과 태도가 어느 정도로 갖추어져 있는지를 조사하여 보고서를 발간하였다. 2013년 보고서를 분석하여 발표한 결과를 읽어보자.

한국 성인의 학습에 대한 의지가 경제협력개발기구(OECD) 회원국 가운데 가장 낮다는 연구 결과가 나왔다. 19일 한국직업능력개발원의 임언 선임연구위원 등이 〈고용직업능력개발연구〉에 최근 기고한 〈한국 성인의 학습 전략 국제 비교 및 역량과의 관계 분석〉 논문에 따르면 한국 성인의 학습 전략 수준은 5점 만점에 평균 2.9점으로 OECD 23개국 중 꼴찌를 기록했다. (중략) 한국 성인들의 학습 전략을 성별로 보면, 여성이 2.8점으로 남성(3.0점)보다 낮았다. 연령별로는 16~34세에 3.1점을 기록한 이후 노년층으로 갈수록 현저히 낮아졌다. 교육 수준별로는

중졸 이하 2.5점에서 석사 이상 3.7점으로 교육 수준이 높아질
수록 점수도 높았다.[73]

이 기사를 보면 한국의 성인들이 평생학습에 대해 매우 소극적
이며 실제 상황에서도 학습을 하려는 태도가 제대로 갖추어져 있
지 않다는 점을 알 수 있다. 기사에서 인용한 한국직업능력개발
원의 연구위원은 사회문화적인 측면을 주요 원인으로 이야기하
고 있지만, 우리는 이와 같은 결과를 가져온 교육문화적 맥락을
생각해봐야 한다.

우리나라 고3 학생들이 대학수학능력시험이 끝나고 학교에서
교과서와 참고서 등을 버리는 모습을 담은 사진을 쉽게 인터넷에
서 찾아볼 수 있다. 최근 수능 하루 전날 포항에서 지진이 일어나
시험이 일주일 연기된 사건이 있었는데, 지진과 수능 연기와 관련
된 기사와 함께 버려진 책 더미 속에서 자신의 책을 찾는 학생들
의 모습을 담은 기사가 여러 방송과 신문에 등장하여 보는 사람의
마음을 안타깝게 했다. 학생들은 시험이 끝나면 아무 쓸모도 없
을 교과서, 참고서, 문제집 등을 하루 전날 모두 버리고 시험장 예
비 소집 장소로 향했던 것이다. 그런데 뜻밖의 수능 연기 통보를
받고는 부랴부랴 책을 찾으러 다니는 학생들의 모습이 기사화된
것이다.

학생들은 왜 책을 버리는 것일까? 나도 고등학교 3학년 때 학력
고사가 끝나고 모든 교과서와 책들을 찢어서 버리고, 뭉쳐서 버리

고, 무게로 폐지 수집상에 팔아 없애고 했던 기억이 난다. 그때의 심정은 지긋지긋한 학교 공부를 다시는 하고 싶지 않고 교과서 등은 쳐다보기도 싫었다. 아마 책을 버린 수능 준비생들도 나와 비슷한 심정이었을 것이다. 최근의 뉴스 보도에 따르면 중국 학생들도 대학 입학시험을 치르고는 우리 학생들과 같은 '책 버리기 행사'를 한다고 한다. 왜 이와 같은 일이 있으며, 이런 행동이 의미하는 것은 무엇일까?

한국과 중국의 학생들은 모두 고등학생들 간의 입시 경쟁이 치열하고, 학생들이 엄청난 부담과 스트레스 속에서 중학교와 고등학교 시절을 보내야 한다는 공통점이 있다. 학생들은 고등학교 기간 동안 받은 스트레스를 대학 입학시험이 끝나자 책을 버리는 행동으로 풀어보려고 하는 것이다. 그렇다면 이런 행동은 어느 정도 이해할 수 있다. 하지만 우리가 중요하게 생각해봐야 하는 점은 이런 행동이 의미하는 바이다. 책 버리기로 대표되는 이런 행동은 향후 학습과 관련된 학생들의 태도를 아주 잘 나타내고 있다. 즉, 향후 고등학교를 떠나 성인이 되었을 때, 가능하다면 최대한 책이나 공부하고는 멀리하고 싶다는 의지의 표현인 것이다.

우리가 학교교육을 통해서 가르치려 노력하고, 또 배워야 한다고 생각하는 중요한 태도인 평생학습 태도와 평생학습을 실천할 수 있는 역량을 길러주기보다는, 오히려 정반대의 태도를 길러주고 반대 방향으로 행동하도록 교육한 결과를 보고 있다는 점은 매우 안타까운 일이다. 그럼 왜 이런 일이 생겼을까?

우리나라 초·중·고교 학생들은 공부에 대한 내적 동기가 형성되기도 전에 부모들의 강압과 교육 외적인, 혹은 비교육적인 방식으로 부여되는 동기에 의해 지배를 받는다. 즉, 부모를 위해 혹은 부모와 마찰을 피하기 위해 공부하거나, 아니면 부모가 제시하는 사탕과 감언이설(?)에 꾀여서 공부를 한다. 그러므로 공부 자체가 재미가 있을 수 없고 당연히 흥미가 생기기도 어렵다. 사정이 이렇다 보니 우리나라 학생들이 국제학업성취도 평가에서는 항상 상위권을 차지하지만, 학생들이 학습을 재미있어 하는지를 묻는 학업 흥미도 검사에서는 거의 꼴찌를 지속하고 있다. 국내 학생들 속에서도 우수한 성적을 받는 많은 학생들이 학업 흥미도는 더 낮은 상태에 있다는 연구 결과도 발표되었다.[74]

지금의 부모 세대는 교육 외적인 동기, 소위 외재적 동기가 매우 강한 학습동기부여 요인이었다. 가난에서 벗어나기 위해서, 집안에서 장남이나 공부 잘하는 아들 한두 명에게 몰아주었던 가족의 지원에 보답하기 위해서 공부를 열심히 해야 한다고 생각했고, 실제로 열심히 했다. 하지만 지금의 중고생들에게 이런 식의 외재적 학습동기를 기대하기는 어렵다. 그렇다 보니 지금의 부모들은 아이들에게 달콤한 보상을 제시하거나, 혹은 강압이나 밀착 감시를 통해 아이들을 공부하도록 끌어간다. 그러니 공부에 대한 흥미가 생길 여유도, 기회도 없이 아이들은 공부를 싫어하는 쪽으로 내몰린다.

처음부터 흥미를 가지고 학습을 하는 아이도 드물게 있기는 하겠지만, 대부분의 아이들은 공부를 해가는 과정에서 다양한 경험과 체험을 겪고, 그 경험과 체험의 내용이 공부하는 내용과 연결되는 순환적 상승 관계를 겪으면서 천천히 공부에 재미를 느끼기 시작한다. 혹은 자신이 궁금하거나 재미있어 하는 문제를 해결하거나 자세히 알고 즐기기 위해서 공부를 시작하고 더욱 흥미를 느끼는 선순환적 경험을 쌓아가게 된다.

하지만 우리의 학교와 학원에서의 공부는 일단 기다려주지를 않는다. 차분히 생각하고 경험하고, 그것들을 연결시켜 흥미와 재미를 느끼면서 빠져들어갈 수 있는 시간과 여유를 허락하지 않는다.

이와 같은 우리의 교육문화 속에서 학생들에게는 공부가 재미있거나 흥미를 쫓아가는 즐거운 과정이 되기 어렵다. 학생들에게 공부는 끊임없이 자신을 괴롭히는 지겨운 일이며, 그 과정을 통해 성취감을 느끼기보다는 자신에게 불안과 스트레스를 주는 원흉이다. 따라서 학생들은 학교를 떠나가게 될 때면 평생학습을 위한 태도를 지니기보다는 공부와 담을 쌓고, 학교를 떠나면서 '다시는 공부를 하지 않겠다'는 서약식을 거행하고 있는 것이다.

그리고 고등학교 졸업생들의 이런 서약은 굳게 지켜진다! 앞에서 인용한 OECD의 성인 평생학습 역량 조사 결과와 2014년 통계청에서 조사한 국민 생활시간 조사는 이런 상황을 잘 보여주고 있다. 다음의 [표 7]을 보면, 성인들의 학습 시간은 전혀 없다고 해도 과언이 아니다. 표에서 보면 40대 이상의 평균 학습 시간은 5분에

[표 7] 연령대별 학습 시간 비교

	10~24세	25~39세	40~54세	55~64세	65세 이상
ㅁ 필수 생활시간	11:22	11:09	10:57	11:10	11:46
ㅁ 의무 생활시간	8:04	8:59	8:43	7:34	4:58
일(수입 노동)	1:03	4:17	4:45	3:38	1:26
가사 노동2	0:28	2:27	2:03	2:19	2:23
학습	4:55	0:25	0:05	0:03	0:01
이동	1:38	1:50	1:50	1:34	1:08
ㅁ 여가 생활시간	4:33	3:51	4:18	5:17	7:16

출처: 통계청, 2014 국민 생활시간 조사

도 미치지 못한다. 그나마 20대 후반과 30대가 하루에 25분의 학습을 하는 것으로 나타나 있지만, 이 결과도 최근 25세부터 30세까지의 청년들이 높은 실업률로 인해 취업 준비 상황에 오래 머물고 있음을 감안하면, 실제 취업을 한 30대의 하루 평균 학습 시간은 40대와 별반 다르지 않을 것이라는 것을 쉽게 짐작할 수 있다.

3. 평생학습 역량 부족이 가져온 부정적 효과

'공부는 웬수다'

그럼 이런 현상은 우리에게 어떤 의미가 있을까? 우선 사회경제적 의미를 살펴보자.

한 사회에 있어서 가장 중추적인 역할을 하고, 가장 중요한 결정을 수행하며, 가장 영향력이 큰 지위에 있는 사람들은 어떤 나이대의 사람들인가? 분야마다 차이는 있겠지만, 대부분 40대에서 50대에 이르는 사람들일 것이다. 사기업에서나 공공기관에서나 40대와 50대가 중상층, 간부층을 형성하는 현상은 공통적인 모습이다. 대부분의 조직에는 처음 사회생활을 하는 20대와 30대 초반의 신입 직원이 있다. 이들은 패기 있고 매우 열정적이지만, 곧잘 실수를 하고 때로는 무모하기도 하다. 또한 시야가 좁아서 전체적인 그림을 보면서 조직 전체의 효과성을 제고하는 관점을 지니기 어렵고 다양한 부분을 고려한 결정을 수행하기 어렵다.

한 분야에서 10년 정도가 지나면 그 분야의 전문가가 된다고 한다. 그때는 시야도 넓어지고 조직의 다양한 부분을 고려한 결정을 할 정도로 신중해지고 판단이 깊어진다. 사람이 한 분야에서 하루에 다섯 시간 정도씩 자신의 업무 관련해서 집중하여 생각하고, 일을 수행하고, 판단하고, 결과를 뒤돌아 성찰하는 행동을 반복해서 10년 정도 직업 생활을 하면 약 1만 시간을 그 일에 투자한 상태에 도달한다. 이는 말콤 글래드웰(Malcolm Gladwell)이 《아웃라이어(Outliers: the story of success)》에서 말하고 있는 성공하는 사람들의 기본적 노력을 나타내는 최소한을 '1만 시간의 법칙'에 의하면 최고의 전문가가 되기 위한 기본을 다졌다는 의미이다.

우리나라에서는 이런 경지에 이르는 것을 일러 '10년 도를 닦았다!'고 표현했다. 바로 40대와 50대가 도를 닦아 일정한 경지에 이른 사람들인 것이다. 공자는 이런 상태를 불혹(不惑)이라고도 하고, 지천명(知天命)이라고도 평하였다. 한 사람이 자신의 분야에 마음을 두고 열정을 쏟으며 스스로 학습하며 자기 분야의 전문성을 길러 나갈 때, 40~50대에 이르러 그 분야의 전문가로 성장하는 것이며, 이 시기에 자기 분야의 전문가로 성장한 사람들은 대단한 통찰력과 혜안을 보여준다.

그러나 우리나라의 성인들은 학교를 졸업하면 공부하고는 담을 쌓는 것을 지나 '공부는 웬수다'는 생각을 가지고 있다. 사실상 고등학교를 졸업하면서 공부하고는 작별을 한다. 작별의 서약식은 매우 격렬하다. 밀가루를 뒤집어쓰고 계란을 던지며 교복을 갈기갈기 찢어 던져버리는 모습들이 그리 오래전의 일이 아니다. 최근에 학생들이 교과서를 찢어서 학교에 버리고 떠나는 모습 또한 공부를 다시는 하지 않겠다는 강한 의지의 표현이고 서약식인 것이다. 그리고 한국 사람들은 그 맹세를 결코 저버리지 않았다는 것을 OECD 국가별 성인 평생학습 역량 조사와 통계청의 국민 생활시간 조사는 여실히 보여주고 있다.

사회경제적 생산성의 저하

이와 같은 한국 성인들의 평생학습을 거부하는 태도가 경제적으로 어떤 결과를 초래하는지를 보여주는 연구 결과가 있다. 한 분야에서 10년 이상 일을 한다고 다 전문가가 되는 것은 아니다. 자신이 스스로 자기 분야에 대한 열정을 지니고 항상 학습하면서 전문성을 갈고닦아야 전문가가 되는 것이다. 즉, 스스로 많은 에너지와 시간을 투자하는 노력이 필요하다는 이야기다. 하지만 한국의 성인들은 그렇게 하지 않는다. 결국 한국의 성인들은 자기 분야의 전문가로 성장하기를 포기하고 실제로 전문가로 성장하지 못한다. 다음에 나오는 [그림 2]는 한국직업능력개발원이 발표한 연구 결과이다. 이 그래프를 보면 한국이 분야별 전문가 비율에 있어서 선진국의 절반 수준밖에 되지 않는다는 점을 알 수 있다.

하지만 이 그래프를 보면 한국은 대졸자 비율에 있어서는 매우 높은 나라이다. 거의 최고 수준이고 일본과 비슷한 수준이다. 그러나 전문직 비율에서는 일본이나 독일, 영국의 절반밖에 미치지

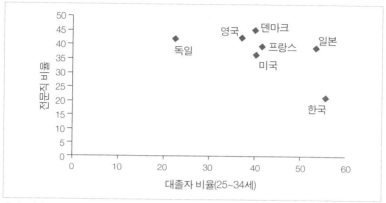

[그림 2] 국가별 대졸자 비율과 전문직 비율 비교

출처: 진미석 외, 《주요국의 진로교육정책》, 한국직업능력개발원, 2012, 345쪽

못한다. 반면에 독일의 대졸자 비율은 우리나라의 절반밖에 되지 않지만, 전문직의 비율에서는 두 배나 높다. 5장 2절에서 살펴본 바와 같이 한국 성인의 학습 전략 수준이 OECD 23개국 중 꼴찌를 기록했음을 상기하면서 이 그래프를 보면 우리나라와 독일, 미국의 위치가 크게 차이 나는 원인 중의 하나를 알 수 있다. 우리나라 성인들은 대학을 졸업하고 고용 시장에 나오지만, 즉 시작은 초급 전문가로 출발했지만 스스로 자신의 분야에서 전문가로 성장해나갈 수 있도록 노력하지도, 자신의 일과 직업을 전문직으로 성장시키지도 못하고 있는 것이다.[75]

또 다른 측면에서 성인의 평생학습 역량 부족 문제가 가져오는 영향을 검토해볼 필요가 있다. 바로 창업과 관련한 문제이다. 우리는 창업은 젊은 사람들이 패기와 열정으로 한다고 흔히 생각하

고, 따라서 창업은 젊은 사람들의 일이라고 생각하는 경향이 있다. 하지만 현실은 그렇지 않다. 특히 많은 선진국들에서 창업은 중년에 이루어지고 있다.

> 2008년에 비벡 와드화(Vivek Wadhwa)는 50세 이상의 창업자 수가 25세 미만의 창업 자수보다 2배 많다는 사실을 발견했다. 창업자의 평균 나이는 남자의 경우 40세, 여자의 경우 41세였다. 사실 와드화의 연구는 가장 활발하게 창업을 시작하는 세대가 55세에서 64세에 해당하는 베이비부머 세대로 옮겨갔음을 여실히 보여준다. 그는 이런 트렌드가 앞으로 몇 년간 지속될 것이라고 전망했다. (중략) 오레곤대학교의 연구자들은 50세 때 경쟁력이 최고조에 달하여 경쟁에 자신의 지식, 스킬, 금전적 보상 등을 기꺼이 내건다는 결과를 내놓았다. 프랑스와 이스라엘의 연구자들은 최근 545명의 관리자들을 대상으로 설문 조사를 해 조직에서 활력과 동기가 최고조에 이르는 때가 57세라는 사실을 발표했다. 또한 스웨덴에서 200개 스타트업 기업을 대상으로 한 연구에서는 창업자들이 10년에서 15년 정도의 산업 경험을 가질수록(즉, 그리 젊지 않을수록) 기업의 성장과 긍정적인 상관관계를 갖는 것으로 나타났다.[76]

이와 같은 상황 속에서 성인들의 평생학습 기피 현상은 개인의 문제이기도 하지만 우리나라의 사회경제적인 측면에도 심각한 문제를 안겨주고 있다. 경제활동을 가장 활발하게 하는 30~60대의 구성원들이 평생학습을 게을리한다는 점은 결코 개인의 문제에 그치지 않는다. 한 사회의 노동생산성을 결정하는 요인은 많겠지만, 중요 요인의 하나는 '노동자들이 자신의 직업과 자신의 일을 긍정적으로 생각하고 자기 분야에서 끊임없이 학습하면서 노력하느냐?'일 것이다. 자신의 분야에서 새로운 트렌드와 업무 개선을 위해서 열심히 공부하지 않는 성인들이 경제활동의 중심을 이루고 있다면, 그런 사회의 노동생산성은 높아지기 어려울 것이다. 다시 말해 우리나라 성인의 평생학습 역량 부족, 평생학습 참여 저조는 우리나라 근로자의 노동생산성에 부정적인 영향을 미칠 것이다. 이런 점이 아래 [그림 3][77]에 잘 나타나 있다. 한국 근로자의 노동생산성은 미국이나 주요 유럽 국가에 비해 절반에도 미치지 못한다는 점을 확인해볼 수 있다.

[그림 3] 국가별 연평균 근로 시간과 시간당 노동생산성

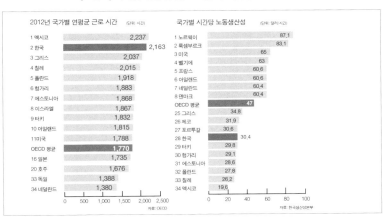

4. 잘못된 고정관념을 깨야 한다

　사람들은 인간의 지적 능력이 10대와 20대에 최고조에 이르렀다가 지속적으로 쇠퇴해져, 노인이 되면 지적 능력의 대부분을 잃게 된다고 생각한다. 하지만 이런 상식이나 고정관념은 매우 잘못된 생각이라는 사실이 최근 명확해지고 있다. 최근의 뇌과학과 심리학 분야 등의 연구 성과는 오히려 사람은 나이가 들어가면서 더 많은 일을 할 수 있게 되고, 동시에 지적으로도 더욱 성숙하고 능숙해진다는 사실을 보여주고 있다.

　2015년 5월 영국 BBC 웹사이트에는 〈나이가 들면 노쇠해지는 것은 어쩔 수 없는 일인가? 아니면, 나이가 들면 전혀 예기치 못했던 이점들이 생겨나는가?〉라는 기사가 실렸다. 이 기사는 그동안의 노화에 관한 다양한 연구 결과들을 정리하여 알기 쉬운 그래프와 함께 사람은 나이가 들면서 10대나 20대보다 훨씬 더 능숙해지고 신체적으로도 강해지면서 지적으로도 풍부하고 높은 통찰력을 발휘하게 된다는 점을 보여주고 있다. 여기 그 기사[78]의 일부를 옮겨본다.

우리는 20대를 지나면서, 새로운 사실을 기억하는 능력이 뛰어나던 시절은 끝났다는 것을 알아차렸을 것이다. 사실은 우리가 학교를 졸업하면서 반짝이던 기억력을 잃기 시작했다고 하는 게 더 맞을 것이다. 우리가 새롭게 접한 정보를 단기기억 내에 저장하는 능력은 ─ 마치 술집에서 술 많이 마시기 시합을 하는 것처럼 ─ 약간 지속되는 전성기가 있기는 하지만, 우리가 40대가 되어서까지도 지속적으로 쇠퇴하고 있다. (중략) 하지만 이때부터 반짝이기 시작하는 부분도 있다.

비록 사실들을 기억하는 데는 더 많은 시간이 걸릴지라도, 다른 능력들은 지속적으로 발전하고 있다. ─ 예를 들면 독해력과 산술적인 계산 능력은 중년까지 지속적으로 좋아진다. 사회적 추론 능력(우리가 복잡한 사회적 인간관계에 능숙하게 대처하도록 하는 능력)은 훨씬 더 늦게 최고조에 이른다. 다른 말로 하면, 우리의 정신적 능력은 파도처럼 오르고 내리면서 변한다. ─ 즉, 하나가 정상에 이르면, 다른 것이 또 다음으로 정상에 이른다. "우리 인생에서 모든 방면에서, 아니 대부분의 방면에서 최고 절정기에 이르는 때는 없습니다." 하버드 대학교에서 많은 연구를 수행한 조시 핫숀(Josh Hartshorne) 박사는 말했다.

그러면 우리는 이런 연구 결과를 보고 어떤 결론를 내려야 할까? 대충 이야기하면, 성적인 절정기는 20대, 신체적인 절정기는 30대, 정신적인 절정기는 40대와 50대, 그리고 행복감에서는 60대가 절정이라고 할 수 있겠지만, 이런 결론은 그저 평균적인 경향일 뿐이므로 개개인의 인생 사이클 곡선은 매우 다른 모습들을 하고 있을 것이다. 아마 더 중요한 사실은 나이대마다 그때에 해당하는 몫이 있고, 오르막과 내리막이 있다는 것일 것

이다: 종합적으로 말해서, 인생에서 최고 절정기는 없다!

사실 우리들은 어려서부터 이렇게 교육을 받았다. 인간의 지능과 뇌의 성능은 10대와 20대에 최고조에 이르고 그 이후로는 지속적으로 하락한다고! 그래서 어릴 때, 청소년 때 열심히 공부해야 평생 활용할 지식의 기반을 확보하는 것이라고! 어디에 사람들이 그런 생각을 가지게 된 근거가 있는지는 모르지만, 많은 사람들은 신체의 노화와 함께 인간의 기억력이 급속히 감소하는 것과 같이, 인간의 지적 능력도 나이가 들어감에 따라 감퇴할 것이라고 믿어왔다. 그래서 공부와 지적 성취도 10대와 20대에 집중해서 최고점에 올려놓고 나면, 평생 그 힘으로 지적 활동을 하면서 살아가는 것이라는 고정관념을 지니게 되었다.

많은 사람들이 "나는 이제 나이가 들어서 새로운 것을 배울 수 없다"거나, "늙어서 잘 배워지지 않는다"는 말을 곧잘 한다. 아마도 지난날의 우리 교육이라는 것이 대부분 배운 내용을 암기하는 것을 중심으로 이루어져서 그럴 수도 있을 것이다. 지금까지의 우리 학교교육에서는 대부분 암기가 중심적인 학습 경쟁력이었고 높은 학업성취도를 보장하는 핵심 능력이었다.

하지만 이제는 시대가 변했다. 단기기억이든 장기기억이든, 기억력은 별로 중요한 능력이 아닌 시대가 된 것이다. 엄청나게 많은 정보와 지식을 기억하는 것은 이제 값싼 컴퓨터 저장 장치와 스마트 기기로 얼마든지 대체할 수 있는 시대가 되었다. 그리고 그 저장 장치와 스마트 기기가 엄청나게 싸졌다. 1980년에 1기가바이트 컴퓨터 저장 장치가 3억 원이었던 시절과 지금은 얼마나 상황이 다른가? 1980년대에 수백억 원씩 하던 메인프레임 컴퓨터보다 수백 배 더 좋은 성능의 컴퓨터가 고작 몇십만 원에 판매되고, 모든 사람들이 일상적으로 그걸 손에 들고 다니는 세상에서 도대체 10대와 20대와 같은 좋은 기억력이 무슨 중요성이 있겠는가? 그런데도 우리는 모든 에너지와 자원을 10대와 20대의 암기 중심의 교육과 학습에 쏟아붓고는 30대 이후에는 학습과 배움으로부터 멀리 떨어져, 공부와는 담을 쌓고 지내는 삶을 살고 있고, 그런 문화를 여전히 강화하는 교육 시스템을 가지고 있다. 얼마나 황당한 상황인가?

이제 좀 더 큰 그림을 맞춰보자! 우리나라 30~60대까지의 성인은 지지리도 공부를 하기 싫어하고 실제 하지 않는다. 그것도 OECD 회원국들 중 꼴찌다. 그러다 보니 주요 국가 중에서 유독 전문가 비율이 현저히 낮은 나라가 되었고, 매우 낮은 노동생산성을 유지하고 있다. 이런 한국 사회가 대부분의 교육재정과 학습 투자를 10대와 20대에 집중하고 있다. 그런데 놀랍게도 가장 값싸고 의미 없는 단기기억력 및 장기기억력을 제외하고 대부분의 지적 능력은 30~60대에 이르는 시기에 가장 높은 수준을 유지한다. 참으로 황당한 그림이 아닌가?

그렇다면 이제는 우리가 개인적인 측면에서 인생이 효능감 있고 지속적으로 성장하는 삶이 되도록 하기 위해서도, 사회적으로 가장 중요한 지위를 점하고 핵심적인 역할을 해야 하는 세대, 바로 30~60대가 자신의 일을 창의적이고 혁신적인 태도로 수행하고 효과적이고 생산성이 높은 분야별 전문가가 될 수 있도록 하기 위해서도, 평생학습을 중시할 뿐만 아니라 공부하는 것 자체를 재미있는 일상적 취미로 여기는 교육이 필요하다. 미국과 독일 사람들, 핀란드 사람들은 왜 평생학습 역량과 태도가 높은가? 그들은 재미없는 것을 참으면서 할 수 있는 인내력이 우리나라 사람들보다 더 높은가? 결코 아닐 것이다. 인내력이라면, 우리나라 사람들이 어디에 가도 지지 않을 것이다. 그럼 그들의 비결은 무엇일까?

나는 그 비결이 그들의 교육문화에 있다고 생각한다. 그들은 어려서부터 자기의 방식대로, 자기의 속도에 맞춰 자신이 좋아하는 내용을 배우면서 학교를 다니고 친구들과 어울려 재미있는 프로젝트를 하면서 학습활동을 한다. 독일 아이들은 초등학교 1학년 때 자신이 할 수 있는 방식으로 20까지 세는 법을 수학 시간에 배우는데 누구도 재촉하지 않고, 연필로 하든, 손가락으로 하든, 발가락으로 하든, 돌멩이를 집어서 하든 누구도 간섭하지 않을뿐더러 오히려 그렇게 다양한 방식을 장려한다.

나는 박사 과정을 미국에서 다니는 동안 딸아이가 미국 중학교에서 과학을 배우는 모습, 역사 시간에 미국사를 배우는 모습 등을 지켜보면서 공교육이 황폐화되었다고 한탄하는 미국의 중학교교육마저도 한국의 교실보다는 훨씬 재미있고 신기한 경험들로 채워져 있다는 것을 알게 되었다. 딸아이뿐만 아니라 모든 아이들에게 학기마다 과학 시간에 다양한 주제를 선택하여 스스로 찾아보고 만들어보고, 서로 협력하고 돕고 공유하면서 공동 프로젝트를 하는 과정은 하나의 놀이처럼 재미있고 신기한 경험을 선사한다. 국제학업성취도평가(PISA)의 부가 설문에서 학교가 재미있는 곳이고 공부가 흥미 있는 일이라는 응답 비율이 높은 국가에 매년 미국이 포함된다는 사실이 충분한 근거를 가진 조사 결과라고 생각한다. 그리고 그렇게 자라난 사람들은 평생에 걸쳐 공부를 하고 재미있게 학습하는 것이 몸에 배어 있는 것이다.

학교가 즐거운 곳이고 학습이 재미있는 일이 되는 문화에서 자란 사람들의 생활은 일상이 다르다. 우리는 흔히 유럽 사람들은 한두 달의 여름 휴가를 간다고 부러워한다. 그런데 그들이 그 휴가 기간에 무엇을 하는지에 대해서는 세세한 관심이 없다. 나는 그들의 휴가문화에까지 스며 있는 평생학습문화가 부럽다. 프랑스나 독일은 여름 휴가철이 되면 서점가에 휴가를 위한 책들이 쏟아져 나오고, 그해의 베스트셀러는 휴가철에 사람들이 어떤 책을 읽는가에 큰 영향을 받는다. 그런데 상당히 어려운 철학책, 사회과학책, 혹은 과학책이 그해의 베스트셀러에 올랐다는 소식을 들으며, 유럽인의 일상에 평생학습이 얼마나 깊게 뿌리박혀 있는지 느낄 수 있었다.

미국 사람들도 마찬가지다. 2004년 미국에서 일주일간의 크루즈 여행을 간 적이 있었다. 나는 짐 속에 한두 권의 책을 넣고 여행길에 올랐다. 배에 승선하기 위해서 대기하고 있는데, 절반 이상이 노인들이었다. 크루즈 여행은 긴 시간의 운전이나 숙소 예약 등을 일일이 할 필요가 없으니 노인들이 선호하는 여행이 되었다. 그런데 노인들의 짐에는 공통점이 있었다. 노인들이 조그마한 팩에 책을 가득 담아가지고 왔다! 나중에 보니 배가 이동을 하는 동안은 갑판이나 식당, 라운지 등에 앉아서 책을 읽는 노인들이 아주 많았다. 그리고 2012년에 다시 크루즈 여행을 할 기회가 있었는데, 마찬가지로 노인들이 많았고, 또 많은 노인들이 배 여기저기에서 책을 읽고 있었다. 2004년과 다른 점이 있다면, 절반 정도의 사람들은 종이책 대신에 전자책인 아마존 킨들을 들고 있었다. 미국인들의 일상에도 평생학습, 일상적인 학습문화는 아주 깊이 스며들어 있었다.

5. 새로운 학력 개념

 그러면, 한국에서 평생학습을 일상적인 문화로 만들고, 학생들이 학교 교육과정을 통해서 평생학습 역량과 태도를 갖출 수 있도록 하기 위해서 무엇을 해야 하는가?

 나는 두 가지가 필요하다고 생각한다. 첫 번째로 필요한 일은 지금 우리 사회에 만연되어 있는 객관식 시험 중심 평가에 기반한 학력 개념을 바꿔야 한다. 객관식 시험 중심의 학업성취도 평가는 산업사회의 표준화된 생산 공정에서 작업을 맡아 수행하는 인력을 양성하고, 관리와 통제 방식을 중심으로 하는 생산체제를 유지할 수 있는 능력을 갖추도록 필요한 지식과 기술을 암기하고 숙달하는 교육에 적합한 방식이다. 지금까지 우리 사회에서 학력은 말뜻 그대로 '배우는 역량'이라기보다는 배운 표준화된 지식과 기술을 잘 기억하고 그것을 다시 회상하고 적용하는 능력, 즉 학업성취도를 학력이라고 생각해왔다.

 하지만 이제 후기 산업사회, 인공지능과 자동화 시대에는 표준화된 교육과정의 이수 정도를 측정하는 학업성취도는 더 이상 핵심적인 교육의 목표가 될 수 없으며, 학생의 역량을 측정하는 도구로도 적합하지가 않다. 따라서 지금 시대에 맞는 학력 개념, 본래적 의미의 학력 개념을 재구성해야 한다. 학생들이 평생을 살아가면서 부딪히는 문제를 해결하고, 새로운 세상을 펼쳐내기 위해서 스스로 질문하고 배우면서 함께 협력하여 창의적인 혁신을 이뤄내는 역량을 나타내는 학력 개념이 필요한 것이다.

그래서 나는 새로운 학력 개념은 기존의 학업성취도 중심의 학력 개념을 최소 기준으로 하고, 학생이 스스로 배워나갈 수 있는 역량, 즉 배우는 역량, 그리고 가장 중요하고 핵심적인 학력 요소로서 배움에 대한 열정, 이렇게 세 가지 요소 중심으로 하는 새로운 학력 개념을 학교교육의 중심에 두어야 한다고 생각한다. 새로운 학력개념을 이루는 세가지 요소들의 관계는 덧셈의 관계가 아니라 곱셈의 관계이다. 따라서, 하나의 요소라도 0이 되면 학력은 0이 된다.

새로운 학력 = 학업성취도 × 학업 역량 × 학업 열정

특히 배움에 대한 열정과 배우는 역량을 중심으로 학교 교육과정과 학교 수업-학습문화가 새롭게 형성되어야 한다. 그동안의 학력 개념은 학업성취도만을 의미했고, 학교교육은 학생들의 학업성취도 향상을 위해 교사와 학생, 학교 모두의 에너지를 소모시켜버렸다. 이 과정에서 학생, 교사 모두 탈진하여 배우고 가르치는 열정을 잃게 되고, 배우는 학습 역량이 강화되기보다는 공부와

배움을 멀리하거나 혐오하는 지경에 이르게 되었다.

새로운 학력 개념의 핵심인 배우는 역량과 열정을 학생들이 지닐 수 있도록 하기 위해서는 두 번째 과제 수행이 필요하다. 즉, 우리 교육을 재미있는 교육으로 바꿔야 한다. 학교 공부와 학교생활이 재미있어야 한다!

사람은 지루하고 답답한 일은 돈을 준다고 해도 그렇게 오래하지 못한다. 혹은 어쩔 수 없이 한다면 그 일을 하는 동안 집중적으로 몰입하지 않기 때문에 그 분야에서 창의성을 발휘하는 핵심 인재로 성장하기 어렵고 생산성도 높아지지 않는다. 우리나라 학생들의 학업성취도가 핀란드 학생들과 비슷한 수준에서 공부 시간은 두 배나 더 길다는 점을 생각해보면 이미 명확한 사실이다. 뿐만 아니라 자신이 재미를 느끼지 못하는 분야에서 일하는 사람은 스스로 불행하고 주위 사람들도 함께 불행해진다. 왜냐면 자꾸 짜증을 내거나 일의 효과성이 낮아지기 때문에 주변 사람과의 관계도 나빠지고 협력도 잘 이루어지지 않기 때문이다.

자신의 흥미와 관심을 따라 자신이 좋아하는 일을 하는 사람들은 스스로 평생에 걸쳐 배우고 익히며 새로워지는 일을 멈추지 않는다. 배우, 작가, 시인, 학자, 가수, 화가, 과학 연구자, 철학가, 역사가 등등 스스로 자신의 일에 미치도록 몰두하는 사람들이 70세가 되어도, 80세가 되어도 여전히 새로운 노래를 짓고 부르며, 그림을 그리고 시를 지어 사람들과 함께 나누고, 70대의 소설가가 새로운 소설을 쓰기 위해서 전혀 낯선 분야로 뛰어들어 역작을 엮어내는 모습을 우리는 주변에서 흔히 볼 수 있다.

결국 배우는 역량과 배움에 대한 열정의 비밀은 자신의 관심과 흥미를 따라 스스로 미칠 수 있는 분야로 들어서는 일이다. 지금처럼 전국적으로 동일한 내용을, 동일한 속도로 가르치는 표준화된 국가 교육과정으로는 앞으로도 계속 학생들을 공부와 학습으로부터 멀어지게 하는 일을 멈출 수가 없다. 우리 학교교육은 학생 개개인이 스스로에게 맞는 분야, 스스로 관심과 흥미를 가지고 몰두할 수 있는 진로를 찾아주고 안내하고 도와주는 체제로 전면적인 전환을 이루어야 한다.

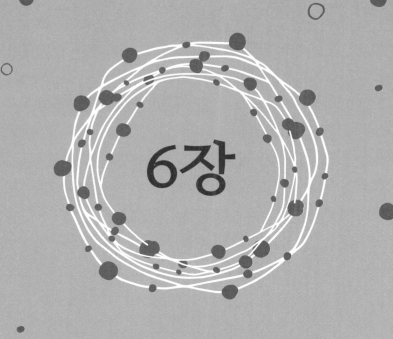

6장

공동체적 삶을 위한 교육:
민주적인 학교문화 만들기

1. 왜 민주적인 학교문화를 만들어야 하는가?

우리가 새로운 교육을 학교 현장에서 실천하기 위해서는 학교문화가 혁신되어야 한다. 지난 세기의 산업사회에 기반한 표준화된 국가 교육과정을 따라 통제와 지시를 통해 지식 전달의 효율성 중심으로 구조화된 학교교육 시스템으로는 제4차 산업혁명 시대, 후기 산업사회의 개별화된 역량 중심, 실천 중심의 교육을 담아낼 수 없다. 앞선 세 개의 장에서는 새로운 학교 교육과정(개별화된 교육과정), 새로운 교육방법(현실 속에서 도전하고 체험하는 교육), 새로운 교육 방향(평생학습 역량 함양)에 대해 논의했는데, 이번 장에서는 새로운 교육이 실현되기 위한 새로운 학교문화에 대해 논의하고자 한다.

먼저 왜 새로운 학교문화가 필요한가? 첫 번째는 우리 사회가 추구하는 민주주의의 기본적 요청이기 때문이고, 두 번째는 밀레니엄 세대가 민주주의 학교문화를 요구하기 때문이다.

인류는 초기 산업혁명 이후 지난 3세기 동안 엄청난 기술 문명의 발전을 이룩했다. 제1차 산업혁명에서부터 최근의 제4차 산업혁명까지를 거치면서 인간은 세계 어느 곳도 하루에 도달할 수 있고, 일상생활의 빨래에서부터 의료 검진 과정이나 정신적 능력을 필요로 하는 법률 자문 서비스까지도 기계가 대체할 수 있는 시대가 되었다. 동시에 인류는 지구 전체를 우주의 티끌로 만들 수 있을 만큼의 폭력 수단을 개발해냈다.

이처럼 고도로 발전한 물질문명의 시대에 지속가능한 사회를 이룰 수 있는 유일한 방법은 민주주의를 통해 평화를 확고히 정착시키는 일이다. 민주주의 자체가 평화다. 왜냐면 민주주의는 이해관계의 대립과 갈등을 정치를 통해서, 즉 대화와 타협, 소통과 협력을 통해 해결하는 과정이기 때문이다.

민주주의 정치의 발전은 폭력과 무력에 의한 문제해결을 대화와 타협, 정책과 제도를 통해서 서로의 이해 상충을 조정할 수 있게 된 인류 역사상 획기적인 전환이다. 무력에 의해 정권을 빼앗던 게임의 규칙을 사람들의 투표, 지지, 의사에 따라 정치적 권력을 부여하는 방식으로 바꿔온 과정이 민주주의의 역사이다. 한 사회 내에서도, 국가 간에도 민주주의 정치가 폭력과 전쟁을 대체함으로써, 인류는 이전에 경험해보지 못했던 수준에서 평화와 번영을 누릴 수 있게 되었다.

대한민국 헌법은 "대한민국은 민주공화국이다"고 선언하고, 따라서 "대한민국의 주권은 국민에게 있고, 모든 권력은 국민으로부터 나온다"고 명시하고 있다. 2016년 촛불혁명을 이뤄냈던 수많은 국민들이 가장 많이 외쳤던 우리나라 헌법의 첫 조항이 의미하는 바는 모든 국민은 스스로의 자율과 책임하에 나라 정치의 주인으로 살아갈 수 있다는 점을 명확히 한 선언이다.

모든 국민은 주권의 원천이자 정치의 주체이다. 왕정국가에서는 왕이 정치를 한다. 하지만 민주국가에서는 국민이 정치를 한다. 따라서 국민을 정치로부터 배제, 소외시키거나 정치에 무관심하게 만드는 어떤 활동과 제도도 반민주적이다.

민주주의 사회에서 모든 시민은 정치에 참여해야 한다. 왜냐면 민주 사회의 정치란 구성원 하나하나의 삶을 어떻게 조직할 것인지를 결정하는 집단적 과정이기 때문이다. 정치를 통해 결정된 사항으로부터 내 삶의 거의 모든 부분이 영향을 받기 때문이다. 우리의 아들, 딸이 어떤 교육을 받을 것인지, 어떻게 대우받을 것인지를 정치가 결정하기 때문이다. 시민들이 어떤 환경에서 살 것인지를 결정할 수 있는 과정이 정치이기 때문에, 민주주의 사회에서 모든 시민은 정치를 이해하고, 정치에 참여하고, 스스로 정치적 활동을 조직해야 한다.

민주주의의 핵심은 구성원 모두가, 그리고 아무나 정치를 한다는 점이다. 국민 하나하나가 정치의 주체로서 지위를 부여받고 직접 참여하면서 주권자로서 역할을 하며, 공적인 임무를 맡아 수행할 수 있다.

민주주의의 핵심은 정치의 주체가 시민이라는 점이다. 그저 투표하고 의견을 제시하는 데서 멈추는 것이 아니라 시민이 직접 정치를 한다는 점이 군주정치나 독재정치와 다른 점이다. 왕정 시대에는 왕이 정치의 주체이고, 신하와 백성은 그저 의견을 제시하는 데 멈춘다. 현대 사회에서 정치가에게만 정치를 맡기고, 시민은 의견을 제시하고 투표를 하는 데서 멈춘다면, 이는 '정치가'주의이지 '민주'주의가 아니다. 따라서 민주주의 사회의 교육은 필수적으로 민주주의 정치에 대해 가르치고, 학교 내외의 생활을 통해 학생들이 민주주의를 배우고 익힐 수 있도록 해야 함은 당연한 귀결이다.

민주주의는 모든 국민이 정치적으로 현명하고 정치 활동에 적극 참여할 때 진정으로 실현되는 삶의 방식이다. 민주주의 정치는 폭력과 전쟁을 막고, 한 사회의 평화와 번영의 기반을 제공한다. 민주주의 정치가 멈추는 곳에서 폭력과 전쟁은 시작된다. 정치가 멈추거나 짓밟힐 때, 폭력을 통해 문제를 해결하려고 하는 수많은 시도들이 시작된다. 전쟁과 테러와 같은 폭력은 대화와 소통, 조정과 협력이 막힐 때 최후의 수단으로 사용하는 행위이다.

민주주의 정치는 사회의 구성원 모두를 동등하게 대우할 수 있는 제도적 장치이다. 반면에 우리가 시장에 서는 순간 우리는 가진 돈의 크기에 따라 대우받는다. 정치가 멈추고 시장이 시작되는 곳에서는 힘의 논리가 작동하기 시작한다. 우리는 서로 간의 갈등과 대립을 원만하게 해결하기 위해서 정치를 한다. 반면 시장에서는 오직 돈의 힘이 결정권을 가진다. 소위 말하는 가격이다. 따라서 돈이 많은 사람이 힘 있는 사람이고, 돈이 있는 만큼 발언권이 있다. 또한 시장에서 힘의 논리를 약화시키는 장치, 시장에서 강자에 의한 약자의 강탈과 압제를 막는 방법도 유일하게 정치이다. 시장에 서기 전에, 나아가 우리가 시장에서 서 있을 때 조차도 어떤 원칙에 따라 행동할 것인지를 정하는 과정이 곧 정치이다.

따라서 민주주의 사회에서 공교육의 핵심 목표는 민주 시민으로서 역량을 갖추도록 학교 교육과정을 통해 민주주의를 마음으로 배우고 몸으로 익힐 수 있도록 지원하는 일이다. 우리 교육기본법도 교육의 목적을 "모든 국민으로 하여금 인격을 도야(陶冶)하고 자주적 생활 능력과 민주 시민으로서 필요한 자질을 갖추게(교육기본법 제2조)" 하는 데 있다고 천명하고 있다. 학생들에게 '민주 시민으로서 필요한 자질을 갖추게' 한다는 뜻은 학생들이 사회의 주인이 되어 민주주의 정치를 하는 공동체적 삶을 살아갈 수 있는 역량을 길러준다는 의미이다.

그렇다면 민주주의 사회의 공교육에서 우리가 진정 가르치고 배워야 하는 것은 투표를 하고 국회의원을 뽑는 방법에 관한 것이 아니다. 구체적인 사안에 대해 우리가 어떤 일을, 어떻게 할지를 직접 결정하고, 그것을 현실에서 실천하기 위한 구체적인 도전과 경험을 가지게 하는 것이다. 민주주의 이론과 역사적 사실들을 가르치는 것은 민주주의 교육이 될 수가 없다. 우리가 학교에서 가르치고, 학생들이 배우고 익혀야 하는 민주주의는 학교 구성원들이 학교에서 진행되는 교육과 생활의 모든 과정과 활동을 민주적으로 조직하고 운영하는 문화를 구현하고, 그 속에서 민주주의를 실천한다는 의미이다.

따라서 다음 세대가 사회의 중심 세력으로 성장하도록 돕기 위해서는 당연히 민주주의 교육이 실행되어야 하고, 다음 세대를 교육하는 과정 자체가 민주적이어야 하며, 그 과정에 참여하는 다양한 주체 간의 관계 자체가 민주적인 관계이어야 한다. 특히 요즘 청소년 세대, 밀레니엄 세대는 이미 스스로 민주주의적이며, 민주적 이상이 현실에서 구현되기를 강렬하게 요구하고 있다.

지금의 10대를 특징짓는 인상적인 문구가 있다. Born Digital, Born Global, and Born Equal! 태어나면서부터 디지털 방식으로 살아가고, 글로벌한 생각과 행동 방식을 자연스럽게 지니며, 세상의 모든 인간이 평등하다는 것을 본능으로 느낀다.

Born Digital! 나면서부터 이미 그들은 지식정보 사회의 핵심적 도구와 개념을 DNA에 새겨 태어났다. 이들은 정보 기기를 자신의 손발처럼 다루고, 가상의 세계와 디지털의 세계를 물고기가 물속을 헤엄치듯 자연스럽게 돌아다닌다. 그래서 이들을 '디지털 네이티브(Digital Natives)'라고 부른다. 이들이 디지털 세계에 이민 온 지금의 부모 세대와는 확연히 다른 사고방식과 행동 양식을 지니는 것은 당연하다.

Born Global! 이들은 태어나면서부터 세계 시민이다. 세계의 모든 사람들과 페이스북 친구가 되고 지구 반대편의 지진과 해일, 기아와 전쟁에 대해 연민하고 연대한다. 지구를 지키고, 바다를 지키기 위해 아이디어를 내놓고 직접 행동하는 지구상의 첫 번째 세대이다.

Born Equal! 이들은 모두가 공정하고 공평하게 대우받는 세상이 좋다는 점을 관념적 숙달을 통해서가 아니라, 원초적 본능으로 받아들인다. 모두가 평등하고 공평하게 대우받는 세상이 좋은 세상이라는 사상을 책을 통해 교육받고 자신들의 신조로 받아들여야만 했던 할아버지 세대나 부모 세대와는 완전히 다른 유전자를 지닌 세대가 출현한 것이다. 최근에 우리 사회를 온통 뒤덮고 있는 금수저-흙수저 논란과 헬조선이라는 표현은 밀레니엄 세대들이 차별에, 그리고 각자의 책임이 아닌 사회적 차별에 얼마나 격렬하게 반대하는가를 보여준다. 또한 최근 성적 지향성에 따른 차별, 여성 혐오 혹은 남성 혐오, 장애인 혐오와 차별, 외국인 혐오 등 차별적 문화에 대한 거부 또한 그 어느 세대보다 강하다.

현재 밀레니엄 세대가 보이는 특성들이 우리 사회를 변화시킬 핵심 원동력이자 중요한 자원이다. 왜냐면 지금 우리 사회 앞에 놓여진 과제가 무엇인가를 생각해보면 이유는 자명해진다. 간단히 정리하자면, 근대적 산업화와 형식적 민주화를 달성한 한국 사회의 당면 과제는 최첨단의 지식정보화 사회에서 선도적 지위를 확보하는 일, 세계화 시대에 맞게 글로벌한 감각과 역량으로 세계의 공정한 지도자가 되는 일, 그리고 민주화 이후의 민주 사회에 적합한 민주적 가치와 패러다임을 구현하는 일이라고 할 수 있다. 이 과제를 누가 중심이 되어서 풀어가야 할까? 물론 우리 사회 구성원 모두의 일이지만, 가장 중요한 추진력은 10대와 20대로부터 올라와야 한다. 그래야 미래 지향적이며 지속가능한 사회가 된다.

결국 새로운 민주주의 학교문화의 형성은 민주주의의 요청이며, 밀레니엄 세대의 요구이다. 민주주의 사회를 지탱하는 핵심축으로서 학교교육의 임무를 완수하기 위해서, 그리고 현재 학교교육을 받는 밀레니엄 세대가 학교교육을 제대로 받고, 그들이 우리 사회의 핵심 과제를 수행하는 역량 있는 사회 구성원으로 성장하도록 교육하기 위해서 민주주의 학교문화가 새롭게 형성되어야 한다.

2. 학교교육 활동의 자율성 보장

민주적 학교문화 형성을 위해 가장 중요한 일은 학교교육을 민주적 가치 위에 올려놓는 일이다. 교육의 가치 지향성을 명확히 하고 교육의 공공성, 정치적 중립성, 자주성을 명확히 하며, 역사적 대의와 사회적 정의를 담아낼 수 있는 교육목표를 명확히 하는 것이다. 이는 이미 헌법과 교육기본법에서 천명된 것이며, 학교교육과정과 학교생활의 모든 측면에서 민주적 가치를 구현하기 위한 구체적인 노력이 필요하다.

가장 먼저 고려해야 하는 측면은 교육과정이다. 우리 학교교육의 교육과정은 획일적이며 강압적이다. 국가가 세부적인 내용까지 정해서 교육과정에 담아놓고 그것을 구현한 교과서도 국정 혹은 검정을 거친 책으로만 가르치도록 하고 있다. 그리고 평가는 대부분 객관식 평가를 중심으로 중간고사와 기말고사로 이루어지며, 최종적으로는 고등학교 입학고사와 대학수학능력시험 평가로 마무리된다. 이런 과정을 모두 거치고 나면 전국의 모든 학교, 모든 학생은 동일한 교육내용을 학습해야만 올바른 학교, 올바른 학생이 되는 것이다.

이와 같은 획일적인 교육과정과 표준화된 내용에 대한 객관식 평가는 결국 학교의 수업 활동을 경직적으로 구속하고 특정한 방식, 즉 강의식, 일제식 수업 방식을 강요하는 결과를 가져온다. 이는 학교 단위 교육과정 운영의 자율성과 교사의 전문성, 자주성을 규정한 교육기본법 등의 취지와도 상충되는 상황을 연출한다. 결국 단위 학교와 개별 교사는 학교운영과 수업 활동에서 자율성을 보장받지 못한다. 최근 논의되고 있는 학교 단위 교육과정의 자율성 확대, 국가 교육과정 대강화(큰 줄기만 규정한다는 뜻이다), 최근 검토되고 있는 수능 절대평가제 혹은 고교 졸업 자격 고사화 등은 학교와 교사의 자율성, 전문성을 보장하기 위한 핵심 정책이다.

결국 학교 활동의 핵심인 '가르치고 배우는 과정'을 학교가 선택하고 조정하는 권한이 없고, 학교 단위 교육과정을 편성·운영하며 스스로 학부모와 지역사회에 책임지는 문화가 불가능하다면, 어떻게 학교의 다른 활동이 자율과 책임 속에서 이루어지는 문화가 가능하겠는가? 학교 관리자와 교원이 자신들의 핵심적 활동에서 자율성이 없고 민주적 의사 결정을 수행할 수 없는 환경에서, 어떻게 학교문화와 학생 활동이 자율적이고 민주적일 수 있겠는가? 학교 단위 교육과정의 실질적 운영과 교사의 수업 및 평가의 자율성 보장은 학교문화의 혁신을 위한 가장 필수적인 선결 요건이다.

학교운영과 교사 활동의 핵심 영역에서 자율성과 전문성이 인정받지 못한 환경에서는 당연히 학생들도 교육과정 선택권이나 자율적인 학습활동을 보장받기 어렵다. 학생들은 주어진 교과목을 어쩔 수 없이 이수해야 한다. 비교적 높은 확률로 학생들은 학교 교원이나 시수 등에 맞춰 특정한 과목을 선택해야만 한다. 과학, 사회, 외국어 영역에서는 흔히 있는 일이다. 학교에 일본어 교원밖에 없기 때문에 모든 학생들은 일본어를 공부해야 하고, 물리 담당 교사가 없거나 시간표 작성이 어렵다는 이유로 물리 심화 과정이 개설되지 않는 일이 벌어진다.

조금 더 들어가보면, 학생들이 설령 좋아하는 과목을 선택할 수 있다손 치더라도, 또 그 속에서 해당 교과의 주어진 모든 내용을 다 학습해야 하는 상황에 놓인다. 내가 물리학에 관심은 많지만 물리학의 모든 영역에 균질적인 관심이 있지 않다면, 나는 또 재미없는 내용을 억지로 이해하고 기억하는 데 많은 시간을 소비하다가 결국은 물리학이 싫어지는 처지가 될 가능성이 높다. 교사 입장에서도 교과서에 주어진 내용을 모두 가르쳐야 학생들이 대학수학능력시험에서 좋은 성적을 받을 수 있기 때문에 허겁지겁 모든 내용을 학생들의 머릿속에 욱여넣기 위해 정신없이 달려야 한다.

학교 활동의 핵심은 배우고(學) 익히는(習) 활동이다. 따라서 학생들이 배우는 활동, 수업 활동과 학습 과정에서 자율성을 보장받지 못한다면, 학교문화가 자율적이고 민주적이기를 바랄 수는 없다. 학생들에겐 자유롭게 선택하고, 스스로 몰입하여 학습할 수 있는 기회가 주어져야 한다. 권위자들과 전문 연구자들이 연구한 결과를 체계적으로 전달해준다고 학습이 일어나는 것은 아니다. 학습의 과정은 피라미드식이나 나선형 구조로 상승적으로 일어난다기보다는 네트워크식으로 가지가 뻗어가듯이, 한지에 먹물이 번져가듯이 이루어진다.

학생들은 자신의 관심과 흥미에서 출발해서 다양한 사례와 경험을 통해서 관련된 지식을 모으고 결합하며, 그 과정에서 관련 전문가나 같은 관심을 가진 친구들을 만나고 협력하면서 학습해나간다. 따라서 학생들이 자신의 관심과 흥미에 맞는 교과목을 선택할 수 있고, 또 그 교과목 내의 다양한 주제 중에서 자신이 가장 재미있어 하는 부분에 몰두하면서 학습할 수 있는 학교교육 시스템을 조성해야 한다. 최근에 논의되고 있는 토론식 수업, 프로젝트 학습, 고교학점제, 성취평가제, 객관식 시험 철폐, 선택 교과목 확대 등의 정책은 학생의 학습 과정 자율성을 높이기 위한 정책들이라고 할 수 있다.

3. 학교생활의 민주주의가 중요하다

　민주적인 학교문화가 형성되기 위해서 가장 중요한 일은 학교에서 누구도 능력, 빈부, 성별, 지역, 장애 유무 등에 따라 차별받지 않는다는 원칙을 실현하는 일이다. 누구나 평등한 대우를 받고, 동등한 교육을 받을 권리는 우리 공교육의 핵심적인 근본 원칙이자 목표이다. 우리 헌법은 전문에서 "모든 영역에 있어서 각인의 기회를 균등히 하고, 능력을 최고도로 발휘하게" 해야 한다고 선언하고, 헌법 제31조는 "모든 국민은 능력에 따라 균등하게 교육을 받을 권리를 가진다"고 명시하고 있다. 또한 교육기본법은 "교육은 홍익인간의 이념 아래 모든 국민으로 하여금 인격을 도야하고 자주적 생활 능력과 민주 시민으로서의 필요한 자질을 갖추게(교육기본법 제2조)" 한다고 선언하였다.

　교육의 목적을 달성하기 위해서 모든 국민은 능력과 적성에 따라 교육받을 권리를 가지며(교육기본법 제3조), 성별, 종교, 신념, 인종, 사회적 신분, 경제적 지위 또는 신체적 조건 등을 이유로 교육에서 차별받지 아니한다(교육기본법 제4조)고 명시하여, 학교의 모든 활동에서 평등이 보장되어야 함을 강조하고 있다. 교육기본법은 학교는 공공성을 가지며, 학교교육은 학생의 창의력 계발 및 인성 함양을 포함한 전인적 교육을 중시하고(교육기본법 제9조), 학생을 포함한 학습자의 기본적 인권은 학교교육 또는 사회교육의 과정에서 존중되고 보호되고, 교육내용·교육방법·교재·교육 시설은 학습자의 인격을 존중하고 개성을 중시하여야 한다(교육기본법 제12조)고 명시하였다. 즉, 학교 교육과정에서 모든 학생은 존중받고 각자의 소질과 재능을 중시하는 교육을 받을 권리를 지니며, 학교는 교육내용과 방법뿐만 아니라 교재와 교육 시설 등 모든 면에서 학생을 동등하게 개별적 존재로서 존중하여야 한다.

헌법과 교육기본법은 모든 국민이 자신이 타고난 소질과 재능을 마음껏 발휘할 수 있도록 교육이 제공되어야 하며, 재산이나 지역, 신분, 성별, 종교 등등에 의해 차별받지 않고 자신의 능력과 적성에 맞는 교육을 균등하게 받을 권리가 있음을 천명한 것이다. 균등한 교육은 당연히 평등한 대우, 공정한 과정, 민주적 문화를 통해 보장되어야 한다. 하지만 우리 학교의 현실은 헌법과 교육기본법이 선언한 능력과 적성에 따라 적절하고 균등한 교육 기회를 제공하는 환경을 제공하지 못하는 사례가 많다.

우선은 지역에 따른 교육 기회의 불균등이 심각하고, 갈수록 부모의 사회경제적 지위가 교육 기회에 더 큰 영향을 미치고 있다는 연구 결과가 제출되고 있다. 또한 여전히 성차별적 교육 관행과 학교문화는 건재하고 있다. 예를 들면 남녀 공학인 경우 여학생은 교복으로 치마만 입도록 하거나, 아예 여학교의 경우 바지 교복을 제공하지 않는 경우도 많다.

뿐만 아니라 학교 교육과정과 학교생활 속에서 학생들을 성적에 따라 차별하는 사례도 심각한 사회문제로 제기되고 있다. 학생들의 성적 순위를 벽보로 게시하는 학교도 여전히 있고, 학생들이 앉는 책상을 성적순으로 배치하는 경우, 학교에서 실질적인 우열반을 나눠 우등반 학생에게만 특별한 프로그램을 제공하는 경우 등 많은 차별이 없어지지 않고 있다. 학생들은 학교에서 학업능력에 따른 차별을 당연하게 받아들이도록 훈육되고 있는데, 이는 헌법과 교육기본법이 선언한 '능력에 맞는 교육과 균등한 교육기회의 제공'이라는 원칙에 위배된 관행으로 민주적 학교문화의 실현을 통해 극복되어야 할 폐습이다.

심지어 성적 순서로 학교 급식을 먹도록 하는 경우도 있다. 2014년 한 시민단체가 조사한 바에 따르면, 일부 초등학교에서 학생들의 급식 순서를 정기 시험 성적순 혹은 문제를 먼저 푸는 순으로 식사를 하도록 하는 경우가 다수 있었다고 한다. 또한 일부 고등학교에서는 기숙사나 도서관 입실 순서를 성적순으로 하거나,[79] 심한 경우 학기별로 성적이 떨어진 학생은 퇴사를 시키는 경우까지도 있다고 한다. 이는 헌법과 교육기본법이 보장하는 평등권을 침해하는 사례들이며, 학교 민주주의, 민주적 학교문화의 기본을 허물어뜨리는 관행으로 시급히 개선되어야 한다.

또한 학교 민주주의의 실현을 위해 학교가 다양한 가치와 개별적 문화가 함께 어우러질 수 있는 공간이 되도록 해야 한다. 최근에 우리나라에는 많은 외국인이 입국하여 함께 생활하고 있다. 조만간 국내에서 활동하는 외국인이 200만 명에 이를 것이라고 한다. 또한 초·중·고교에 재학 중인 다문화가정 학생들의 비율이 급격히 증가하고 있다. 여성가족부가 발표한 '2015년 전국 다문화가족 실태 조사'에 따르면, 2015년 다문화가정의 만 9~24세 자녀는 82,476명이었는데, 이는 2012년 66,536명에 비해 24% 증가한 수치다. 2014년 기준으로 초·중·고교의 다문화 학생 수는 67,806명으로 전체 초·중·고교 학생 중 1%를 넘어섰다.

당연히 사람은 인종이나 종교, 성별이나 출신 지역, 국적 혹은 정치적 입장 등에 따라 차별받아서는 안 된다. 특히나 학교에서는 더욱 그렇다. 그런데 최근에 학생 중 다문화가정 자녀 혹은 외국인 자녀가 급격히 증가하면서, 제대로 준비되지 못한 상황에서 다문화가정 학생이나 외국인 자녀는 차별과 폭력의 대상이 되는 사례가 증가하고 있다. 이는 우리 사회와 학교에 다양성과 관용, 공감과 배려의 민주적 문화가 제대로 정착되지 않은 상황에서 직면한 문제라고 생각된다. 뿐만 아니라 설령 부모가 불법 체류자라고 할지라도 학령기 자녀들은 학교에서 무조건 수용하여 다른 학생들과 동등한 교육을 받을 수 있도록 하는 인도적 조처는 당장 시행되어야 한다.

따라서 학교의 민주주의 문화 형성과 민주주의 교육의 핵심 과제 중의 하나는 다른 문화에 대한 민감성, 다양성에 대한 수용적 자세, 개인적 취향과 다름에 대한 관용 등 민주주의의 기초적 소양을 기를 수 있도록 교육하는 일이다. 그리고 학생들에게 교과로써 가르치는 것이 아니라 학교의 일상적 생활 속에서, 자율적 규칙과 문화를 통해서 학생들이 자연스럽게 익히도록 해야 한다.

서로 다름, 개별적 취향과 개성에 대한 존중, 다른 종교에 대한 관용 등은 학교에서 배워야 하는 민주 시민의 기초소양이자 민주주의의 기반이다. 교육과정에서부터 복장과 생활시간까지 획일적으로 통제하고 강제하는 문화 속에서는 관용과 배려의 민주적 생활문화가 싹터 나올 수 없었다. 따라서 다양한 가치와 개성을 존중하는 문화는 전체적인 학교문화의 민주적 개선과 궤를 같이 하는 일이다.

최근에 사립학교의 종교교육과 관련하여 대체강의 개설 의무화, 강제 종교교육 금지 등이 시행되고 있는데, 이는 행정적인 통제보다는 학교의 민주적 문화를 통해서 달성되어야 한다. 특히 우리나라는 다양한 종교가 함께 공존하는 종교적 관용 문화가 잘 정착된 사회인데, 학교의 문화가 종교적 다양성을 수용하지 못한다면 상식적이지 않은 일이다. 동시에 최근 여러 소수자들의 인권과 학교에서의 학습권 보장, 차별적 대우의 철폐 등이 활발하게 논의되고 있는데, 학교 구성원들이 함께 소통하고 공감하고 배려하며 관용하는 민주적 과정을 일상화하여 학교가 모범적으로 소수자에 대한 배려와 관용의 공간이 될 수 있어야 한다.

학교 민주주의와 민주적 학교문화의 또 하나의 요소는 학교 내에서 폭력과 강제 대신 대화와 소통, 개방과 공유의 관계와 활동이 실천되도록 하는 일이다. 일제강점기 군국주의적 교육 관행과 독재 시대의 폐습이 아직도 학교에 잔존하여 체벌이나 강제에 의한 훈육이 남아 있다. 어떠한 경우에도 교육기관 내에서 폭력이 정당화될 수 없다. 교육은 대화를 기본으로 해야 하며, 소통과 이해에 기반하지 않은 교육은 교육일 수 없다. 설령 강제와 폭력을 통해서 단기적으로 성취된 성과가 있다고 하더라도, 그러한 성과는 장기적으로 교육에 더 큰 부작용을 초래할 수밖에 없다. 특히나 학생에 의한 학생의 감시, 혹은 체벌이나 검열, 검사가 학생 자치활동이라는 이름으로 벌어지는 비교육적인 관행이 있어서는 안된다.

> 9월 새 학기 수업이 한창이던 서울 강북의 한 사립 고등학교 1학년 교실 앞문이 벌컥 열렸다. 학생 10여 명이 버티고 서 있었다. 수업 중이던 교사도 있었지만 이들은 거침없이 들어와 학생들 가방을 뒤지기 시작했다. "불시에 검사해야 학생들이 문제가 될 물건을 숨기지 못한다"고 밝힌 이들은 선도부 학생들이다. 누구도 토를 달지 못했다.[80]

폭력이 용인되거나 사주하는 학교문화 속에서 단속과 강제를 당하는 학생들뿐만 아니라 강제적 규율 잡기를 시행하는 선도부 학생, 학생회 간부들도 모두 가슴속 깊은 곳에 상처를 간직하고 학교생활을 하게 된다. 이제는 주변의 친구들도 공감하고 소통할 수 없는 대상이 되어버린 공간에서 학생들이 어떻게 살아갈 수 있을까? 도대체 이런 '이이제이(以夷制夷)' 식의 폭력은 누구를 위한 것일까? 학생들이 무찌르거나 꼼짝 못하게 붙잡아두어야 하는 오랑캐나 죄수라도 된단 말인가!

폭력을 용인하는 학교문화 속에서 학생들은 오히려 폭력을 배우거나 폭력을 묵인하는 태도를 학습한다. 나아가 학교폭력을 행사하거나 학교폭력을 방조하는 문화를 형성할 것이다. 학교폭력은 문화다. 폭력이 용인되고 암묵적으로 조장되는 문화 속에서는 폭력을 막거나 왕따당하는 아이를 도우려고 하는 경우, 오히려 왕따를 당하거나 폭행을 당하는 일이 생길 수밖에 없다. 그래서 아이들은 폭력을 당하는 친구들을 외면하게 되고 학교폭력의 악순환은 오히려 가속된다.

"똑바로 서! 손으로 막으면 손 다친다!" 가해 학생들이 권 군을 엎드리게 하고 허벅지를 때리며 한 말이다. 익숙한 말투다. 학생들의 폭력 속에는 학교가 아이들을 대했던 태도가 고스란히 묻어난다. (중략)
실제 박 양의 경우 죽기 전 피해 사실을 편지로 써 담임교사에게 전달했다. 그랬더니 교사가 아무 설명 없이 반 아이 전부를 집단 체벌했다. 폭력을 폭력으로 누르는 학교에서 아이들은 희망의 끈을 놓고 있다. 학생들이 죽음으로써 폭로하는 것은 학교 공동체의 무관심과 무능이다. 권 군을 위해 교실 책상에 조화를 놓았느냐는 한 기자의 질문에 당시 교감은 "자살한 애 영웅 만

들 일 있느냐"고 말했다. 학교는 왜 슬퍼하지 못하는가.[81]

　학교문화가 폭력에 민감하지 않다면, 급기야는 학생 상호 간뿐만 아니라 학생에 의한 교사의 폭행도 발생하지 않을 것이라고 장담하기 어렵다. 일례로 유튜브에 고등학생들이 수업을 하는 교사를 둘러싸고 욕설과 폭행을 가하는 동영상이 유포되어 사회를 충격에 빠뜨리기도 했다. 학생들이 이처럼 태연히 학교에서, 그것도 수업 중에 교사를 상대로 폭력을 행사할 수 있다는 말은 해당 학교의 문화와 학교를 둘러싼 우리 사회의 문화가 폭력적이라는 점을 보여주는 장면이다.

　결국 우리 사회와 학교에서 갈등이나 의견의 충돌, 이해관계의 상충을 어떻게 대하고 조정하는가를 둘러싼 문제해결 과정이 민주적인 대화와 타협, 개방과 공유를 통해 서로 협력적인 분위기에서 이루어진다면, 학생들도 그런 문화 속에서 민주적이고 상호적인 대화와 협력의 해결 방안을 모색할 것이다. 하지만 학생들은 민주적인 절차와 상호 의사소통을 통한 갈등의 해결 과정을 접하거나 실천해본 일이 없기 때문에 자그마한 의견 충돌이나 정서적인 갈등조차도 폭력에 의존하고 급기야 교사에 대한 불만조차도 폭력과 강압적 방식을 통해 해결하려고 하는 태도와 행동 방식을 부지불식간에 익히게 된 것이다.

4. 학생들이 스스로 결정하고 책임지는 생활 자치

학교에서 민주주의가 구현되고 민주적 학교문화가 형성되기 위해서는 교사와 학생들이 지시와 복종 대신에 자율과 자치를 실천할 수 있도록 학교 관행을 개선하는 일이 필요하다. 민주주의는 함께 만들어가는 과정이다. 누가 만들어서 마치 시장에서 물건을 사듯이 단숨에 딱 받으면 되는 그런 물건이 아니며, 어떤 사람이나 집단이 호의로 선사해줄 수 있는 선물도 아니다. 사회의 구성원들이 서로 간의 입장을 드러내놓고, 이해관계를 밝히고, 그것들을 조정하고 나누고 타협하고 함께 만들어가기 위해 협력하고, 그 결과와 책임을 함께 공유하는 과정 그 자체이다. 그러므로 민주주의는 학교에서 가르쳐야 하는 교과 과목이나 특별한 활동 프로그램이 아니다. 그것은 학교의 생활 그 자체여야 한다.

중요한 것은 학교의 구성원들이 모두 동등한 자격, 의무와 책임을 공유해야 한다. 교육기본법도 학교운영의 자율성은 존중되며, 교직원·학생·학부모 및 지역 주민 등은 법령으로 정하는 바에 따라 학교운영에 참여할(교육기본법 제5조) 수 있어야 한다고 규정하고 있다. 학교 구성원들은 학교 규칙을 통해 서로 간의 입장을 조정하고, 서로 활동의 원칙을 공유하며, 그 과정을 통해 학교의 운영과 활동이 민주적인 절차와 내용을 가질 수 있도록 해야 한다. 최근 많은 학교, 특히 혁신학교에서 학생과 교사, 학부모와 지역사회가 함께 참여하여 만드는 교칙이 시행되고 있다. 매우 반가운 일이다.

  민주적인 과정을 통해 학교 구성원들이 스스로 규칙을 정하면 규칙 자체에 대한 책임감도 높아지고, 무엇보다 학생들이 스스로 만들어가는 민주주의의 주체가 된다는 점이 중요하다. 학생과 교사 간의 관계를 협력적이고 민주적으로 전환하면, 동시에 가장 교육적인 활동이 되는 것이다. 다음의 두 고등학교 사례를 보자. 먼저 서울 독산고 학생들은 지난해 교실헌법을 제정하여, 학생들의 권리와 의무를 구체적으로 규정하였다.

  서울 금천구 독산고 2학년 4반 학생들은 지난 9월 직접 권리와 의무를 규정한 교실헌법을 제정했다. 교실헌법에는 성별, 외모, 성적 등으로 인해 차별받지 않을 권리, 이유 없이 폭력을 당하거나 욕설을 듣지 않을 권리 등이 명시됐다. 학생 의견에 도덕적·법적 문제가 없는 한 교사와 학교가 정당한 근거가 없이 이를 무시할 수 없다는 내용도 담았다.
  의무는 더 구체적으로 적었다. 학생들은 서로에 대한 인신공격, 혐오 발언 등을 금지했다. 수업 시간에 화장 등을 할 수 없도록 하고 휴대전화 사용도 교사가 일시적으로 허용한 경우를 빼고는 일절 금지했다. 허락 없이 휴대전화를 쓴 것에 대한 학교와

교사의 정당한 조치에는 학생이 반발할 수 없다는 조항도 만들
었다.[82]

2011년 서울 선사고는 학교 구성원인 교사, 학생, 학부모가 함
께 학교 생활 규칙을 제정하여, 서로의 다른 관점과 의견을 조정
하고 협력적 관계를 형성하는 기반을 구축하였다.

지난해 4월 서울 강동구 선사고에서는 교사·학부모·학생들이
참여한 가운데 '3주체 공동체 생활협약' 마련을 위한 공청회가
열렸다. (중략) 가장 큰 쟁점은 두발, 화장, 귀 피어싱 허용 여부
였다. 두발 완전 자유화(염색·파마 허용)의 경우 학생의 41%,
교사의 70%가 찬성했지만, 학부모는 7%만 찬성했다. 이에 교
사·학부모·학생들은 공청회가 끝난 뒤 몇 차례 토론을 거쳐 '두
발·화장·피어싱은 개성의 표현을 존중하되 공동체에 지나친
위화감을 줄 경우는 '3주체 공동체 생활협약 위원회'의 결정에
의해 시정을 요구할 수 있다'는 데 합의했다. (중략)
이 학교의 '공동체 생활협약'은 교사와 학교가 일방적으로 정한
수직적이고 타율적인 규정이 아니라 교육 3주체 모두가 참여
해 서로 지키기로 합의한 공동의 규약이다. 학생들은 두발·화
장 등의 자유를 누리면서 성실하게 수업에 참여하고, 학생 서로
간에 욕을 하지 않는다는 약속을 지킬 의무도 가진다. 교사들은
공동체 생활협약에서 '혼낼 때는 단호하고 따끔하게 한다'고 약
속했지만 체벌은 전혀 하지 않는다. 이유 없이 학생 소지품 검
사를 하지 않겠다는 약속도 했다. 그러나 흡연, 학교폭력, 수업

시간 휴대전화 사용, 교사의 정당한 지도에 대한 불응, 성폭력, 절도, 무단결석, 시험 부정행위 등 '공동체 저해 행위에 관한 규정(일명 8조법금)'을 어길 때엔 엄격하게 대응한다. 흡연의 경우 네 차례 적발되면 퇴학 처분을 받는다.[83]

최근 많은 학교에서 학교 교칙만이 아니라 학교의 다양한 프로그램 운영에도 학생과 교사의 적극적인 참여와 토론, 협력이 이루어지고 있다. 학교 자율학습 시간 운영, 학교 매점 운영, 학생회 및 각종 동아리 활동과 운영에도 학교 관리자 혹은 간부 교사들에 의해 일방적으로 결정되고 통보되는 것이 아니라 담당 교사들 간에, 그리고 교사와 학생 간에 다양한 소통 채널을 통해 서로 조정하고 협의하고 협력하는 과정으로 바뀌고 있다.

특히 그동안 형식적인 조직에 그쳤던 학생회가 학생들의 의견을 수렴하고 자치활동을 통해 스스로 결정하고 책임을 다하는 과정에서 민주 시민의 자세와 태도, 행동 양식을 배우고 익히게 되었다는 점은 매우 고무적이다.

학생들은 형식적이던 학교 축제를 학생회를 중심으로 놀이와 창의적 배움의 장으로 만들어내고, 학교생활에 필요한 각종 행사와 캠페인을 스스로 조직하기도 한다. 또한 학교생활에서 불편한 사항을 수렴하여 개선할 수 있는 방안을 만들어내 학생들이 스스로의 문제를 자율적으로 해결하는 역량을 키워나간다. 불결한 학교 환경을 개선하기 위해 대청소를 제안해 이를 실행하기도 하고,

불편한 교복 대신에 학교에서 편하게 입고 생활할 수 있는 옷을 만들어 함께 입고 생활한다.

또한 학생들은 스스로 생활을 규율하기 위해 자치법정을 만들어 주기적으로 재판을 수행한다. 법관, 검사, 변호사와 배심원을 구성하고, 서기와 경찰도 입회시켜 학생들의 규칙 위반에 대해 자율적으로 조절해나간다. 이 과정을 통해 규칙 위반자는 스스로 혹은 변호사의 도움을 받아 자신의 주장과 상황의 불가피함을 호소할 수도 있고, 또 규칙을 지켜야 하는 입장의 검사는 친구의 행동이 학교문화와 주변 친구들에게 끼친 영향을 분석하여 밝힌다. 이 과정을 통해 학생들은 사회의 운영 원리, 민주 시민의 책임과 자율적 절제의 중요함 등등을 배운다.

학교도 다양한 사람들로 구성된 저마다의 관점과 이해관계가 부딪히는 작은 사회이다. 따라서 학교에서도 사회에서 적용되는 민주적 의사 결정과 정책 수립의 과정이 적용되어야 하며, 학생들은 그 속에서 몸으로 민주주의의 정치 과정과 그에 대한 시민으로서의 권리와 책임을 배울 수 있다. 하지만 특정 구성원을 민주적 절차와 과정에서 배제하는 것은 가장 좋은 학습의 기회를 박탈하는 일이다. 그건 이미 민주주의가 아니다.

학교의 구성원 간의 관계가 자율과 책임의 원칙하에 민주적인 과정으로 이루어지기 위해서는 학교를 둘러싼 여러 기관이나 단체 등과의 관계도 민주적인 관계로 전환되어야 한다. 학교가 교육청이나 교육부의 지시와 지침을 일방적으로 수행하는 기관이나 조직으로 남겨져 있다면, 학교 내의 구성원 간 민주적 관계 형성은 매우 어려울 것이다. 따라서 학교를 둘러싼 시군구 교육지원청, 시도 교육청, 교육부 그리고 지역사회와의 관계가 민주적으로 전환되어야 한다. 이를 위해서는 일방적이고 권위적인 지시와 지침을 최소화하거나 많은 경우 폐지해야 할 것이다.

　최근 교육부가 많은 권한을 시도 교육청으로 이양하거나 불필요한 업무나 지침을 폐지하겠다고 선언한 일은 학교의 민주적 문화 형성을 위해 매우 고무적인 일이라고 생각된다. 더 나아가 시도 교육청이나 시군구 교육지원청에서도 동일하게 학교의 활동을 간섭하고 통제하는 다양한 지침이나 지시를 최소화하고, 많은 경우 폐지하는 방안을 검토하여야 할 것이다. 또한 교육부와 시도 교육청은 학교 교육과정 운영, 수업 활동 및 평가, 일상적 학교 운영을 단위 학교에서 자율적으로 수행할 수 있는 행정적, 제도적, 재정적 지원을 어떻게 할 것인가를 고민해야 한다.

　학교가 '폭력을 일상적으로 운영하는 군대처럼, 치료받아야 하는 환자를 수용하는 병원처럼, 교정받아야 하는 죄수를 가둔 교도소처럼 운영된다'는 푸코의 지적이 더 이상 사실이 아님을 보여줄 수 있는 학교문화가 필요하다. 더 이상 학교를 교육부에서부터 시도 교육청과 시군구 교육지원청을 거쳐 학교 관리자 및 교사까지 일사불란하게 움직이는 효율적 기계 조직처럼 운영하려는 욕망을 떨쳐버려야 한다. 오히려 아래로부터 학생이 스스로, 교사가 자율적으로, 단위 학교가 다양하게, 시군구와 시도별 교육청이 창의적으로 지역사회의 환경에 적합하게 교육을 수행할 수 있는 여건을 만들어내야 한다.

5. 민주 사회의 동반자, 학교-학생-지역사회

　학교의 민주주의와 민주적 학교문화를 위해서 고려해야 하는 또 하나의 주제는, 한 사회를 구성하고 운영하는 핵심적 기관의 하나로서 학교가 고립되어 독단적으로 운영되지 않고 지역사회로 개방되고, 지역민과 학교의 자원 및 정보를 공유하는 협력적 관계를 형성하는 일이다. 교육기본법도 "학교운영의 자율성은 존중되며, 교직원·학생·학부모 및 지역 주민 등은 법령으로 정하는 바에 따라 학교운영에 참여할 수(교육기본법 제5조)" 있으며, "부모 등 보호자는 보호하는 자녀 또는 아동의 교육에 관하여 학교에 의견을 제시할 수 있으며, 학교는 그 의견을 존중하여야 한다(교육기본법 제13조)"고 명시하여, 학교와 지역사회의 관계를 강조하고 있다.

　최근에 많은 학교들은 지역사회 주민들에게 운동장이나 체육관 등의 시설을 개방하여 활용하도록 하고 있다. 좋은 일이다. 하지만 이런 물리적인 자원을 개방하고 공유하는 데 머물러서는 안된다. 무엇보다도 중요한 것은 사회의 주요 기관으로서 학교가 지역사회에서 그에 상응하는 역할을 하고, 학습의 중심으로서 역할을 할 수 있도록 해야 한다. 학교가 지닌 풍부한 지식 자원을 활용하여 지역민의 학습을 도와줄 수 있어야 한다. 최근 노인들의 문해력 향상을 위한 프로그램 운영은 대표적인 지역사회 기여 사업이라고 할 수 있다.

학교도 지역사회의 일원으로서 다양한 학교에 대한 요구를 수용하고 동시에 지역사회의 지원이 필요한 사항에 대해 적극적으로 요청할 수 있는 자세가 필요하다. 최근 학교 수업을 보조하고 도와주는 수업 도우미를 활용하는 학교가 늘어나는 점, 지역사회의 다양한 기관과 직업인을 진로교육과 직업 체험을 위해 적극 활용하는 점 등은 학교가 지역사회의 자원을 적극 활용하는 사례들이다.

학교는 지역사회의 주민, 학부모, 공공기관 및 회사, 대학 등을 활용하여 다양한 활동을 계획할 수 있으며, 이들과 함께 지역사회가 하나의 공동체로 묶여 협력할 수 있는 중심점이 될 수 있다. 학교 입장에서는 창의적이고 현장감 있는 교육을 위한 다양한 자원을 지원받을 수 있을 뿐만 아니라 지역사회에서도 학교와 학생들의 배움을 지원하는 활동을 통해 서로 네트워크로 연결되어 서로 간에 상승적 상호작용을 할 수 있는 계기를 제공하는 역할을 수행하게 된다. 일례로 최근 서울문화재단이 서울 시내 초등학교와 중학교에 예술가 교사(artist teacher)를 파견하는 사업을 수행하고 있다. 예술가 교사들은 정규 수업이나 방과 후 수업에서 다양한 예술 및 인문학 관련한 프로젝트 수업을 정규 교사와 협력하여 담당한다.

이 사업에는 매년 230명 정도의 예술인들이 참여하고 있다.

더 나아가서 학교의 전반적인 운영 방향과 수업 활동을 위해서 지역사회와 협력하고 학교운영에 지역 시민이 적극 참여하고 지역의 요구가 반영될 수 있는 통로를 확보해야 한다. 지역사회가 학교를 별개의 기관으로 보지 않고, 지역사회의 부분으로서 마을과 함께 살아가는 생활공동체로 인식하게 함으로써, 자연스럽게 학교가 지역사회의 소통 허브가 될 수 있다. 학교운영위원회에 지역 인사를 참여시키는 것뿐만 아니라 학부모 회의도 보다 참여적으로 수행하여 학교운영이 학부모, 지역 주민들과 함께할 수 있도록 하여, 학교와 지역이 함께 생활하면서 성장할 수 있는 관계를 형성해야 한다. 최근의 마을학교 활동은 학교와 지역사회가 어떻게 긴밀한 협력적 관계를 형성할 수 있는지에 대한 좋은 사례가 될 것이다.

동시에 학생들이 지역사회의 다양한 활동에 참여할 수 있도록 배려하고, 참여를 위한 제도와 기제를 만들어야 한다. 학교와 사회, 지역 간에는 상호 침투하고 상호 지원하는 관계가 형성되어야 한다. 또한 학생들도 민주적 학교생활과 다양한 자율 활동이 학교 안에서만 머물러서는 완성적 성과를 얻기 어렵다. 학생도 사회의 한 구성원으로서, 지역사회의 형성자로서의 역할을 맡아 참여하고 함께 만들어가는 과정에서 민주주의를 배우고, 스스로 사회의 당당한 구성원으로 성장해갈 수 있다. 일제강점기 독립운동과 저항운동에서부터 4·19혁명과 5·18민주화운동, 그리고 2016

년 촛불혁명 과정에 참여했던 학생들의 모습은 학생도 민주주의 사회의 한 주체로서의 권리와 의무가 당연히 인정되어야 한다는 점을 보여주고 있다.

특히 민주주의 교육은 학생들에게 민주주의를 가르쳐서 수행될 수 있는 과업이 아니다. 교육을 혁신하여 교육 그 자체가 민주주의의 핵심 요소로 기능하고, 학교가 민주주의를 성장시키고 민주적 가치를 고양하는 핵심 역할을 충실히 수행할 때, 학생들이 자연스럽게 민주적 사고방식, 행동 양식과 태도를 지니게 되는 과정과 그 결과를 민주적 학교문화라고 할 수 있다. 민주 시민의 자질과 역량은 삶이 민주화되고 민주적 과정을 거쳐 이루어지는 교육 속에서 자연스럽게 몸으로, 마음으로 익혀지는 것이다.

지금까지 사회경제적 변화, 과학기술 발전과 4차 산업혁명, 포스트모더니즘과 밀레니엄 세대의 등장 등에 적합한 새로운 교육, 학교교육 혁신을 뒷받침하는 학교문화를 어떻게 조성할 것인지에 대해 논의하였다. 하지만 모두가 알고 있다시피 학교문화 혁신의 중심에 교장이 있다. 교장이 혁신적 사고와 민주적 문화를 실천하려고 노력하는 경우, 학교는 빠르게 변화될 수 있다.

그동안 초·중·고교를 여러 번 방문해보았는데, 그때마다 '학교문화는 학교장의 가치관과 역량이 구현된 결과물'이라는 생각을 자주 하였다. 학교장이 개방적이고 소통과 협력을 중시하면, 교사들도 학생과 원활하고 친밀한 관계를 형성하고, 수업과 각종 활동이 개방적이고 민주적인 문화 속에서 활발하게 진행된다. 반대의 경우에는 교사들은 그 학교를 떠나려고 하고, 학생들은 심한 압박 속에서 폭력과 스트레스에 시달린다는 점을 알 수 있었다.

우리 교육의 새로운 도약, 혁신적 학교교육 패러다임 전환이 학교장에게 달려 있다고 말해도 지나치지 않을 만큼 학교장의 역할과 역량이 중요함을 강조하고 싶다.

에필로그

이 책에 쓴 글들은 지난 20여 년을 교육행정을 하는 교육부 공무원으로서, 교육에 관심을 가지고 사는 한국 사회의 한 시민으로서, 그리고 아이들을 낳아 키우는 부모로서 우리의 학교교육에 대해 고민했던 생각들을 모은 것이다. 미래사회 변화, 과학기술의 발달 속에서 우리 학교교육의 현재를 돌아보고, 부모 세대와는 전혀 다른 문화 속에서 나고 자란 밀레니엄 세대를 위한 교육, 제4차 산업혁명과 후기 산업사회를 이끌어갈 세대를 위한 교육의 모습이 어떠해야 하는가에 대해 내 스스로 답한 내용이다.

내가 태어나서 자라온 환경은 매우 제한적이고 한편으로는 궁핍한 것들이었다. 어려서는 농사일을 하시는 부모님과 농촌에서 살았다. 초등학교 시절에는 모내기, 잡초 뽑기, 여름에 참새 쫓기, 가을이면 벼 베기와 타작 등등 농사일을 해야만 했고, 그것들은 매우 힘들고 고된 일들이었다. 중·고등학교 시절에는 부모님이 지방의 소도시로 이사를 나오서서 옷 가게, 식료품 가게 등을 하시게 되어 자주 가게 일을 도와야 했지만, 대부분의 시간은 학교와 도서관에서 보냈으니 많은 경험을 가질 수 있는 생활은 아니었다. 모든 것을 생존을 위해서, 가난을 벗어나기 위해서 다른 생각하지 말고 앞만 보고 가야 된다는 자기 채찍질로 지나온 시절이었다. 그래서 공부를 열심히 했고, 다른 것들에는 재주가 없었지만 다행히 공부에는 재주가 있었다.

대학에 가서는 전공이 적성에 맞지도 않았고, 사실 경영학과가 무엇을 하는 곳인지도 제대로 알지 못하고 진학한 곳이었으니 대학 생활이 순조로울 리가 없었다. 6년 만에 졸업하고 '별다른 대안이 없다'는 생각과 '다니다 보면 어떻게 적응이 되겠지' 하고 제조업 회사에 입사를 했지만, 그 또한 견디기가 힘들었다. 일이 힘들고 어려워서가 아니었다. 내 스스로 회사 일에서 재미도, 비전도 찾을 수가 없었기 때문이었다. 그렇게 넉 달 정도 버티다가 사표를 냈다.

대학 생활과 그 이후의 2~3년의 시간이 내 인생에 있어 나름 방황과 고민을 통해 나의 길을 찾는 시간으로서 의미가 있었다고 할 수도 있겠지만, 보다 의미 있고 좀 더 재미있게, 그리고 효과적으로 지낼 수도 있었는데 그렇지 못한 것은 내가 초·중·고교 교육과 대학교육을 통해 진로교육을 받지 못했기 때문이고, 동시에 나에게 진로 개발, 진로 설계라는 개념이 전혀 없었기 때문이었다. 이 과정을 통해서 나는 교육에 있어서 진로교육이 제일 중요하다는 것을 깨달았다.

나는 어려서부터 아이를 무척 좋아해서, 어머니께서는 나를 보고 "너는 나중에 딸을 낳을 것"이라고 말씀하셨는데, 결혼하고 어머니의 예언처럼 딸 둘을 낳았다. 아이들을 어려서부터 잘 키워야겠다고 다짐을 했고, 나름 노력도 많이 하였다. 하지만 대부분은 나의 예상을 빗나갔다. 아이들에게 '내가 어릴 때 부족했던 부분을 채워주면 되겠지!', '내가 어릴 적 부모님께 서운했던 일들을 고려해서 아이들을 대하고 교육하면 되겠지!' 하고 생각했지만, 그것은 잘해야 필요조건이었고, 전혀 충분조건이 되지 못했다.

딸 둘을 키우면서 두 가지 면에서 나의 생각이 산산이 깨졌다. 하나는 내가 낳은 딸이지만 나와는, 그리고 나의 세대와는 전혀 다른 사람이라는 것을 알게 되었고, 두 번째는 딸 둘이 다른 성향과 스타일을 지니고 있어 결코 둘을 같은 방식으로 대할 수 없다는 것을 깨달았다. 이 과정에서 개별화된 교육, 아이의 소질과 재능, 관심과 흥미를 중심으로 대하고 한 걸음도 나아갈 수 없다는 점을 확실히 깨달았다.

나는 첫 직장인 회사를 몇 달 만에 그만두고 우여곡절을 거쳐 교육부 공무원으로서 생활을 시작하게 되었다. 여러 업무를 했지만, 진로교육정책이 나에게는 제일 관심과 흥미가 가는 분야였다. 2000년대 초반에 2년간 진로교육 담당 실무자로 일을 했다. 당시의 진로교육 상황은 한심한 지경이었다. 진로교육에 대해 관심을 가진 사람을 만나기 어려웠고, 당시 실업계 고등학교를 중심으로 하는 직업교육 관련 정책과 프로그램이 진로교육의 거의 전부였다. 당시 한국직업능력개발원을 중심으로 초·중·고교 과정의 진로교육에 대한 고민과 연구가 진행되는 부분이 그나마 다행스러운 점이었다. 진로교육에 대해 관심이 미약하니 관련 사업이나 예산도 거의 없는 거나 마찬가지인 시절이었다. 매우 답답한 시기였다.

2008년 세계 경제 위기와 함께 심각해진 청년 실업 문제는 초·중·고교 교육 분야에서 진로교육을 강화할 수 있는 배경 역할을 했다. 2009년을 거쳐 2010년에 정부 차원에서 진로교육 종합 대책이 확정되어 시행되게 되었다. 이 계획에 따라 전국 중·고등학교에 진로 교사가 배치되기 시작하였고, 진로교육을 활성화하기 위한 다양한 사업과 프로그램이 진행되었다.

이런 상황에서 2013년 새 정부 출범 이후 첫 진로교육정책과장으로 임명되었다. 12년 만에 다시 진로교육 업무를 맡게 되어 매우 감개무량하였다. 만 24개월을 진로교육정책과장으로 일하면서 많은 선생님, 학생, 교육청 관계자, 학부모, 연구자 들을 만났다. 그리고 많은 이야기를 듣고 의견을 나누고 고민을 함께했다. 그리고 여전히 산적한 과제를 남겨두고, 2015년 초 진로교육정책과장직을 떠나게 되었다.

중학교 자유학기제는 시범학교와 연구학교를 거쳐 2016년 전국 모든 중학교에서 전면 시행되었다. '입학사정관제'라는 이름으로 도입된 학교생활기록부와 내신 중심의 수시전형은 이제 전체 대학 신입생 모집 정원의 70%를 넘는 상황이 되었다. 중학교 학교생활과 대학 입시를 앞둔 고등학교 생활에서 진로교육의 중요성이 매우 높아진 계기가 되었다. 많은 학교들이 자유학기제를 통해서 학생들에게 자신의 삶에 대해 진지하게 생각해보고, 현실의 세계를 느끼면서 자신의 꿈과 끼를 살리는 행복한 진로를 설계할 수 있는 계기를 제공하고자 노력하였다. 대입 수시전형이 확대되면서 고등학교에서도 진로교육의 중요성에 대해 교사와 학부모가 인식을 새롭게 하는 계기가 되었다. 이제 중학교와 고등학교에서 무턱대고 수업하고 외우는 식의 교육과 학습은 별로 효과적이지 않고, 자신의 관심과 흥미를 중심으로 진로 계획을 잘 세우고 그것을 중심으로 진학 계획을 세워야 효과적으로 공부할 수 있다는 인식이 대세를 이루고 있다.

하지만 여전히 많은 교사와 학부모는 "또 새로운 교육정책을 도입해서 우리를 귀찮게 하나?", "공부하기 싫어하는 아이들에게 아주 대놓고 놀라고 하는구나!" 하는 식의 거부감과 걱정을 드러내기도 하였고, "또 다른 정부 들어서면 없어질 일이니 바람이 불면 누워 있자! 이 또한 지나가리라!" 하는 냉소를 보내는 모습도 보았다. 또한 예전처럼 한 방에 결판을 내는 방식의 학력고사를 그리워하며, 객관식 중심의 '진검 승부(?)'만이 가장 평등하고 공정한 선발 방식이라고 주장하는 분들도 계신다. 뿐만 아니라 대입 수시전형 준비의 어려움, 다양성을 불만스럽게 생각하는 주장도 있다. 한편으로는 저소득층이나 소외 계층의 학생들은 수시전형을 준비하기 곤란한 처지에 놓이게 되므로 불평등을 해소하는 데 도움을 주어야 하는 교육이 오히려 불평등을 조장하는 장본인이 된다고 금수저 전형이라고 비판하기도 한다.

진로교육과 과장직을 떠나, 2015년 대학교에서 잠시 학생들을 가르치면서 시간적 여유가 있어 책도 보고 학생도 만나보고, 또 진로교육정책을 일선에서 수행한 공무원으로서의 경험을 필요로 하는 교육 현장에 강의를 나가게도 되었다. 이런 과정을 통해서 많은 분들이 막연한 거부감을 가지거나 어렴풋이 조금 달라지지 않을까 하는 정도로 자유학기제와 진로교육을 대하는 모습을 보면서 안타까웠다. 사실은 우리 교육이 이미 오래전에 사회경제적 변화와 시대의 변화에 맞게 진로교육을 중심으로 재편되었어야 했는데, 그렇게 하지 못했다. 더 중요한 것은 기존의 교육 방식과 교육내용이 지금 세대의 학생들에게 전혀 맞지 않고, 필요하지도 않고, 오히려 삶에 짐이 되고 있다는 점을 고려하는 분들이 적었다.

우리의 교육을, 아이들의 행복한 삶과 우리 사회의 건실한 발전을 위해서 아이들의 꿈과 끼를 키우는 진로교육을 중심으로 개편하는 노력이 대단히 중요하다는 이야기를 하고 싶었고, 기회가 있을 때마다 목소리 높여 외쳤다. 특히 자유학기제와 진로교육이 우리 교육의 큰 방향 전환을 위한 출발점이 될 수 있고, 또 우리 사회가, 학부모가, 교육계에 몸담고 있는 사람들이 함께 힘을 모아서 새로운 출발점이 될 수 있도록 노력해야 한다는 점을 강조하고 싶었다. 다행히 강의에 참석하고 글을 읽은 분들께서 많은 공감과 격려를 해주셨다.

순천대학교에서의 생활을 마치고 교육부로 복귀한 후에는 대학생의 취업·창업교육 지원 업무를 담당하게 되었다. 명칭만 다를 뿐 담당 업무는 본질적으로 진로교육 업무였다. 왜냐면 대학생들에게 있어서 진로는 크게 취업과 창업으로 대별되기 때문이다.

나는 담당 업무를 하면서 크게 세 가지 문제점을 느꼈다. 첫 번째는 대학생들은 취업이 매우 어려운 상황에 처해 있는데, 문제를 더 어렵게 하는 것은 학생들이 절실히 열정을 담아서 하고 싶은 일이 없는 경우가 너무 많다는 점이었다. 한 강의에서 학부모가 강의 후에 나에게 이렇게 물었다.

"선생님, 제 딸은 대학교 2학년인데, 애가 참 착하고 성실합니다. 그런데 아무것도 하고 싶은 게 없다네요! 어떻게 해야 하나요?"

대학생들에 대한 진로교육은 중·고등학교보다 더 열악하고 기초마저도 닦여져 있지 않은 상태였다. 교수들은 "이미 진로가 결정되어 대학에 들어온 아이들에게 무슨 진로교육이 필요하냐?"고 했고, 학생들은 자신이 무엇을 하고 싶은지 깊게 고민하고 경험하고 느끼기 전에 취업을 위한 스펙 쌓기에 매몰되어 허겁지겁 쫓기고 있다.

두 번째는 대학교 교육과정과 실제 교육은 진로에 따라 개별화되어 있지 않았다. 학생들에겐 자신의 진로를 탐색할 수 있는 기회가 거의 제공되지 않고 있으며, 주어진 교육과정을, 그것도 취업에 맞춰 마지못해 따라가는 경우가 너무 많다. 입학 당시 전공을 결정하지만 전공 변경이 자유로운 한동대학교나 과학기술원 대학 관계자를 만나서 물어본 바에 따르면, 학생들이 입학 당시 자신의 희망 전공이라고 제출한 전공을 공부하는 경우는 오히려 예외적이고, 졸업하기 전에 보통 2~3번 전공을 바꾸고 나서 자신에게 맞는 전공을 찾아 졸업한다고 했다. 그렇다면 전공을 변경하기 어려운 대부분의 대학에서 학생들이 어떤 마음과 태도로 공부를 하고 있을지는 굳이 확인하지 않아도 명백한 것이다.

세 번째는 학생들에게 현실의 경험을 확대하고, 사회적 문제에 도전하고, 스스로 새로운 길을 열어가는 창업가 정신 함양, 그리고 자신의 삶을 열정적으로 살아가기 위해 필요한 평생학습 역량을 체계적으로 길러줄 수 있는 교육과정을 운영하는 대학교는 매우 적었다는 점이다. 학생들에게 주어진 교육과정을 따라 학점을 획득하도록 하고, 취업에 필요한 각종 스펙을 쌓도록 도와주는 것보다 더 중요한 것은 스스로 자신의 삶을 설계하고 준비하고 도전하면서 자신의 삶의 주인으로서 살아갈 수 있는 역량을 키워주는 것이 대학의 핵심적인 역할이고, 청년 시기를 거치고 있는 대학생들에게 가장 절실한 과제인데, 대부분의 대학과 대학생은 이 과제를 외면하고 있다는 점이 안타까웠다.

결국 우리나라 대학교와 대학생들도 이 책에서 논의하고 있는 표준화된 교육, 현실과 동떨어져서 산업사회에나 적합한 추종자형 경제 발전을 추구하던 시절에 필요한 교육 환경에 여전히 놓여 있다. 따라서 개별화되고 개개인의 소질과 관심을 찾아가는 교육, 현실에 튼튼히 뿌리내리고 상상과 이론을 결합할 수 있는 교육, 스스로 성장하고 자율적으로 행동하고 주체적으로 책임지는 교육, 평생에 걸쳐 스스로의 길을 개척할 수 있는 역량을 갖추도록 돕는 교육, 후기 산업사회에서 선도자형 경제를 이끌어갈 창업가 정신과 태도를 함양하는 교육이 대학생들에게도 절실하게 요구된다는 점을 여전히 강조해야 하는 상황이다. 그리고 진로교육이 이 많은 주제들을 하나로 통합하여 담을 수 있는 그릇이라는 점을 강조하고 싶다.

마지막으로, 우리 학교의 문화가 민주적이고 자율적인 방향으로 시급히 개선되어야 한다는 점을 강조하고 싶다. 내가 학교 다닐 적인 1970년대와 1980년대의 학교문화는 당시 사회적인 상황과 다를 바 없이 매우 폭력적이었다. 교사가 학생을 매우 가혹하게 체벌하는 경우를 일상으로 보면서 학교에 다녔고, 나도 가끔은 가혹한 체벌을 당했다. 또한 학생들 간에도 심각한 정도의 폭력적 충돌과 괴롭힘이 흔한 시기였다. 이제는 시대도 바뀌었고, 사회도 변했고, 아이들도 전혀 다른 문화 속에서 살고 있다. 따라서 학교가 사회의 변화에 뒤처지지 않고, 적어도 사회의 민주화에 보조를 맞출 수 있는 정도로 학교운영과 학교 생활, 학교문화가 민주적이고 자율적이 되기를 기대한다.

이 책은 이러한 내 삶의 과정과, 지난 20년간 교육행정에 몸담아온 경험과 고민, 그리고 두 딸을 키우는 학부모로서의 마음이 하나가 되어 쓴 책이다. 이 책이 부디 많은 분들이 우리 교육의 현실과 새로운 방향에 대해서 함께 생각하고, 아이들이 기존 세대와는 전혀 다른 세대이고 또한 전혀 다른 미래를 살아갈 세대임을 확인하고, 새로운 교육의 내용과 방법에 대해 이야기하는 출발점이기를 바란다.

끝으로 이 책이 지닌 한계점에 대해 양해의 말씀을 드리고 싶다. 이 책은 우리 학교교육을 둘러싼 전체적인 맥락과 방향, 핵심적 내용에 대한 글이고, 구체적인 실행을 위한 제도적 설계, 법령과 행정 정비, 학교에서의 실행 방안 및 수업 구성 방식, 일상적인 학교운영 방안에 대한 이야기는 담아내지 못했다. 특히 학교에서 구체적으로 어떤 교육과정, 어떤 수업 방법, 학교생활의 세부 프로그램 등등에 대해서는 필자의 전문성이나 경험이 미치지 못하는 부분이다.

또한 이 책은 전문적인 학술 연구 서적이 아니다. 따라서 이 책에서 사용한 학습, 역량, 문화, 교육과정, 세대, 산업혁명, 산업사회, 후기 산업사회, 근대화, 밀레니엄 세대 등등의 많은 개념은 일반인의 상식 수준에서 사용되었다고 생각해주기 바란다. 어떤 부분에서는 유사한 개념들이 엄밀한 구분 없이 섞여 사용된 경우도 많을 것으로 생각된다. 독자들의 양해를 부탁드린다.

이 책은 지금의 학교교육과 교육체제의 혁신과 개선을 주장할 목적으로 쓰인 글이다 보니, 주장이 치우치고 과도한 측면이 있다. 이는 지나치게 표준화·객관화, 상대적 비교와 줄 세우기, 현실과 괴리된 관념성, 권위적 지식 전달 등등의 현실에 대해 균형을 잡기 위해 다른 불균형을 주장(overshooting)한 감이 있다. 이는 과도하게 한쪽으로 쏠린 현실에 대한 교정을 위한 '방편적인 치우침'이라고 이해해주길 바란다. 궁극적으로는 개인적 자율과 사회 전체적인 흐름의 조화, 현실과 이론의 적절한 균형, 교사의 권위와 학생의 자율 간 적절한 긴장, 공정한 경쟁과 공감적 협력의 통합이 이루어지는 학교교육이 자리 잡기를 바란다.

미주

1) 〈두 배나 오래 공부하는데, 왜 핀란드를 못 따라갈까〉, 오마이뉴스, 2012. 2. 20., http://www.ohmynews.com/NWS_Web/view/at_pg.aspx?CNTN_CD=A0001699943

2) 〈우리 학생들 수학 잘한다지만…〉, 조선일보, 2008. 12. 10., http://news.chosun.com/site/data/html_dir/2008/12/10/2008121001576.html

3) 〈한국 학생 수학 성적 1위지만 흥미·자신감은 '꼴찌'〉, 연합뉴스, 2013. 12. 3., http://www.yonhapnews.co.kr/international/2013/12/03/0609000000AKR20131203147500004.HTML

4) 질병, 해외 출국 제외(5,366명) (원주)

5) 교육부 보도자료, 2014. 9. 4

6) 〈한국 아동 행복감 최저, 초등생 14.3% 자살 충동 경험 … '부모 때문

에 힘들다〉, 서울경제신문, 2015. 5. 18

7) 〈대학생 10명 중 7명, 전공 선택 후회한다〉, 시사위크, 2014. 8. 15 (http://www.sisaweek.com/news/articleView.html?idxno=26835) 를 정리한 내용이다.

8) Alan Singer, 〈Obama, Korea and American Schools〉, Posted: 03/18/2010 5:12 am EDT Updated: 05/25/2011 2:45 pm EDT http://www.huffingtonpost.com/alan-singer/obama-korea-and-american_b_365885.html (번역 – 인용자)

9) 일제는 사립학교령을 통하여 학교 설립을 허가제로 하고 유지 방법에 대한 규정으로 사립학교를 규제하였을 뿐 아니라 사립학교령 제6조에 의거하여 교과서를 규제하고자 하였다. 이미 지적한 대로 사립학교령 제6조는 사립학교에서 사용하는 교과서를 학부 편찬 도서나 학부대신의 검정을 받은 도서에 국한시키고, 그렇지 않을 경우에는 학부대신의 인가를 받아야 한다는 내용이었다. 이에 따라 학부령 제16호로 '교과용도서검정규정'이 만들어졌는데, 일제는 사립학교에서 사용되는 교과서들이 애국심이나 배일사상을 고취시키고 한일 관계를 저해하는 내용이 많은 것으로 인식하고 있었기 때문이었다. 따라서 새로 출간되는 교과서를 검정하고, 이미 간행된 교과서도 검정을 받도록 한 것이었다. (《한국 독립운동의 역사》, 제13권 〈애국계몽운동〉 II. 문화운동 제2장 신교육운동 4. 일제의 사립학교 탄압, 독립기념관 홈페이지, https://search.i815.or.kr/Degae/DegaeView.jsp?nid=396)

10) 대학생들의 협력 활동, 협동학습 능력이 매우 저조할뿐더러 협동 프로젝트 수행에 있어 협력이 이루어지지 않고 있음을 실제 사례 연구를 통해 상세히 전해주고 있는 보고서가 있다. 상세한 내용은 《서울

대에서는 누가 A+를 받는가》(이혜정, 다산에듀, 2014)를 참조하기 바란다.

11) 드릴로 구멍을 뚫는 일을 drilling이라고 한다. 영어로 같은 내용을 반복해서 연습하는 것을 드릴(drill)이라고 한다.

12) 경주마는 앞만 보고 빨리 달려야 경주에서 이길 수 있다. 그래서 경주마의 눈을 가리는 가리개를 얼굴 좌우에 대어 경주마가 좌우로 한눈을 팔지 못하게 한다.

13) 교과서 사용 의무를 규정한 법 조항은 다음과 같다.
초·중등교육법 제29조(교과용 도서의 사용) ① 학교에서는 국가가 저작권을 가지고 있거나 교육부 장관이 검정하거나 인정한 교과용 도서를 사용하여야 한다. 〈개정 2013. 3. 23.〉 ② 교과용 도서의 범위·저작·검정·인정·발행·공급·선정 및 가격 사정(査定) 등에 필요한 사항은 대통령령으로 정한다.
이 조항에 근거한 대통령령인 '교과용 도서에 관한 규정' 제3조(교과용 도서의 선정)에 따르면, 학교는 국정 도서나 검정 도서 중에서 선정하여 의무적으로 사용해야 한다.

14) 'EBS-수능 연계 70% 정책으로 인한 교육 현장 영향 평가 토론회' 보도자료, 사교육걱정없는세상, 2014.5.20., http://cafe.daum.net/no-worry/1QDs/655

15) 신자유주의자들은 부자들과 기업에 감세 등을 통해 부를 몰아주고 그들이 투자하도록 장려하면, 그 효과가 아래로 흘러넘쳐 중산층과 저소득층에도 혜택이 고루 퍼진다는 논리를 폈다. 하지만 결국 지난 40여 년간 기업과 상위 1%의 배만 불리고 말았다는 점이 명확해졌다. 한국에서 낙수효과론이 얼마나 허황된 사기였는지에 대한

상세한 논의는 장하성 교수의 《한국 자본주의》(헤이북스, 2014)와
《왜 분노해야 하는가》(헤이북스, 2015)를 참조하기 바란다.

16) 초·중등학교 교육의 목표(교육부 고시 제2015-74호 《초·중등학교
   교육과정 총론》, 교육부, 2015) 참조
   가. 초등학교 교육목표
      초등학교 교육은 학생의 일상생활과 학습에 필요한 기본 습관 및
      기초 능력을 기르고 바른 인성을 함양하는 데에 중점을 둔다.
      1) 자신의 소중함을 알고 건강한 생활 습관을 기르며, 풍부한 학
         습 경험을 통해 자신의 꿈을 키운다.
      2) 학습과 생활에서 문제를 발견하고 해결하는 기초 능력을 기
         르고, 이를 새롭게 경험할 수 있는 상상력을 키운다.
      3) 다양한 문화 활동을 즐기고 자연과 생활 속에서 아름다움과
         행복을 느낄 수 있는 심성을 기른다.
      4) 규칙과 질서를 지키고 협동정신을 바탕으로 서로 돕고 배려
         하는 태도를 기른다.
   나. 중학교 교육목표
      중학교 교육은 초등학교 교육의 성과를 바탕으로, 학생의 일상생
      활과 학습에 필요한 기본 능력을 기르고 바른 인성 및 민주 시민
      의 자질을 함양하는 데에 중점을 둔다.
      1) 심신의 조화로운 발달을 바탕으로 자아존중감을 기르고, 다
         양한 지식과 경험을 통해 적극적으로 삶의 방향과 진로를 탐
         색한다.
      2) 학습과 생활에 필요한 기본 능력 및 문제해결력을 바탕으로,
         도전정신과 창의적 사고력을 기른다.
      3) 자신을 둘러싼 세계에서 경험한 내용을 토대로 우리나라와
         세계의 다양한 문화를 이해하고 공감하는 태도를 기른다.
      4) 공동체 의식을 바탕으로 타인을 존중하고 서로 소통하는 민
         주 시민의 자질과 태도를 기른다.

다. 고등학교 교육목표

고등학교 교육은 중학교 교육의 성과를 바탕으로, 학생의 적성과 소질에 맞게 진로를 개척하며 세계와 소통하는 민주 시민으로서의 자질을 함양하는 데에 중점을 둔다.

1) 성숙한 자아의식과 바른 품성을 갖추고, 자신의 진로에 맞는 지식과 기능을 익히며 평생학습의 기본 능력을 기른다.

2) 다양한 분야의 지식과 경험을 융합하여 창의적으로 문제를 해결하고, 새로운 상황에 능동적으로 대처하는 능력을 기른다.

3) 인문·사회·과학기술 소양과 다양한 문화에 대한 이해를 바탕으로 새로운 문화 창출에 기여할 수 있는 자질과 태도를 기른다.

4) 국가 공동체에 대한 책임감을 바탕으로 배려와 나눔을 실천하며 세계와 소통하는 민주 시민으로서의 자질과 태도를 기른다.

17) 〈[황인숙의 행복한 시 읽기] 〈354〉공중전화 박스를 나오며〉, 동아일보, 2014.12. 29., http://news.donga.com/Column/3/all/20141229/68805434/1

18) 피터 언더우드, 《퍼스트 무버》, 황금사자, 2012, 88쪽

19) 피터 언더우드, 앞의 책, 89쪽

20) The Economists, 2011.12.17., http://www.economist.com/node/21541713

21) 10대 분야는 ①전자·정보·통신, ②의료, ③바이오, ④기계·제조·공정, ⑤에너지·자원·극한 기술, ⑥항공·우주, ⑦환경·지구·해양, ⑧

나노·소재, ⑨건설·교통, ⑩재난·재해·안전 등이다.

22) 《2014년도 기술 수준 평가》, 미래창조과학부·한국과학기술기획평
가원, 2015, 19쪽

23) 최고(100%): 세계 최고 수준, 선도 그룹(80% 초과~100% 미만): 기
술 분야를 선도하는 수준, 추격 그룹(60% 초과~80% 이하): 선진 기
술의 모방 개량이 가능한 수준, 후발 그룹(40% 초과~60% 이하): 선
진 기술의 도입 적용이 가능한 수준, 낙후 그룹(40% 이하): 연구 개
발 능력이 취약한 수준

24) 〈창조경제의 실현, 1인 창조기업이 이끈다〉, 중소기업청 보도자료,
2013. 5. 8., http://smba.go.kr/site/smba/ex/bbs/View.do?cbIdx=
86&bcIdx=41211&parentSeq=0

25) 프랑스의 사회철학자 푸코는 근대 산업사회의 특징을 가장 잘 담지
하고 있는 조직으로 감옥, 군대, 학교, 병원을 들었다. 모두 일정한
교정(교육)을 목표로 하고, 체계적인 조직 구조를 가지고 있으며, 절
대적 권위를 행사하는 자와 그를 따라야만 하는 자들로 구분되는 등
여러 가지 공통점을 지닌다. 현대사회, 특히 탈산업사회에서 근대적
조직은 다양한 변화를 겪지만, 본질적인 특성에 있어서는 동일성을
유지하고 있다고 할 수 있다.

26) 2000년대에 중·고등학생들의 의식 구조와 생활 태도의 변화 양상과
그에 따른 교사들의 어려움, 갈등과 상호 간의 스트레스 상황에 대
해서는, 김진경, 〈바보야, 문제는 헝겊원숭이야〉, 《유령에게 말 걸
기》(김진경 외, 문학동네, 2014)를 참고하기 바란다.

27) 지식정보화 사회에서의 정신과 육체의 가치 변동에 관한 자세한 논

의는 《유령에게 말 걸기》(김진경 외, 문학동네, 2014)를 참조하기 바란다.

28) 교육 통계: 취학률, 교육 정책 포럼, 한국교육개발원, 2004. 1. 1.

29) 기존의 교육관, 학습관이 이성주의와 객관주의, 행동주의 심리학 등의 영향으로 인지적 지식, 학습내용과 지식의 구조 측면을 중시하는 데 비해, 구성주의는 학습자의 관심, 주관적 의미, 학습자의 능력과 태도 등을 중시하면서, 학습자의 처지에서 출발하여 학습자의 관점에서 학습의 과정을 스스로 구성해나갈 수 있도록 교육적으로 지원하는 측면을 강조하는 교육관, 학습관을 말한다. 구성주의는 학습 과정을 학습자가 지식을 주체적으로, 주도적으로 구성해가는 과정으로 보고, 현실에서 학습자의 관심과 흥미를 중심으로 구체적인 경험과 연관 지어 학습하도록 이끄는 수업 환경을 중시한다.

30) 사실 많은 아이들은 열등감 정도가 아니라 우울감과 우울병 증세에 빠져든다. 필자가 우울증을 앓았던 사람에게 들은 이야기는 이와 관련하여 매우 인상적이다. "내가 우울증을 앓고 있을 때, 나에게 가장 힘든 것은 이 상태가 영원히 끝날 것 같지 않은 절망감, 마치 터널에 들어섰는데, 터널의 끝이 보이지 않고 무한히 지속될 것 같은 두려움이 가장 힘든 점이었다". 무한 경쟁에 시달리는 아이들이 우울병 증세를 보이는 것은 어쩌면 당연한 일일 것이다.

31) 나무위키, '최불암 시리즈', https://namu.wiki/최불암 %20시리즈/ 에피소드#s-122

32) 비행기를 타고 높이 올라가서 내려다보면 하늘에는 항상 구름이 꽉 차 있다. 하지만 비는 가끔 올 뿐이다. 그 이유는 구름 속에 수증기는 있는데, 그 수증기를 모아주는 응결핵이 없이 때문이다.

33) 루이스 브레거, 《인간 발달의 통합적 이해》, 홍강의·이영식 옮김, 이화여자대학교출반부, 1998, 47쪽

34) (원문의 각주) 자폐증, 부모의 양육 태만으로 방치된 아동들, 고아원이나 수용소의 주변 자극이 결핍된 아이들에게서도 장난감 놀이나 사람에 대한 관심보다는 단지 혼자서 자신의 신체를 흔들며 즐거움을 찾는 행동이 흔히 관찰된다. 더욱 심각한 자기 자극 행동으로는 머리 찧기 등의 자해 행동, 섭취한 음식물을 반복적으로 역류시켜 구토하는 행위, 심한 자위행위를 들 수 있다. - 역주

35) 루이스 브레거, 앞의 책, 48쪽

36) 제러미 리프킨, 《공감의 시대》, 이경남 옮김, 민음사, 2010(2014 전자책), 54/2102쪽

37) 子曰, 弟子 入則孝 出則弟 謹而信 汎愛衆 而親仁 行有餘力 則以學文. (《논어》〈학이〉편)

38) 돈 탭스콧, 《디지털네이티브》, 이진원 옮김, 비즈니스북스, 2009, 77~78쪽

39) 돈 탭스콧, 앞의 책, 118쪽

40) 박영숙, 제롬 글렌, 《세계미래보고서 2045》, 교보문고, 2015, 35~42쪽 내용 요약

41) 〈현금 거래 비중 34.8%, 카드(54.2%)보다 낮지만 사용 빈도 많아〉, 조선일보, 2013. 11. 26., http://biz.chosun.com/site/data/html_dir/2013/11/26/2013112601464.html

42) 〈'현금 없는 나라'로 가는 스웨덴〉, 한국경제, 2015. 12. 27., http://www.hankyung.com/news/app/newsview. php?aid=2015122751711

43) 〈알아서 학습하는 인공지능, 머신러닝〉, 사이언스올, 2015. 4. 12., http://www.scienceall.com/알아서-학습하는-인공지능-머신러닝

44) 〈'현재 직업의 절반은 20년 안에 사라질 것' 직업별 컴퓨터 대체 가능성 조사〉, 조선일보, 2014. 7. 19., http://m.biz.chosun.com/svc/article.html?contid=2014071801870

45) 보스턴컨설팅그룹(BCG) "향후 10년간 세계 주요 공업국 가운데 한국에서 제조업 생산 현장 인력의 로봇 대체가 가장 빠른 속도로 진행될 것"(한국일보, 2015. 3. 10)

46) 최진석, 《인간이 그리는 무늬》, 소나무, 2013, 33~39쪽

47) 최진석, 앞의 책, 248쪽

48) 막스 베버, 《막스 베버 소명으로서의 정치》, 최장집·박상훈 옮김, 폴리테이아, 2011, 38쪽

49) 칼뱅주의의 신앙인들은 역설적으로 그것이 상업이든 정치든, 적극적으로 세속적 과업에 참여하고, 무언가를 이루어내는 것을 통해 그 부분만큼 구원받는다는 믿음을 갖는다.(막스 베버, 앞의 책, 38~39쪽)

50) 최진석, 앞의 책, 22~23쪽

51) 존 나이스비트, 《메가트렌드 2000》, 김홍기 옮김, 한국경제신문사, 1997

52) National Intelligence Council, 《Global Trends 2030》, 2012 (필자 번역)

53) Education is compulsory between a student's 6th and 16th birthdays; however most students start primary school on (or shortly after) their 5th birthday, and the vast majority (around 82%) stay in school until at least their 17th birthday.
6세 생일과 16세 생일 사이의 아동은 의무교육을 받는다. 하지만 대부분의 학생들은 5세 생일날(혹은 이후 곧)에 초등학교를 다니기 시작하고, 대부분의 학생들(약 82%)은 적어도 만 17세 생일날까지 재학한다., https://en.wikipedia.org/wiki/Education_in_New_Zealand#cite_note-11. 뉴질랜드 교육부는 2016년 8월 교육법 개정을 통해 학생의 입학 시기를 학기별 시작일이 생일에 가까운 시기로 변경하였다.

54) EBS, 〈지식채널 e, 공부 못하는 나라〉, '독일의 교육제도', https://youtube.be/rxuNPSzhFpQ

55) 독일의 초·중등학교 교육에 대한 상세한 일상적 이야기는 《독일 교육 이야기》(박성숙, 2010, 21세기북스)와 《독일 교육 두 번째 이야기》(박성숙, 2015, 21세기북스)를 참조하기 바란다.

56) 김은영, 《영국 교육은 무너지지 않았다》, 도서출판 좋은땅, 2014

57) 김은영, 앞의 책(전자 책), 상세 내용은 172~209/543쪽을 참조하기 바란다.

58) 일부 대안학교들이 고가의 영어 수업을 하거나, 학생의 인권을 무시하는 강압적 종교교육을 하는 등 매우 부정적인 모습을 보이기도 하지만, 대안교육의 참모습은 대체적으로 개별화되고 자율적인 학습을 구현하기 위해 노력하는 데 있다.

59) 〈고려대 김경근 교수, '한국 사회의 교육 격차' 논문 통해 주장〉 노컷뉴스, 2005. 8. 16., http://m.nocutnews.co.kr/news/68917

60) 〈부모 월 소득, 특목고 727만 원 vs 하위권고 410만 원〉, 세계일보, 2011. 1. 26., http://media.daum.net/society/view.html?cateid=1012&newsid=20110126184304495&p=segye

61) 〈수능 점수는 부모 재력·학력에서 나온다〉, 한겨레, 2010. 9. 19., http://www.hani.co.kr/arti/society/society_general/440503.html

62) "Some people say, 'Give the customers what they want.' But that's not my approach. Our job is to figure out what they're going to want before they do. I think Henry Ford once said, 'if I'd asked customers what they wanted, they would have told me, 'A faster horse!'" People don't know what they want until you show it to them. That's why I never rely on market research. Our task is to read things that are not yet on the page."(*Steve Jobs by Walter Isaacson*, Thorndike Press, 2011 (large print edition), Page 806-7)

63) 김용옥, 《도올 논어 [1]》, 통나무, 2000, 214쪽

64) 양구오롱, 《맹자 평전》, 이영섭 옮김, 미다스북스, 2002, 18쪽

65) 이윤기, 《이윤기의 그리스 로마 신화 1》, 웅진지식하우스, 전자책,

2014

66) 한국민속박물관, 한국민속대백과사전, http://folkency.nfm.go.kr/kr/topic/박혁거세 신화/5354

67) 한국민속박물관, 한국민속대백과사전, http://folkency.nfm.go.kr/topic/김알지 신화/5332

68) 한국민속박물관, 한국민속대백과사전, http://folkency.nfm.go.kr/topic/해와 달이 된 오누이/6006

69) 《손에 잡히는 기업가 정신》, 한국연구재단, (재)한국청년기업가정신재단, 2015, 14쪽

70) 우리 경제는 올해부터 15~64세 생산 가능 인구가 감소로 돌아서게 된다. 통계청 장래 인구 추계에 따르면 15~64세 인구는 1960년 1,370만 명에서 2016년 3,763만 명까지 계속 늘어왔지만 올해 3,762만 명으로 줄어들게 되며 이후 점차 빠른 속도로 감소할 것으로 예상된다. http://www.sisanewsn.co.kr/news/articleView.html?idxno=445

71) "자영업자의 대부분은 임금 노동자보다 소득이 크게 낮은 영세 자영업자이며, 그들 소득의 대부분은 사업 소득이 아니라 자영업자 자신의 임금, 즉 노동 소득으로 보아야 한다. 한국은행 통계에 따르면 2014년 자영업자의 연평균 임금 소득의 60% 수준에 불과하며, 월평균 177만 원이다."(장하성, 《왜 분노해야 하는가: 한국자본주의 II - 분배의 실패가 만든 한국의 불평등》, 헤이북스, 2015)

72) Entrepreneurial skills give you the freedom and the support to fill

the viods you see in your community - whether those voids are cultural, technological, social or economic. (*Innovation U*, p. 26)

73 〈'이 나이에 뭘' 한국 성인 학습 의지 OECD 꼴찌〉, 세계일보, 2014. 8. 20., http://www.segye.com/content/html/2014/08/19/20140819 005192.html

74) 〈학원·과외로 끌어올린 성적표… '공부 흥미도'는 세계 최하위권〉, 조선일보, 2014. 11. 24., http://news.chosun.com/site/data/html_dir/2014/11/24/2014112400222.html

75) 물론 한 사회의 평생학습과 지속적인 훈련을 통한 역량 개발이 보장되고 그를 통해 전문가로 성장하기 위해서는 개인만의 노력으로는 한계가 있다. 사회경제적인 뒷받침과 교육 훈련제도를 둘러싼 다양한 요인이 작용한다. 하지만 가장 중요한 요인은 개개인이 평생학습을 통해 자신의 역량을 지속적으로 향상시킬 열정과 힘이 있느냐는 점이라고 생각한다. 참고로 해당 연구 보고서에서 이 그래프는 대졸자 비율과 한 사회의 대졸자들이 입직할 수 있는 전문 영역의 일자리 비율을 비교하기 위한 그래프인데, 필자는 좀 다른 방식으로 읽었다.

76) 다니엘 아이젠버그·캐런 딜론, 《하버드 창업가 바이블》, 유정식 옮김, 다산북스, 2014, 88~89쪽

77) 〈네덜란드보다 800시간 더 일하고도… 시간당 노동생산성은 딱 절반 수준〉, 헤럴드경제, 2014. 11. 17., http://news.heraldcorp.com/view.php?ud=20141117000252&md=20141117110557_BK

78) BBC, 〈What's the prime of your life?〉, 26 May 2015, http://www.

bbc.com/future/story/20150525-whats-the-prime-of-your-life (한 글 번역은 필자)

79) 〈초등학생 급식을 성적순으로… 도 넘은 '학생 줄 세우기'〉, CBS노컷 뉴스, 2014. 10. 31., http://www.nocutnews.co.kr/news/4179901

80) 〈아직도 활개 치는 선도부 완장〉, 한국일보, 2016. 11. 11., http:// www.hankookilbo.com/v/c9db700931684e95b3c1a595deee1985

81) 〈학교폭력의 뒤에 숨어 있는 '진짜 일진'〉, 한겨레, 2013. 6. 23., http://www.hani.co.kr/arti/culture/book/592935.html

82) 〈독산고 2학년 4반의 '교실헌법', 조희연 교육감이 극찬한 이유는?〉, 국민일보, 2017. 11. 06., http://news.kmib.co.kr/article/view.asp? arcid=0923843651&code=11131300&sid1=soc

83) 〈더불어 '생활협약'… 학교는 진화 중〉, 한겨레, 2012. 1. 27., http:// www.hani.co.kr/arti/society/schooling/516399.html

삶과 교육을 바꾸는
맘에드림 출판사 교육 도서

나는 혁신학교에 간다

경태영 지음 / 값 14,000원

공교육을 바꾸겠다는 거대한 희망을 품고 시작된 '혁신학교'. 이 책은 일곱 개 혁신학교의 이야기를 담고 있다. 지금 우리 교육이 변화하는 생생한 현장의 모습과 아이들이 꿈을 키우고 행복하게 공부하는 희망의 터로 새롭게 자리매김하는 학교들을 이 책에서 만날 수 있다.

혁신학교란 무엇인가

김성천 지음 / 값 15,000원

교육공동체가 만들어내는 우리 시대 혁신학교 들여다보기. 혁신학교 전반에 관한 이야기를 다루고 있는 책으로, 공교육 안에서 혁신학교가 생기게 된 역사에서부터 혁신학교의 핵심 가치, 이론적 토대, 원리와 원칙, 성공적인 혁신학교의 모습을 보이고 있는 단위학교의 모습까지 담아냈다.

학부모가 알아야 할 혁신학교의 모든 것

김성천·오재길 지음 / 값 15,000원

학부모들을 위한 혁신학교 지침서!
'혁신학교에서는 무엇을, 어떻게 가르치고 있는지, 교사·학생·학부모는 어떻게 만나서 대화하고 관계를 맺어가는지, 어떤 교육 목표를 지향하고 있는지 등 이 책은 대한민국 학부모들의 궁금증에 친절하게 답을 한다.

덕양중학교 혁신학교 도전기

김삼진 외 지음 / 값 14,500원

이 책의 1부는 지난 4년 동안 덕양중학교가 시도한 혁신과 도전, 성장을 사실과 경험에 기반한 스토리텔링 방식의 성장기로 전개하고 있다. 그리고 2부는 지역사회와 협력하여 펼치고 있는 교육 프로그램, 배움의 공동체 수업 등을 현장 사례 중심의 교육적 에세이 형태로 담고 있다.

학교 바꾸기 그 후 12년

권새봄 외 지음 / 값 14,500원

MBC 〈PD 수첩〉에 방영되어 화제가 되었던 남한산초등학교. 아이들이 모두 행복하고, 얼굴 표정이 밝은 아이들. 학교 가는 것을 무엇보다 좋아하고, 방학을 싫어하는 아이들. 수업과 발표를 즐겼던 이 학교를 졸업한 아이들이 그 후 12년의 삶을 세상에 이야기한다.

혁신교육 미래를 말한다

서용선 외 지음 / 값 14,000원

혁신교육 정책을 입안하고 추진하는 데 기여해왔던 6명의 교사 출신 연구자들이 혁신교육 발전에 필요한 정책 과제들을 모아 하나의 책으로 제시한다. 이 책은 교육철학, 교육과정, 교육행정과 학교 운영(거버넌스) 등에서 주요 이슈들을 정리하고 혁신교육의 성과와 과제를 보여준다.

좋은 엄마가 스마트폰을 이긴다

깨끗한미디어를위한교사운동 지음 / 값 13,500원

스마트폰은 '재미있고 편리하다'. 그러나 스마트폰 때문에 아이들은 시간을 빼앗기고, 건강이 나빠지고, 대화가 사라지며, 공부와 휴식, 수면마저 방해를 받는다. 이 책은 이러한 사례들을 생생하게 소개하고 부모들에게 아이들의 스마트폰 사용에 어떻게 대응해야 하는지 대안을 제시한다.

진짜 공부

김지수 외 지음 / 값 15,000원

혁신학교가 추구하는 '진짜 공부'와 '진짜 스펙'이 무엇인지 보여주는, 졸업생들의 생동감 넘치는 경험담. 12명의 졸업생들은 학교에서 탐방, 글쓰기, 독서, 발표, 토론, 연구, 동아리, 학생회 활동을 통해 자신들이 생각하지도 못한 진짜 공부를 경험했음을 보여준다. 이 책을 통해 무엇이 진짜 공부인지를 새삼 느낄 수 있다.

행복한 나는 혁신학교 학부모입니다

서울형 혁신학교학부모네트워크 지음 / 값 16,000원

이 책은 학부모가 자신의 눈높이에서 일러주는 아이들의 혁신학교 적응기일 뿐만 아니라, 학부모 역시 학교를 통해 자신의 삶을 고양시켜가는 부모 성장기라는 점에서 대한민국의 모든 학부모들에게 건네는 희망 보고서이기도 하다. 이 책은 혁신학교 학부모로서의 체험을 미리 하는 데 부족함이 없을 것이다.

일반고 리모델링 혁신고가 정답이다

김인호 · 오안근 지음 / 값 15,000원

서울의 한 일반계 고등학교가 혁신학교로서 4년간 도전과 변화를 겪으면서 쌓은 진로, 진학의 비결을 우리 사회 모든 학생, 학부모, 교사, 시민 등에게 낱낱이 소개해주는 책. 무엇보다 '혁신학교는 대학 입시에 도움이 안 된다'는 세간의 편견을 말끔히 떨어 없앤다.

교사, 어떻게 살아야 하는가

김성천 외 지음 / 값 15,000원

오랫동안 교육현장에서 교육과 연구를 병행해온 저자 5인이 쓴 '신규 교사를 위한 이 시대의 교사론'. 이 책은 학교구성원과의 관계 맺기부터 학교현장에서 맞닥뜨리게 되는 여러 가지 문제들과 극복 방법 등 어떻게 개인의 성장을 도모해야 하는지를 두루 답하고 있다.

다섯 빛깔 교육이야기

이상님 지음 / 값 16,000원

충북 혁신학교(행복씨앗학교)인 청주 동화초등학교의 동화 작가 출신 선생님이 아이들과 함께 보낸 한해살이 이야기다. 초등학생의 특성에 맞도록 활동 중심의 교육과정을 재구성하는 한편, 표현 위주의 교육을 위한 생활 글쓰기 교육을 실천하면서, 학교교육을 아이들의 삶과 연결시키고자 노력한 이야기들을 담고 있다.

만들자, 학교협동조합

박주희·주수원 지음 / 값 14,500원

이 책은 학교협동조합이 무엇인지, 어떤 유형의 학교협동조합이
가능한지, 전국적으로 현재 학교협동조합의 추진 상황은 어떠한지
국내외 사례를 통해 소개하고 안내하는 한편, 학교협동조합을
운영하는 원리와 구체적인 교육 방법을 상세하게 풀어놓고 있다.

혁신 교육 내비게이터 곽노현입니다

곽노현 편저·해제 / 값 17,000원

서울시 18대 교육감이자 첫 번째 진보 교육감으로서 혁신 교육을
펼쳤던 곽노현은, 우리 사회 전반을 아우르는 주요 교육 현안들을
이 책에서 포괄적으로 다루고 있다. 2014년 3월부터 1년간 방송된
교육 전문 팟캐스트 '나비 프로젝트' 인터뷰에 출연한 전문가들과
나눈 대화와 그에 대한 성찰적 후기를 담고 있다.

무엇이 학교 혁신을 지속가능하게 하는가

권성호·김현철·유병규·정진헌·정훈 지음 / 값 14,500원

독일 '괴팅겐 통합학교', 미국 '센트럴파크이스트 중등학교', 한국
혁신학교의 사례들을 통해 성공적인 학교 혁신의 공통점을
찾아내고 그것을 지속가능하도록 만들기 위해서 필요한 것은
무엇인지를 보여준다. 독자들은 '좋은 학교'를 만들기 위한 학교
혁신의 세계적인 공통점을 찾을 수 있다.

혁신학교의 거의 모든 것

김성천·서용선·홍섭근 지음 / 값 15,000원

이 책은 혁신학교에 대한 100가지 질문에 답하면서 혁신학교의
역사, 배경, 현황, 평가와 전망을 구체적인 증거를 통해 설명하고
있다. 이 책은 우리 사회에 필요한 교육은 무엇인지, 교사와
학생들이 더 즐겁게 가르치고 배우면서 성장할 수 있는 교육을
위해 필요한 것이 무엇인지 등을 더 깊이 생각해보게 한다.

혁신학교 효과

한희정 지음 / 값 15,000원

이 책에서 저자는 혁신학교 효과를 살펴보기 위해 혁신학교가 OECD DeSeCo 프로젝트에 제시된 '핵심 역량'을 가르치고 있는지, 학생·학부모·교사가 서로 배우는 교육공동체를 이루고 있는지, 학생의 발달을 위한 다양한 교육과정을 운영하고 있는지 등을 반 학교와 비교하여 설명한다.

더불어 읽기

한현미 지음 / 값 13,500원

이 책은 교사들이 학습공동체를 통해 교직의 전문성과 자율성을 새롭게 발견하며 성장하는 이야기를 다룬다. 이 책에서 저자는 이러한 비인격적인 제도와 환경 아래서 교사들이 행복을 되찾기 위해서는 서로 협력하며 같이 배우면서 아이들과 함께 성장할 수 있어야 한다고 말한다.

I Love 학교협동조합

박선하 외 지음 / 값 13,000원

학교에 협동조합을 만드는 일에 참여했던 학생들의 협동조합 활동과 더불어 자신과 친구들이 어떻게 성장했는지를 이야기한다. 글쓴이 중에는 중학교 1학년 때부터 사회복지사라는 장래 희망을 가지고 학교협동조합에 참여한 학생도 있고, '뭔가 재밌을 것 같다'는 호기심을 가지고 시작한 학생 등 다양한 사례를 담고 있다.

내면 아이

이준원·김은정 지음 / 값 15,500원

'내면 아이'가 자녀/학생과의 관계에서 어떠한 영향력을 행사하는지, 어떻게 갈등을 일으키는지 볼 수 있게 한다. 그 뿌리를 찾아 근원부터 치유하는 방법들은 필자의 경험을 바탕으로 종합한 것이다. 또한 임상 경험을 아주 쉽게 소개하여 스스로 자신의 '내면 아이'를 만나고 치유할 수 있도록 하는 데 중점을 두었다.

어서 와, 학부모회는 처음이지?

조용미 지음 / 값 15,000원

두 아이의 엄마인 저자가 다년간 학부모회 활동을 하면서 알게 된 노하우와 그간의 이야기들을 담은 책. 학부모회 활동을 처음 시작하는 이들이나, 이미 학부모회에서 활동 중이지만 학교라는 높은 벽에 부딪혀 방향성을 고민 중인 이들에게 권한다.

학교협동조합 A to Z

주수원 · 박주희 지음 / 값 11,500원

'학교협동조합'의 설립 및 운영과 관련해 학생, 학부모, 교사들이 궁금해할 만한 이야기들을 질문과 답변 형식으로 풀어냈다. 강의와 상담을 통해 자주 접하는 질문들로 구성했으며, 학교협동조합과 관련된 개념들을 좀 더 쉽고 빠르게 이해하는 데 중점을 두었다.

혁신교육 정책피디아

한기현 지음 / 값 15,000원

이 책의 저자는 교육 현장은 물론, 행정 프로세스에 대한 경험을 모두 갖춘 만큼 교원 업무 정상화, 학폭법의 개정, 상향식 평가, 교사 인권 보호, 교육청 인사, 교원연수 등과 관련해 교육 현장의 가려운 곳을 제대로 짚어 긁어주면서도 현실성 높은 다양한 정책들을 제안한다.

혁신교육지구란 무엇인가?

강민정 · 안선영 · 박동국 지음 / 값 16,000원

이 책은 혁신교육지구에 관한 거의 모든 것을 아우른다. 시흥시와 도봉구의 실제 운영 사례와 향후 과제는 물론 정책 제안까지 담고 있어, 혁신교육지구에 관심을 가진 사람들뿐만 아니라 혁신교육지구와 관련된 업무를 담당하고 있는 현장의 전문가 및 정책 입안자들에게도 큰 도움이 될 것이다.

공교육, 위기와 도전
김인호 지음 / 값 15,000원

학생들에게 무한경쟁만 강요하는, 우리 교육 시스템과 그로 인해 붕괴된 교실에서 교육주체들은 길을 잃고 말았다. 이 책은 이러한 시스템 속에서 고통을 겪고 있는 교사, 학생, 학부모, 지역사회가 연대하여, 교육과정·수업·평가·진로 등 모든 영역에서 잘못된 교육 제도와 관행을 이겨낼 수 있는 대안과 실천 사례를 상세히 제시한다.

고교학점제란 무엇인가?
김성천·민일홍·정미라 지음 / 값 17,000원

이 책은 아직까지 우리나라에서는 생소한 개념인 고교학점제에 대한 거의 모든 것을 아우른다. 아울러 고교학점제가 올바로 정착하기 위해 학교 현장의 교사는 물론 학생, 학부모에게도 학점제를 좀 더 깊이 이해하기 위한 좋은 지침서가 되어줄 것이다.

독자 여러분의 소중한 원고를 기다립니다

맘에드림 출판사는 독자 여러분의 소중한 원고를 기다리고 있습니다. 원고가 있으신 분은 momdreampub@naver.com으로 원고의 간단한 소개와 연락처를 보내주시면 빠른 시간에 검토해 연락을 드리겠습니다.